"区块链+"：价值重构与产业赋能

王思远　八凌五虎　著

中国商业出版社

图书在版编目(CIP)数据

"区块链+":价值重构与产业赋能/王思远,八
凌五虎著.—北京:中国商业出版社,2021.1
ISBN 978-7-5208-1458-4

Ⅰ.①区… Ⅱ.①王…②八… Ⅲ.①区块链技术-研究 Ⅳ.①F713.361.3

中国版本图书馆 CIP 数据核字(2020)第 248623 号

责任编辑:侯 静 杜 辉

中国商业出版社出版发行
010-63180647 www.c-cbook.com
(100053 北京广安门内报国寺 1 号)
新华书店经销
常熟市新骅印刷有限公司印刷

*

890 毫米×1240 毫米 32 开 10.25 印张 242 千字
2021 年 1 月第 1 版 2021 年 1 月第 1 次印刷
定价:78.00 元

* * * *
(如有印装质量问题可更换)

序言一 产业革命、价值潜伏、未来可期

犹如 20 世纪工业社会电气化进程中电力网络一样,互联网历经 50 余年的发展,已然成为当代经济社会发展的新基础设施,所有的经济社会活动都会转移到网络上来。互联网是社会信息化的关键技术,具有汇聚众智、提升智慧的特征,成为引领经济社会发展的创新要素。特别是经过近 20 年的快速发展,互联网在消费者端的渗透率已经大幅提高,互联网下半场——产业互联网的口号正在吹响,互联网新的增长点也将转向产业端。

产业互联网是一种运用互联网、移动互联网、物联网、大数据、云计算、人工智能和区块链等下一代信息技术,促进企业内的人、物、服务以及企业间、企业与用户间互联互通、线上线下融合、资源与要素协同的一种全新产业发展范式。它既是新生产方式、组织方式、运营方式,也是一种新的基础设施,更是新一代信息息技术与工业、服务业、农业等全产业深度融合的产物。互联网技

术将会深入改变全产业链、全价值链，甚至是价值网络的方方面面，从根本上提高全产业链的运转效率、生产效率。

区块链技术作为产业互联网构建中重要的一环，区块链产业的价值愈加显现，同时得到广泛的肯定。早在2016年12月，国务院印发的《"十三五"国家信息化规划》中就已把区块链技术列入国家级信息化规划的内容。习近平总书记2019年10月24日发表关于加快推动区块链技术和产业创新发展的讲话、2020年中央一号文件再次提出加快区块链等现代信息技术在农业领域的应用，这些都已表明区块链已经上升至国家战略高度。2020年4月20日，国家发改委首次明确新型基础设施的范围，基于区块链的新技术基础设施是其中重要组成部分。

在国家政策的大力支持下、在国际竞争格局的角逐中，中国区块链行业的发展按下了快进键。2016年以来，大型IT互联网企业纷纷布局区块链，初创企业呈井喷模式增加，投融资频次及额度剧增，产业规模不断扩大。中国区块链行业市场规模在2016年仅在1亿元左右，到2019年却急速增加至12亿元。

区块链基于共识算法、分布式存储和密码学等技术，创造出一种新的数据共享方式，帮助各产业构建可信的商业环境。近两年来，随着产业区块链的快速发展，区块链技术逐渐布局到金融、医疗、物流、溯源、城市管理等经济社会的方方面面。我们可以看到，企业"上链"、数字化转型已经成为近两年的趋势潮流，区块链对传统产业、行业领域的赋能已经深刻地影响到了各行各业。

虫洞基金作为行业一流的区块链创投基金，正在抢先布局产业区块链领域以抢占发展高地。通过投资区块链产业，先后孵化了一批产业区块链初创公司，帮助其完成技术、业务、市场的布局，助力我国产业区块链行业的成熟发展。

《"区块链+"：价值重构与产业赋能》是在区块链成为由国家

意志重点推动发展科技创新、科技强国背景下，以习近平总书记讲话精神、中央一号文件为指导，以技术创新、集成应用、产业优势、科技强国为主旋律的"区块链+"产业应用研究著作。该书阐述了区块链的本质功能，以及区块链重构与赋能诸多产业级应用的应用路径、价值路径，从经济发展、构建区块链产业生态和数字资产助力数字经济这三个维度全面地讲解了区块链产业应用对社会经济的赋能。不得不说，《"区块链+"：价值重构与产业赋能》是每位区块链从业者与传统行业企业管理者都应该认真研读的参考书目。

区块链作为全新的底层数字技术，有效地解决了互联网时代"信息孤岛"严重、缺乏价值渠道等"痛点"问题，其必然会成为社会经济发展的新动能。未来，随着各种区块链项目落地见效之后，区块链产业会进入激烈而快速的市场竞争和产业整合阶段。对于区块链的探索，我们当前仍处在社会认知广度已经足够，但认知深度尚嫌不足的时期。《"区块链+"：价值重构与产业赋能》不仅是对过往的经验知识总结提炼，更是对区块链知识更深层次的认识与研究，为产业的成熟发展在研究领域奠定坚实基础，提供了强有力的支撑。

虫洞基金创始人　高昌浩

序言二 技术创新、集成应用、产业优势、科技强国

2019年10月24日下午,中共中央政治局就区块链技术发展现状和趋势进行了第十八次集体学习。习近平总书记在主持学习时强调,要把区块链作为核心技术自主创新的重要突破口,明确主攻方向,加大投入力度,着力攻克一批关键核心技术,加快推动区块链技术和产业创新发展。总书记的重要讲话,对各部门各地方全面和深刻认识区块链技术发展现状和趋势、提高运用和管理区块链技术的能力将起到巨大推动作用。区块链作为新一轮的投资热点,频频在公众面前亮相,特别是2020年中央一号文件的发布,指引区块链在农业领域的落地应用,更是为投资者指明了方向。区块链的扶持政策如雨后春笋般涌现,人们对这项新兴技术的热情日益高涨。

2020年4月,国家发改委召开例行在线新闻发布会明确"新基建"范围,包括信息基础设施、融合基础设施、创新基础设施,具

体涵盖5G、工业互联网、人工智能、大数据、智能交通基础设施、智慧能源基础设施等，区块链技术作为新技术基础设施被纳入其中。作为其他垂直性、目的性技术的横向连接纽带，区块链技术的重要地位得到了史无前例的提升。区块链互通互联的特性，对于各行业和各领域的深度融合，以及在新领域的拓展，新场景、新应用的开发等方面将是潜力无限、未来可期的。

何为区块链？简而言之，区块链是一种去信任化的分布式计算范式，按照时间顺序将数据区块以顺序相连的方式组合成一种链式数据结构，并运用密码学方法，实现数据的一致存储、不可篡改与防止欺诈行为。从应用视角来看，区块链是一个分布式的共享账簿和数据库，具有去中心化、不可篡改、全程留痕、可以追溯、集体维护、公开透明等特点。这些特点保证了区块链的"诚实"与"透明"，为区块链创造信任奠定基础。而区块链丰富的应用场景，基本上都基于区块链能够解决信息不对称问题，实现多个主体之间的协作信任与一致行动。

区块链是一个集成的技术创新，它把所有技术耦合在一起，解决了一些原来难以解决的问题，对社会关系、社会经济活动产生实际的价值与改变。区块链应用范围很广，不管是在政府治理还是在金融方面使用率都非常高。另外，在虚拟领域、溯源、数据追踪、可再生能源交换、数字民主、物联网等方面也有较多应用。所以，区块链技术的创新可以说是应用方面的创新。区块链的出现让我们找到了解决当代信任问题的方向，市场各个参与方基于共识并通过技术手段形成不可篡改的共识机制，从而达成迄今为止信任的最高境界——无须信任。这是一场值得关注的技术革命，从根源处解决了现代人类文明发展的一个瓶颈，值得不断探索和实践。

区块链技术的集成应用在新的技术革新和产业变革中起着重要作用。由于可在无须第三方背书的情况下实现系统中所有数据信息的公开透明、不可篡改、不可伪造、可追溯,区块链能够有效解决信任问题,实现价值的自由传递,在数字货币、金融资产交易结算、数字政务、存证防伪和数据服务等多个方面应用前景广阔。比如,在数据服务端,区块链技术与未来互联网、人工智能、物联网等新兴计算机技术的集成,不仅提高了计算机处理海量数据的能力,还能保证数据的安全性,在保护数据隐私的情况下实现多方协作的数据计算,实现数据流通价值。再比如,区块链与云计算的集合部署将有效地降低区块链部署成本,推动区块链普及,保证相关项目落地,提高应用场景能力。可以这么说,区块链和现代技术的集成应用,将会重塑我们所熟悉的互联网世界构架。

目前,世界上各个主要国家都在紧跟时代步伐,发展具有本国特色的区块链产业,区块链创新项目此起彼伏,全球竞争日趋激烈。中国区块链基础技术起步较晚,但是发展势头迅猛,并显现出极佳的系统性布局与前瞻性探索。中国发展区块链产业优势明显。一方面,中国的区块链专利申请量占全世界专利60%以上(2020年3月数据),有较强的技术创新基础。另一方面,国内区块链已经上升至战略决策事业与国家发展规划的层面,国家通过各式各样的政策,推进区块链项目落地,有效赋能实体经济发展。随着区块链上升到国家战略高度,区块链技术在我国迅速发展并与各行各业深度融合,目前已延伸到数字金融、物联网、智能制造、供应链管理、数字资产交易等多个应用领域。可以大胆推测,在不远的未来,区块链技术能够切实落地实施,有效赋能实体经济,成为数字中国建设的重要支撑。

区块链成为科技强国的强动力引擎,成为我国在技术方面"弯道超车"的方向盘。世界正在进入以信息产业为主导的经济发展时期,而作为新一代信息技术的重要组成部分,区块链技术之于我国的科技发展就有了别样的意义。站在国家战略的角度,区块链技术对中国科技发展有重要作用，新一代信息技术的发展方向，是科技强国战略的重要组成。近几年以区块链为技术基础的各类应用也在各个行业中层出不穷，区块链的未来将为互联网和经济发展创造无限可能。我们需要抓住"弯道超车"的机会，积极发展区块链技术，从而在未来激烈的技术竞争擂台上能够占据一席之地。

综上所述，我们对当前国内外区块链发展形势进行简单概括，阐述区块链技术的发展趋势，并用大量篇幅说明区块链的应用场景和实施案例。相对于其他成熟的信息技术，区块链的研究仍处于初级阶段，在技术稳定性、系统安全性、业务模式等方面尚待完善。希望读者能够通过本书对区块链技术有一个全面系统的了解，提高对区块链的认识水平。

王思远　八凌五虎

目 录

第一部分 区块链助力社会经济发展

第一章 区块链的时代意义 003
 第一节 历史变革意义 003
 第二节 社会治理意义 005
 第三节 经济拓展意义 006
 第四节 多产业融合意义 008
 第五节 区块链的终极意义 009

第二章 区块链的本质与价值 010
 第一节 区块链的核心优势 010
 第二节 去中心化技术与治理架构 013
 第三节 "最先吃螃蟹"的应用场景 015
 第四节 区块链发展进程中的几大阻碍 018

第三章 全球"区块链+"产业俯瞰 021
 第一节 全球主要国家区块链布局 021
 第二节 中国区块链布局现状 024
 第三节 中国区块链布局优势 032
 第四节 国家意志的力量 035

第二部分 构建区块链产业生态

第四章 区块链+金融=自金融+DeFi 044
 第一节 金融业如何向"区块链+"转型 044

I

第二节　区块链＋供应链金融　047
　　第三节　区块链＋贸易金融与票据　051
　　第四节　区块链＋跨境金融　058
　　第五节　区块链＋资金清结算　062
　　第六节　区块链＋征信　066
　　第七节　应用实例　071

第五章　区块链＋商业：从分布式商业到分布式经济　084
　　第一节　传统商业的天花板　084
　　第二节　区块链＋商业＝分布式商业　085
　　第三节　分布式商业与分布式经济　090
　　第四节　应用实例　092

第六章　区块链＋公共服务＝可信社会　097
　　第一节　区块链助力公共服务　097
　　第二节　区块链＋教育与就业　100
　　第三节　区块链＋精准脱贫　104
　　第四节　区块链＋商品防伪　109
　　第五节　区块链＋公益　114
　　第六节　区块链＋养老　117
　　第七节　区块链＋医疗健康　121
　　第八节　区块链＋食品安全　124
　　第九节　区块链＋社会救助　131
　　第十节　应用实例　136

第七章　区块链＋智慧城市＝智能价值空间　139
　　第一节　区块链助力智慧城市建设　139
　　第二节　区块链＋智慧城市　143
　　第三节　区块链＋信息基础设施　149
　　第四节　区块链＋智慧交通　154
　　第五节　区块链＋能源电力　157
　　第六节　应用实例　162

第八章 区块链+城际互通=分布式空间价值网络 165
第一节 区块链协调城际要素流动 165
第二节 区块链+人才与生产要素 167
第三节 区块链+智能供应链 171
第四节 应用实例 174

第九章 区块链+政务服务=共享高效政务体系 179
第一节 区块链提升政务服务效率 179
第二节 区块链+政务服务 184

第十章 区块链升级农业生产体系 190
第一节 农产业情况概述 191
第二节 区块链+农业物联网 195
第三节 区块链+农业大数据 198
第四节 区块链+质量安全追溯 202
第五节 区块链+农村金融 205
第六节 区块链+农业保险 208
第七节 区块链+农业供应链 212

第十一章 "区块链+"新一代信息技术 215
第一节 区块链+物联网=多维升级智能网络 215
第二节 区块链+大数据:从信息互联网到价值互联网 223
第三节 区块链+云计算:分布式计算 230
第四节 区块链+人工智能 235
第五节 区块链+5G 239

第三部分 数字资产助力数字经济

第十二章 数字货币与法定数字货币 247
第一节 伟大的尝试:比特币 247
第二节 改进升级:以太坊、EOS 252
第三节 面向应用:Bakkt、Ripple 257
第四节 CBDC 的代表:DECP、Libra 与其他 260
第五节 CBDC 成功的关键要素 266

第十三章 通证:治理与激励的新型模式 271
    第一节 通证 271
    第二节 通证经济 274
    第三节 典型案例 278

第四部分 区块链与监管

第十四章 区块链+监管 283
    第一节 监管区块链 283
    第二节 区块链+监管=监管科技 292

第五部分 区块链与经济社会融合发展路径

第十五章 区块链推动经济进步的路径 299
    第一节 强化基础研究,提高原始创新能力 299
    第二节 构建新型信任社会 301
    第三节 不忘初心:区块链发展过程中应当注意的几个问题 302
    第四节 未来市场俯瞰 305

第一部分

区块链助力社会经济发展

第一章 区块链的时代意义

第一节 历史变革意义

一、科技产业结构的重大变革

当今时代,新一轮科技革命和产业变革蓄势待发,数字经济成为发展最快、创新最活跃、辐射最广泛的经济活动。以人工智能、区块链、云计算、大数据、物联网等为代表的新一代信息技术迅猛发展,并加速与经济社会各领域深度融合,新产业、新业态、新模式不断涌现,促进了数字经济的快速发展。与农业经济、工业经济不同,数字经济以新一代信息技术为基础,以海量数据的互联和应用为核心,将数据资源融入产业创新和升级各个环节,加速了资源要素流动,促进资源配置优化,促进全要素生产率提升,不仅扩展了经济发展的新空间,也促进了经济可持续发展和转型升级。

以物联网为例,目前物联网系统的最大"痛点"就在于大量数据和流量都掌握在少数的几个中心化的平台方手中,而普通的个人、科研机构甚至业内中小企业都很难获取这些资源。同时由于开发和运营新的平台要投入巨大的成本,尽管社会享受到了来自物联网的便利,但是诸如自身数据隐私等实质保障都难以得到落实。而区块链能够有效地解决传统物联网的成本、隐私、商业价值等顽疾,如建立一个注重个人隐私保护,降低信息互联成本,重视数据价值且能够使物联网和区块链加速融合和落地应用的平台,实现物联网行业的健康发展。

由此可见,区块链作为一项推动"信息互联网"向"价值互联网"变迁的颠覆性技术,正在引领全球新一轮技术变革和产业变革,有望成为全球技术创新和模式创新的桥梁和纽带。世界多国已将区块链技术列入国家战略发展范畴,麻省理工、斯坦福、普林斯顿、耶鲁和伯克利等大学都相继开设了区块链和加密数字货币等相关课程并构建了相关研究实验室。脸书、苹果、亚马逊、微软、谷歌"五大帝国"(简称"FAAMG")也分别进军区块链。在中国,区块链技术已被列入《"十三五"国家信息化规划》,明确提出"要加强区块链等新技术基础研发和前沿布局,构筑新赛场先发主导优势",阿里、百度、腾讯、京东、华为、顺丰、三星等行业巨头已陆续试水区块链技术应用,许多年轻创业者也站到了行业的前端,成为科技时代的领跑者。

对于新事物的发展趋向我们无法预测,但区块链时代已经到来。时代潮流不可阻挡,区块链产业方兴未艾。只有去拥抱区块链革命,学习区块链技术,紧跟时代的步伐,才不至于被时代所抛弃。

二、人类组织结构的重大创新

从历史发展角度来看,世界各国的历史发展轨迹的核心就是一个逐步"去中心化"的过程，最终形成的社会组织结构非常类似分布式组织（Decentralized Autonomous Organization，DAO）。

而区块链技术所强调的重构生产关系的过程，从本质来讲也正是利用新型技术工具，重塑人类文明生产工具与组织形态的过程。在以往的人类组织结构中，人类为在生产生活上实现行动统一，首先必须进行组织上的统一，产生相应的组织权力中心，且由于权力中心导致了巨大的弊端。而区块链却改变了这一切，区块链从技术上证明了：行动上的统一未必要以组织上的统一和权力中心为代价。不以权力为中心，而是以规则为中心的社区完全可以正常运行。其去中心化和价值传递特性，可以实现不需要第三方的信任，降低信任成本，从而实现去中介化的价值传递，减少中介层级，降低成本，实现分配的去中介化。

区块链的存在意义就在于首次在组织分散的前提下实现了行动的统一：所有的比特币节点是等权的，并没有高人一等的权力节点负责组织指挥，但所有节点却能协调一致，齐心协力地产生出高度一致的区块链。改变信息的传递和获取方式，使运营流程的每一个参与者都能成为信息的创造者，使用没有盈利需求、没有股东、低成本的区块链协议沟通产业上下游，提高了生产效率，充分整合资源，进而改变以往的生产关系和交易方式，推动社会普惠发展。

以区块链技术为出发点，我们虽不能完全想象未来时代的生活图景，但我们可以预见，这个时代一定是更加富裕、更加平等、信息透明、高度自治的社会，贫穷和愚昧将被消灭，公平与效率和谐共存，更先进的人类文明将被创建。

第二节 社会治理意义

区块链技术有着分布式、透明性、可追溯性和公开性等特征，适用于促进社会治理结构扁平化、治理及服务过程透明化，从而提高政府社会治理数据安全性，推动治理智能化和可信任政府建设。

此外，随着区块链技术的进一步发展和应用，其更大潜在优势在于革新政府管理模式。作为一种治理技术，区块链与传统的政治议程不同，其治理规则渗透于算法和技术结构中。基于区块链技术的治理，不仅能够见证规则、加入互动，还可以在记录后及时进行验证，在增加透明度和提高效率的同时进一步革新治理流程。区块链所采用的共识算法，能够从治理理念的源头入手来设计治理规则，使所有的参与者权利平等、责任相同。区块链技术在不断发展，对社会治理及公共服务方面的影响也在不断演化。区块链的应用基础在于大量的群体参与和共享，封闭的系统会阻碍区块链技术发挥其自身优势，而只有开放互通才能真正实现区块链的价值，这为社会治理的多元结构带来更为广阔的应用前景。

社会治理不是一套条例规章，也不是一次行动，而是一个长期的过程。区块链技术提供了一条让民众更多地参与到社会治理中的可行路径。基于区块链技术，政府可以打造一种"服务—治理"的新型治理模式，即民众可以从服务自身开始，创新政府的运行方式。例如，在区块链的治理系统中，每个人将会建立一个加密账本，以便存储个人的基本信息及相关数据，可以通过公钥有选择地与代理机构分享这些信息，也可以向政府授权使其可以阅读或更改某些账本中的内容。这样社区中的居民就不再一味地被动服务、等待服务，而转变为服务的积极参与者，某些情形下甚至可以成为服务的提供者。

第三节　经济拓展意义

从经济学原理角度看，区块链技术对现代商业交易尤其是金融交易的信息记录有着深远影响，表现为对两个关键成本的影响：一是影响获取信任的成本，包括重要的信息认证成本，是在没有传统第三方中心参与下涉及识别、确认每一位交易者准确信息的能力；二是影响包括结网、织网和补网在内的一系列成本，是关于在没有传统第三方中心参与下自发组织和有效运营市场的能力。

一、降低信任模式与认证成本

区块链本质上是期望通过分布式的方法来建立可信的机制，企图通过这样一种机制的建立，重新建立社会信任关系，从传统的人和人之间的信任模式转化为对机器的信任模式。区块链技术允许用户不需要在第三方平台或中心的控制下，即可进行可信、可溯源的交易，使得各种交易模式和情景下的信息认证成本接近于零，从而达到对认证成本的降低。另一个很重要的方面，就是在第三方中心的支付系统中，第三方中心可以也唯独它可以收集交易数据并形成稳固的市场势力，这在以区块链为基础的比特币交易中却是不存在的，无中心市场的低门槛进入条件及其与技术相结合的创新能力，将能够确保更高水平的市场竞争。

二、降低结网—织网—补网成本

结网成本的降低允许平台、网络进行低成本而有效的扩张；织网成本的降低使得平台和网络可以有效构建一个在安全、价值维持与信任基础上促进用户扩张，继而再促进安全、价值与信任更加稳固的正向反馈系统；而补网则更多在于对规则和技术等现有漏洞的补充等。因此，第二类成本的降低本质上包含了一个结网—织网—补网的时间线，但这个连接用户的网构成后，其他新加入者就简单地变为入网，此时更加不包含任何成本。区块链技术通过从结网到补网一系列成本的降低，对在位大企业存储的知识结构和资本结构进行破坏性的摧毁，为新进入者提供几乎具有独占优势的商业机会，从而对现代商业模式中固存的价值创造结构和捕获模式产生冲击,形成新的业态。

第四节 多产业融合意义

"数字经济之父"唐·塔普斯科特(Don Tapscott)在其著作《区块链革命》中曾预言区块链技术将助力传统金融走向多方共赢。区块链技术不仅有可能重塑各类货币市场、支付系统和金融服务,以及经济形态的方方面面,而且对其他的行业也能提供相似改变的可能性,甚至更广泛地来看,几乎涉及人类社会生活的每一个领域。区块链技术能够从根本上成为让组织活动形态减少摩擦并且提高效率的新范式,并且能够将现有范式扩展到更大范围。

以与区块链技术契合度很高的金融市场为例。区块链可以在去中心化系统中自发地产生信用,建立无中心机构信用背书的金融市场,从而在很大程度上实现了"金融脱媒"。这对第三方支付、资金托管等存在中介机构的商业模式来说是颠覆性的变革;在互联网金融领域,区块链应用于股权众筹、P2P网络借贷和互联网保险等商业模式;证券和银行业务也是区块链的重要应用领域。传统的证券交易需要经过中央结算机构、银行、证券公司和交易所等进行多重协调,而利用区块链自动化智能合约、分布式存储和可编程的特点,能够极大地降低成本和提高效率,避免烦琐的中心化清算交割过程,实现方便快捷的金融产品交易。同时,区块链和比特币的即时到账的特点可使银行实现比SWIFT代码体系更为快捷、经济和安全的跨境转账。

可以预见,在不久的将来区块链将作为先进的底层技术重塑全行业的发展业态,加速技术和产品的创新迭代,重塑社会信任机制并提高社会生产效率。我国的产学研界应加强深入研究、开发实践并积极投入使用,加强顶层设计,积极寻求国际交流合作尤其是国际标准的制定,为我国在区块链时代获得领先地位添砖加瓦。

第五节　区块链的终极意义

作为一种全新的去中心化基础架构与分布式计算范式，区块链技术能够为自动化和智能化相关产业的发展奠定坚实的数据安全和信任基础，助力打造去中心化、安全可信和可灵敏编程的智能产业新生态。更为重要的是，区块链代表着新兴智能技术对于传统社会组织和运作方式的一种颠覆性变革和挑战，是迈向具有"平等自由、共识共治、公开透明"鲜明特色的新产业形态的一次极有意义的尝试。

技术创新是社会与经济发展的核心驱动力。继以大数据、云计算、物联网和移动互联网为代表的信息技术时代之后，新兴的区块链技术的终极意义将是成为正在到来的智能技术时代的新动能和新引擎，并在诸多领域产生颠覆性变革。

值得注意的是，区块链作为跨领域的行业同时吸引了很多诺奖得主的关注和支持，甚至投身于这场新的社会实践中去。从1990年至2019年的30年中，共有57位学者获得诺贝尔经济学奖，其中有14位得主曾参与到区块链项目中，或发表过有关区块链、比特币的看法，占总比重的近四分之一（24.56%）。这其中，有克里斯托弗·皮萨里德斯（2010年获奖）、埃里克·马斯金（2007年获奖）等7位诺贝尔经济学奖得主投身区块链项目，担任项目顾问；另有约瑟夫·斯蒂格利茨（2001年获奖）、理查德·塞勒（2017年获奖）等多位经济学奖得主表达了对区块链技术的看好和支持。毫无疑问，这些学者的加入将使区块链领域有着更丰富的内核和更可期的未来。

第二章　区块链的本质与价值

第一节　区块链的核心优势

一、去中心化

在一个分布诸多节点的系统里，节点间能够通过自有连接形成新的连接单元，每个节点都有高度自治的特性且能成为阶段的中心，会通过网络而形成非线性因果关系，但不具备强制性的中心控制模式。这种扁平、开放、平等的系统就叫作去中心化系统。去中心化是区块链最核心的优势，这一特性保证点对点交流的真实性，提高交易效率，同时降低了"中心化模式"带来的交易风险，因而这一优势能够创造出一个更加高效、真实、安全的网络空间。去中心化不是不要中心，而是由节点来自由选择中心。去中心化让每个个体都有机会成为中心，而每个中心都依赖于个体，个体一散便不成中心了。区块链通过纯数学的方式建立了分布式节点间信任关系，形成去中心化的可信分布式系统，产生、验证、记录、同步等交易相关活动均是基于分布式网络完成的，创造出一种可验证的、公开透明的、不可篡改的且可追溯的技术体系。

区块链技术点对点、共同参与的特点使每个参与者的自由和隐私都得到了最大限度的保障，每个链上的参与者都能读取和写入数据，每一笔交易也都会被全体参与者知情。在这种技术体系中，每个节点的数据都是所有参与者共同拥有、共同管理、共同监督的，每个人都有相同的账本，也确保了账本记录过程的公开透明。而且由于没有中介机构存在，所有的操作都通过预先设定的程序自动运行，不仅提高了效率，也大大降低了成本。然而，虽然区块链的去中心化具有能够提高效率、降低成本的优点，但是在去中心化的操作中仍存在着不可忽视的问题，例如，完整的去中心化网络在进行重大决策或面临重大改动时可能会因难以达成多方共识而影响效率。

二、不可篡改

区块链最初的目的就是防篡改，而且发展至今最大的亮点也是其不可篡改的、安全的特性。所有参与区块链交易的人都会保留一份完整的交易记录（类似于微信的聊天记录，每个参与聊天的人手中都有完整的聊天记录，任何人在进行操作时都无法修改以往保存在他人手中的全部聊天记录），任何想修改交易记录的人都会因自身数据与全交易流程其他个体不同而被踢出整个交易网络。区块链不可篡改的特性源自哈希算法，哈希算法是区块链的底层技术之一，该算法的逻辑是接收一段明文，以一种不可逆的方式将它转化成一段长度较短、位数固定的输出散列，并且任何输入信息的变化都将导致散列结果的明显变化。整个加密过程具有单方向性，即无法通过输出散列的内容推断出任何与原文有关的信息。通过哈希算法可以对一个交易区块的所有交易信息进行加密，而区块链的哈希值可以唯一、准确地标识一个区块,并且任何节点通过简单地对区块头进行哈希计算都可以独立地获取该区块哈希值。不可篡改性是区块链一大优点的同时,也是区块链的弊端之一,即虽然数据的不可修改使得数据唯一,从而保障了数据的安全和可信任,但当任何一个复杂体系中都有可能面临修改数据无法回避的问题,这时数据的不可篡改则会带来诸多不便和麻烦。

三、开放性

区块链开放性的特征通常指任何人都可以自由加入区块链并取得区块链中的全部信息,各个成员可以借助字符实现信息公开的同时保障信息安全。区块链在整个系统中都是透明的,其中的数据对所有人公开,只有各方的私有信息是加密的。区块链的开放性主要体现在以下几个方面。

一是账目的开放性(所有历史交易记录对外公开)。区块链所有的历史记录都对外公开,并且进行分布式记账。由诸多相互不存在联系却能进行彼此监督的人联合记账,能够增强账目的可信性。

二是组织结构的开放性。每一次公司制度的发展都对应着公司组织结构的开放,也就是对应着利益相关者人数的数量级增加。随着公司利益相关者数量的扩大,召开利益相关者集体决策会议的难度也就越高,进而使得诸多脱离公司日常管理却能直接参与公司收益的股东涌现。Token的出现可以使股东数量实现跳跃式增长,从而使公司组织的开放程度进一步发生改变。

三是生态的开放性。开放的账目、开放的组织架构都是最底层的基础,最终的目的是构建一个开放的生态。区块链未来一定会形成一个大的开源的价值转移的操作系统,而一般只有公链项目是开源的,在开源的基础上大家都会共享项目共建生态,最终生态越来越大,网络效应越来越强。

区块链的去中心化、不可篡改和开放性彼此相互协调相互联系。去中心化确保了各个主体都是平等的，因而为区块链能够具有开放性和不可篡改性提供了前提条件；不可篡改性保障了去中心化和开放性的数据安全性和可信性，从而使区块链技术的整体应用成为可能；而开放性则为区块链带来了流量和运营效率，同时配合了去中心化和不可篡改发挥协同效应。

第二节　去中心化技术与治理架构

区块链（Blockchain）在本质上是一个去中心化的数据库，同时作为比特币的底层技术，是一串使用密码学方法相关联产生的数据块，每一个数据块中包含了一批次比特币网络交易的信息，用于验证其信息的有效性（防伪）和生成下一个区块。

去中心化是指在一个分布诸多节点的系统里，节点间能够通过自有连接形成新的连接单元，每个节点都有高度自治的特性且能成为阶段的中心，会通过网络形成非线性因果关系，但不具备强制性的中心控制模式，是一种扁平、开放、平等的系统。去中心化是区块链最核心的优势，这一特性保证点对点交流的真实性，提高交易效率，同时降低了"中心化模式"带来的交易风险，因而这一优势能够创造出一个更加高效、真实、安全的网络空间。去中心化不是不要中心，而是由节点来自由选择中心。去中心化让每个个体都有机会成为中心，而每个中心都依赖于个体的存在而存在。区块链通过纯数学的方式建立了分布式节点间信任关系，形成去中心化的可信分布式系统，产生、验证、记录、同步等交易相关活动均是基于分布式网络完成的，创造出了一种可验证的、公开透明的、不可篡改的且可追溯的技术体系。

基于区块链技术点对点、共同参与的特性，每个链上的参与者都能自由读取和写入数据，每一笔交易也都会向全体参与者公开。

在这种技术体系中，每个节点的数据是所有参与者共同拥有、共同管理、共同监督的，并且在整个过程中每个人都有相同的账本，也能确保账本记录过程是公开透明的。除此之外，去中心化体系中由于减少了中介机构，也使得它具有提高效率、降低成本的优点。

区块链对于区块链产业来说也是一种治理模式。金融、商业、医疗等许多领域均可以通过这种治理模式达到更高效的产能。区块链的核心机制是在不可信的竞争环境中，利用数学原理而非第三方机构来低成本创造信用的新型计算范式和协作模式。作为一种由多方共同维护的分布式记账技术，其具有去中心化、开放性、防篡改性、匿名性以及可追溯性等特征，改变了当前整个互联网的信任机制以及诸多行业的应用场景和运行规则，可以大幅拓展人类协作的广度和深度，被认为是可以引起生产关系深刻变革的颠覆性治理模式。从应用视角来看，区块链能够解决信息不对称问题，实现多个主体之间的协作信任与一致行动，其应用已经从开始的数字货币扩展到数字金融、物联网、智能制造、供应链管理、数字资产交易等多个领域，大大提升了经济社会运行效率，以"可编程社会"为特征的区块链 3.0 雏形开始显现。

目前来说，区块链这种新型治理模式已经在各种具体场景中进行应用。比如，比特币就是调动了全国的算力达到价值转移。与之相比，以太坊也是通过调度算力来实现智能合约，虽然它的算力目前和比特币相比还是差了两个数量级，但也是一种更加前瞻性地把比特币单纯以价值转移为特征的项目，变成以智能合约利用为项目的项目。与此同时，区块链可以在各个主体中形成串联，将更多的机构结合起来，从而建立更大的协同。比如，很多供应链金融系统，它其实就是把核心企业和银行、上下游各种各样的参与方都参与进来，从而建立了更大的协同，使得各方利益最大化。

此外，如果拓展一下思路，我们甚至可以将个人或机构不同时间、对不同对象的所有信息在区块链上进行存储与应用，相当于在不停地加总个人所有的信息。例如，用区块链将不同时间、对不同机构的交易信息进行存储与记录，积累更多的信用，长久下去可以有更多的用途。

虽然说区块链本质上是一个去中心化的数据库，但其实区块链的治理模式中心化和去中心化的组织都可以拿来应用，中心化的组织也可以拿去中心化的方式来加强自己的中心化。如果 Libra 做成，其实脸书的中心化程度非但没有减少，反而会大大增强。只有用去中心化的思想做中心化的事情，才能在推广应用中越走越远。

第三节 "最先吃螃蟹"的应用场景

一、供应链金融

在传统金融模式下，中小企业对核心企业的应收账款、预付账款无法保证真实可信，交易各方的信息的不对称也导致了信任传导困难、流程手续繁杂，融资成本高昂。从而中小企业融资难、融资贵，成本高，周转效率低的问题得不到根本解决。而在供应链金融场景中应用区块链技术，可将应收账款、预付账款的拆分转让追溯至登记上链的初始资产，证明债权凭证流转的真实有效性，保证债权凭证本身不能造假，通过技术手段实现供应链金融体系的信用穿透，极大地提高了资金的转速，解决了中小企业融资难、融资贵的问题。在具体应用场景中，2018 年 10 月，腾讯与其投资的保理公司联易融共同建立了"微企链"平台。该平台以腾讯区块链与财付通支付为底层技术，通过区块链不可篡改和去中心化的特点，实现了应收账款债权的拆分、流转与变现，实现了应收账款融资的模式创新。

二、商业

传统商业模式及互联网商业模式中,信息不对称现象严重,平台或商家掌握所有用户信息,利益相关方都在平台上发生关联关系,应用创新性不足,并且容易产生个人隐私等方面的法律问题。而引入区块链技术之后,通过去中心化及分布式管理,大大解决了原有中心化组织与用户之间的不平等关系,显现出多方参与、共享资源、智能协同、价值整合、模式透明、跨越国界等特点。例如成立于2015年的唯链,在短短四年间取得了诸多成绩,吸引了业内外大量的关注。2019年3月,唯链成为国家互联网信息办公室核准的首批197家区块链合规服务商之一。截至目前,唯链已在海内外申请专利共计72个。唯链的成功证明了区块链技术在商业领域中无疑会是一场足以改变实体经济发展和生产关系的巨大变革。

三、教育与就业

目前社会上的证书造假、学习履历造假等问题屡见不鲜,学习者与内容传播者之间信息交流不对称,教学资源也无法自主实现自由填充,资源的利用率低下,缺少分布式学习社区、教育资源开放式平台。在这样的情况下,利用区块链去中心化的、可验证的、防篡改的存储系统,可有效完善学生学籍档案管理,防止证书造假;利用分布式账本,让教材资源上链,实现教育产业数字化;利用区块链技术的留痕和不可篡改特性,可以在基础教育阶段为每一个孩子都建立起相对完善的学习成长档案,完善学习评价系统。2018年5月,清华大学区块链教育与产业联盟"青藤链盟"发布了中国首个区块链创新实验平台"青藤链"。致力于为高校培养区块链技术人才,为区块链提供开放服务,探索未来教育和科研体系的方向和模式。

四、公益

一直以来，公益项目中善款去向不明、诈捐等黑箱事件，让公众对慈善机构失去信任。而传统公益模式基于手工流程、信息有效共享等，钱款的募集和使用过程难以透明公开，项目方可以轻松违规挪用款项，甚至项目造假。利用区块链的分布式账本，让信息透明化问题得到了很好的解决，让公益和慈善活动变得更透明和可信；公益款项的使用和流转过程都将被登记到区块链上存证，记录公开透明且不可被篡改，还可申请追溯款项的去向。同时，区块链的去中心化特性，简化了信息更新的流程，降低了慈善机构运营成本。阿里巴巴旗下的蚂蚁金服自2016年便开启了第一个区块链项目——"听障儿童重获新声"公益善款追踪项目。截至2019年6月底，已有超过700家公益机构、近3600个公益项目的捐赠数据全部接入蚂蚁区块链，总捐赠11亿人次，捐赠总金额超过15.1亿元，实现了区块链技术在公益事业上的成功应用。

五、智慧城市

各地智慧城市建设往往缺少科学系统的规划设计，盲目热衷于单个项目建设，导致项目之间缺乏有机联系，在通信方面存在数据结构与流通接口不统一、标准化程度不高、互联互通程度严重不足等诸多问题，数据流通流程复杂，分析处理效率低下，从而大大提高了运维的成本。区块链技术通过组合"一中心、四平台、多应用、聚合链"的方式构成多维度的智慧城市解决方案，着力于优化组织结构，达到技术融合，形成跨企业和跨系统之间的数据共享。作为国内最早探索"智慧城市"建设的城市之一，也是最早入围全国首批"智慧城市"建设试点的城市之一，南京利用区块链技术，运用信息和网络技术感测、分析、整合城市运行系统的各项关键信息，从而对民生、环保、公共安全、城市服务、经济活动等多种需求作出智能响应,在全国率先实现40多个市级政府部门、9家企事业单位的数据资源共享和重点应用整合。除此之外,南京还率先建成城市智慧门户——我的南京App,集成政务、交通、医疗等六大领域智慧应用,向公众提供一站式精准公共服务,App平台集成度和用户数据均居全国第一。

第四节 区块链发展进程中的几大阻碍

一、性能安全与应用推广能力尚存不足

性能安全问题仍是制约区块链产业发展的重要瓶颈。区块链的性能问题源于自身的体系架构,其中联盟链性能要明显优于公链性能,这与联盟链中节点数量和共识机制有关。由于分布式系统的共识机制、区块链底层协议、网络传输协议以及区块链安全等因素,区块链性能目前还无法与传统中心化系统相媲美。

此外,区块链技术产生时间尚短,仍面临较多的安全隐患。一是区块链技术本身仍存在安全问题。在算法安全方面,目前区块链的算法只是相对安全,随着数学、密码学和计算技术的发展将变得越来越脆弱。在智能合约方面,其本质上是一段程序,存在代码漏洞、逻辑漏洞及运行环境漏洞等诸多问题,存在较大的安全隐患。二是区块链技术实现上仍存在大量安全漏洞。即使理论上很完备的算法,也会有各种实现上的错误,区块链大量使用各种密码学技术、P2P网络协议和分布式传输协议,不可避免地会出现各类漏洞。三是密钥管理存在隐患,私钥是用户生成并保管的,没有第三方参与,一旦丢失便无法对账户的资产做任何操作。

二、顶层设计与国家监管制度亟待建立

顶层设计是行业发展的稳定剂和推进器,对于政策监管、标准

制定等有重要影响，同时也为地方政府制定行业发展规划做出引导，为地方区块链行业发展提供高位指引和理论依据。目前国家层面已经出台了一些鼓励区块链行业发展和针对"加密货币"及 ICO 监管的相关政策，例如 2017 年 1 月国务院办公厅发布的《关于创新管理优化服务培育壮大经济发展新动能加快新旧动能接续转换的意见》中提到了区块链和其他技术交叉融合，构建若干产业创新中心和创新网络；2019 年 6 月最高人民法院发布《关于深化执行改革健全解决执行难长效机制的意见——人民法院执行工作纲要（2019—2023）》，表示要加大执行业务中以区块链技术为代表的新技术的应用和转化，提高执行效率，增强人民群众的获得感；2018 年 8 月，保监会、公安部等五部委联合发布《关于防范以"虚拟货币""区块链"名义进行非法集资的风险提示》，针对存在的炒作区块链概念的非法集资、传销、诈骗活动给予风险提示。但是，到目前为止，针对区块链发展中存在的技术异构、标准和规范不统一、行业资源配置割裂、投融资扶持政策力度弱、监管滞后等问题，产业发展还缺乏统筹规划和顶层设计相关的政策文件。此外，产业发展路线图、时间表、发展方向、产业政策支持还有待进一步明晰。

三、高校人才及教育培训机构严重短缺

区块链作为新兴领域，初创公司大量涌现，人才需求更加旺盛，而高校课程和社会专业培训课程体系相对落后，人才不足现象明显。《2019 年区块链人才供需与发展研究报告》显示，区块链人才的需求规模远大于供给。2019 年第三季度互联网/电子商务和计算机软件行业对区块链人才的招聘需求占所有行业的比例分别为 37.14% 和 14.45%，占需求主流。与此同时，区块链求职人数是招聘人数的 7.12 倍，拥有相应知识结构和工作经验的存量人才在现阶段依然凤毛麟角，人才培养和制定人才标准是下一个重要发力点。从高校层面上来讲，

虽然浙江大学、清华大学、北京大学、同济大学、上海交通大学、复旦大学、武汉大学等高校已开设区块链相关课程及实验室，与区块链企业合作，积极发展区块链的人才培养和技术研究，但总体而言，课程设计以本科阶段的通识课为主，课程内容偏向于知识科普与产业应用指导，并未开设具有专业性和延展性的区块链专业课程。从社会层面上看，区块链培训机构数量极少，课程质量参差不齐，也很难系统性、针对性地开展区块链技术应用培训。

四、区块链社会整体认知程度有待深入

社会各界对区块链的看法不一，多数人对区块链的认识不足，有待提高。一是大量民众对区块链的应用价值往往是一知半解，将真正的区块链技术与比特币混淆，认为国家禁止了 ICO、关闭了加密数字货币交易平台就是否定了区块链技术，短期内难以深刻理解和接受。二是国内的 IT 巨头企业、金融机构虽然纷纷布局区块链，但投入资源有限且主要应用于非核心业务领域，对区块链技术的应用仍处于初级阶段。三是部分地区政府对区块链的认知仍存在偏见，对区块链技术的安全问题、监管问题、合规问题仍没有清楚的认识，经济较发达地区对区块链发展仍处于观望态度，相关扶持政策和发展力度较为保守。

与此同时，区块链的行业应用推广难度较大，应用效果有待进一步验证。虽然区块链行业应用推广总体形势持续向好，尤其是在司法和数据存证、金融、供应链等领域，但由于区块链技术涉及多方实体数据互联互通，需协调多方机构进行应用落地及推广，参与主体较多，且各主体之间信息化建设程度参差不齐，区块链平台建设和协调难度较大，有待进一步运行与推广。

第三章　全球"区块链＋"产业俯瞰

第一节　全球主要国家区块链布局

新一轮科技革命和产业变革的浪潮席卷而来,区块链正在以前所未有的速度在全球各个国家各个领域迅速崛起。目前,全球主要国家都在加快布局区块链技术发展,各国政府及传统巨头都涌现出强烈的进入意愿,区块链创新项目此起彼伏,区块链的全球竞争日趋激烈。

一、美国

区块链技术的革新是美国布局的一个重点,这也是中美区块链发展的重要差别之一。总部位于美国的全球企业纷纷构建区块链生态,尤其是科技巨头。美国硅谷专注于协议层面和基础设施层面的技术创新。与此同时监管风云再起,美国证监会并未批准数字货币 ETF 发行,影响了投资前景预期。美国联邦政府预计至

2022 年将增加区块链支出到 1.24 亿美元，与 2017 年的 1 070 万美元相比增加了 9.59 倍。同时，多家头部的专注区块链领域的风险投资机构也诞生于美国，如 Pantera、a16z 和 Placeholder 等。美国对区块链技术的态度有两大特点：加强应用监管和推动与企业紧密合作探索。目前，美国仍在不断完善与区块链技术相关的公共政策。

二、日本

与国内区块链行业重运营、重营销的运作模式不同，日本企业更重视商业信任和长远利益。

日本对区块链技术有极大的热情。2017 年，分布式资本发布的《日本区块链行业报告》后，越来越多的日本传统企业开始布局区块链行业，纷纷进入该领域，如 Fisco、Remixpoint 等企业。区块链投资咨询公司 CTIA 首席执行官手冢三郎表示："区块链融入日本市场，将会成为防止日本经济继续走下坡路的重要方式。"同时，日本金融服务巨头 SBIHoldings 的首席执行官北岛雅石（Yoshitaka Kitao）强调人们需要思考这些技术如何在现实生活中得到应用，以及它们如何改善人们的生活。为了防止大量项目涌入市场时可能出现参差不齐的现象，日本经济产业省发布了日本区块链评估方法，将与区块链技术紧密相关的 32 个指标纳入了标准评估方法中。专注内容领域的区块链项目 Primas 日本负责人对 Primas 独创的 DTCP 协议和去中心化网络架构很有信心，认为它可以帮助更多日本传统行业低成本、高效率、安全地接入区块链，提升现有产业链的价值。同时区别于数字货币炒作项目，解决企业的"痛点"，用区块链技术可以创造更多的价值，实现互利共赢。

Primas 是一个开放的内容发布、推荐和交易生态圈。Primas 致力于使用区块链和其他技术手段改变现有内容市场格局，解决优质内容难以识别、传播和变现的问题。一方面对用户而言，通过去中心化内容溯源和筛选机制可以获取到优质的内容，同时去中心化数据管理也将更好地保护用户的隐私。另一方面对优质内容的生产者而言，通过区块链的不可篡改性为原创者提供版权保护，全新的内容价值评价体系也可保证其直接获得收益。在 2018 年，日本加速探索区块链技术，推出法例将比特币视为合法货币，监管机构批准数十家公司从事加密货币交易。

三、欧盟

"不同行业对区块链的推进也不尽相同。"欧洲区块链中心主席罗曼·贝克介绍，需要上下游协作的领域，如交通、物流等领域，区块链的合作会来得更快；但是在金融和部分制造业这些原本注重独立性的行业里，区块链技术推进缓慢。欧洲区块链委员会在哥本哈根做了跨行业的企业调查问卷。有三分之一的企业表示，计划在未来两年的时间里，把区块链融入 IT 的基础建设当中。欧盟科学中心在 2019 年 9 月举行的 OECD 区块链论坛上发布报告 "Blockchain Now And Tomorrow"，表明欧盟已经认识到区块链（分布式账本技术）的重要性。在这之前，欧盟对区块链技术的关注度从未提升到政策层面。在欧盟国家中，英国占所有区块链初创公司数量的一半，在投资方面超过 70%。2016 年 1 月，英国政府发布了一份关于区块链技术的重要报告——《分布式账本技术：超越区块链》，这是当时全球唯一由一国政府发布的区块链报告。2019 年 2 月 20 日至 3 月 30 日，德国政府发起了区块链战略意见征求活动，最终提交的意见形成了 1 048 页的文档。2019 年 9 月 18 日，德国经济与能源部和财政部联合发布了《德国区块链战略》(Blockchain-Strategie der Bundesregierung)，表明政府支持区块链技术的广泛应用。此外，德国的区块链战略主要集中于金融应用方面。

第二节 中国区块链布局现状

一、政策布局

图 3.1 区块链发展重要里程碑

区块链政策分为扶持政策和监管政策两大类。其中,扶持政策又包括技术层面、产业层面、行业应用等层面。

(一) 区块链技术发展政策

习近平强调,要强化基础研究,提升原始创新能力,努力让我国在区块链这个新兴领域走在理论最前沿、占据创新制高点、取得产业新优势。要推动协同攻关,加快推进核心技术突破,为区块链应用发展提供安全可控的技术支撑。

从2013年比特币等数字货币出现在舆论媒体上至今,引起了政府对其底层技术的关注,区块链技术不断地被人们所认识。2016年10月工业和信息化部发布《中国区块链技术和应用发展白皮书(2016)》。2016年12月国务院印发《"十三五"国家信息化规划》,其中规划首次将区块链技术列入国家级信息化规划内容。《中国区块链技术和应用发展白皮书(2016)》中指出:组织开展区块链应用示范,建议各级政府结合"互联网+"行动指导意见、制造业与互联网融合发展等系列国家战略的实施,聚焦典型应用需求,组织重点企业，研究提出区块链应用示范方案。围绕智能制造、新能源、供应链管理、数字资产管理等领域，支持大企业牵头、产学研用联合，选择有条件的地区和行业，开展区块链应用示范，探索形成区块链应用推广模式，营造应用环境。2017年1月，国务院办公厅发布的《关于创新管理优化服务培育壮大经济发展新动能加快新旧动能接续转换的意见》提到了区块链和其他技术交叉融合，构建若干产业创新中心和创新网络。2019年6月11日，最高人民法院发布《关于深化执行改革健全解决执行难长效机制的意见——人民法院执行工作纲要（2019—2023）》，其中表示，加大执行业务中以区块链技术为代表的新技术的应用和转化，提高执行效率，增强人民群众获得感。10月26日，《中华人民共和国密码法》表决通过。

从近几年技术方面的政策来看，国家一方面鼓励区块链技术的创新，强调加快区块链技术标准体系的制定；另一方面，鼓励区块链技术与大数据、人工智能等技术的融合，更多与实体经济融合，从而提供便捷、高效的生活和工作环境。

（二）区块链产业发展政策

2017年1月，商务部发布《进一步推进国家电子商务示范基地建设工作中的指导意见》，提出要推动示范基地创业孵化，促进大数据、云计算、物联网、人工智能、区块链等技术的创新应用。2017年3月，工信部印发《云计算发展三年行动计划（2017—2019年）》，提出开展大数据、物联网、人工智能、区块链等新技术、新业务的研发和产业化。2017年7月，国务院发布《新一代人工智能发展规划》，提出要促进区块链技术与人工智能的融合，建立新型社会信任体系。2017年10月，国务院发布《关于积极推进供应链创新与应用的指导意见》，提出要研究利用区块链、新业务的研发和产业化。2019年6月24日，央行副行长陈雨露在外交部吹风会上表示："中方关注新技术在金融领域的应用。"2019 年 10 月 24 日下午，中共中央政治局就区块链技术发展现状和趋势进行了第十八次集体学习。指出"区块链技术的集成应用在新的技术革新和产业变革中起着重要作用""要把区块链作为核心技术自主创新重要突破口，加快推动区块链技术和产业创新发展"。

1. 构建区块链产业生态，加快技术融合

习近平指出，区块链技术应用已延伸到数字金融、物联网、智能制造、供应链管理、数字资产交易等多个领域。我国在区块链领域拥有良好基础，要加快推动区块链技术和产业创新发展，积极推进区块链和经济社会融合发展。要加强区块链标准化研究，提升国际话语权和规则制定权。要加快产业发展，发挥好市场优势，进一步打通创新链、应用链、价值链。要构建区块链产业生态，加快区块链和人工智能、大数据、物联网等前沿信息技术的深度融合，推动集成创新和融合应用。要加强人才队伍建设，建立完善人才培养体系，打造多种形式的高层次人才培养平台，培育一批领军人物和高水平创新团队。

2. 创新数字经济模式，促进要素互通

习近平指出，要抓住区块链技术融合、功能拓展、产业细分的契机，发挥区块链在促进数据共享、优化业务流程、降低运营成本、提升协同效率、建设可信体系等方面的作用。要推动区块链和实体经济深度融合，解决中小企业贷款融资难、银行风控难、部门监管难等问题。要利用区块链技术探索数字经济模式创新，为打造便捷高效、公平竞争、稳定透明的营商环境提供动力，为推进供给侧结构性改革、实现各行业供需有效对接提供服务，为加快新旧动能接续转换、推动经济高质量发展提供支撑。要利用区块链技术促进城市间在信息、资金、人才、征信等方面更大规模地互联互通，保障生产要素在区域内有序高效流动。

3. 探索安全保障体系，加强引导与监管

习近平强调，要加强对区块链技术的引导和规范，加强对区块链安全风险的研究和分析，密切跟踪发展动态，积极探索发展规律。要探索建立适应区块链技术机制的安全保障体系，引导和推动区块链开发者、平台运营者加强行业自律、落实安全责任。要把依法治网落实到区块链管理中，推动区块链安全有序发展。

习近平指出，相关部门及其负责领导同志要注意区块链技术发展现状和趋势，提高运用和管理区块链技术能力，使区块链技术在建设网络强国、发展数字经济、助力经济社会发展等方面发挥更大作用。

习近平关于区块链行业发展的多次表态反映了我国当前针对区块链产业的发展政策：一方面鼓励设立区块链产业引导基金，探索区块链创新及技术融合；另一方面扶持技术研究、人才奖励、设立产业园区和实验室、设立区块链专项投资基金、培养和引进专项人才、技术创新、办公用房补贴等方式，构建区块链产业生态。同时要加强对区块链产业的监管，促进区块链产业迅速发展。

（三）区块链应用发展政策

2018年6月，工信部发布《工业互联网发展行动计划（2018—2020年）》，鼓励推进边缘计算、深度学习、区块链等新兴前沿技术在工业互联网的应用研究。2018年10月，工信部发布《"十三五"国家信息化规划的通知》，表示将积极构建完善区块链标准体系，加快推动重点标准研制和应用推广，逐步构建完善的标准体系。2019年10月24日，就区块链技术发展现状和趋势进行了第十八次集体学习，习近平总书记提出六大应用方向、十九大应用场景。

表 3.1　部分省市出台区块链发展政策

北京	侧重区块链在金融方面的应用
上海	落地政策给予资金资助，强调在信息化中发展中的关键性技术地位
广东	政策和区块链产业园居全国首位，广州、深圳最活跃
云南	重点以区块链技术应用为突破口，建设"数字云南"
浙江	杭州领衔区块链发展，专项落地扶持政策与产业园助推区块链发展
重庆	打造区块链产业基地，促进形成区块链产业集群
贵州	充分发挥区块链与大数据的互补优势，给予落地扶持

各省出台相关政策，加速区块链行业发展政策。2019年，在地方政府的推动下，助力区块链应用发展的政策相继发布，云南省、广东省等地方速度较快。很多地区对区块链技术发展高度重视，并重点扶持区块链应用，以带动地方区块链相关产业发展。中央和地方级政府的重视，为区块链技术和产业发展营造了良好的政策环境。从地区分布看，经济相对发达地区的政策文件数量较多。2019年上半年，23省大约有112条政策信息，75%为扶持方面的。

二、现状概述

（一）中央定调区块链发展，行业多部政策保驾护航

2016年12月，国务院印发《"十三五"国家信息化规划》，将区块链纳入新技术范畴并作前沿布局，标志着党中央、国务院开始推动区块链技术和应用发展。2018年5月，习近平总书记在两院院士大会期间的讲话中明确提出区块链正在加速突破应用，这一重要论断标志着区块链技术和应用发展进入新阶段。2019年10月24日，自中央政治局对区块链技术发展现状和趋势进行第十八次集体学习起，区块链发展正式上升至国家高度。2020年4月，国家发改委将区块链技术作为新技术基础设施被纳入"新基建"范围，更是赋予了区块链史

无前例的重要地位。据不完全统计,从 2016 年到 2020 年 7 月份,国家围绕区块链技术、产业、应用及监管等发布超过 44 项区块链政策,并得到各级地方政府积极响应和号召共发布超过 92 项区块链政策。党中央、国务院和各级政府的重视,为区块链发展营造了良好的政策环境。

(二)国内企业及研究团队基础扎实,相关专利申请走在世界前列

随着区块链技术得到广泛认可,产业应用潜力逐渐显现,国内科技及互联网巨头也纷纷布局区块链产业,并推出各自产品及应用案例,阿里、腾讯、华为依托自身云平台建设基础,打造基于云计算的区块链 BaaS 服务平台,海尔、东软、迅雷、奇虎 360 等企业以主打行业为基础,积极拓展区块链应用布局,在工业互联网、分布式系统、区块链安全等领域取得一定成果。

在区块链技术申请专利上,目前我国区块链发展水平处于全球第一梯队。2019 年全球区块链企业发明专利排行(TOP 100)榜单显示,入榜前 100 名企业,中国企业占 63%,美国企业占 19%,日本则占 7%。中国企业这一两年的申请区块链技术发明专利数量直线式上升,一方面体现了创新能力的不断提高,另一方面为我国在区块链这个新兴领域提升话语权和规则制定权打下坚实基础。

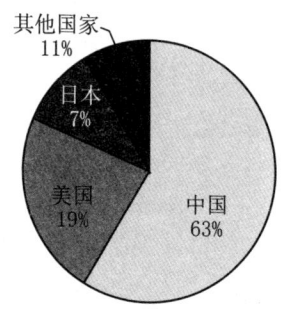

图 3.2　全球区块链技术发明专利占比

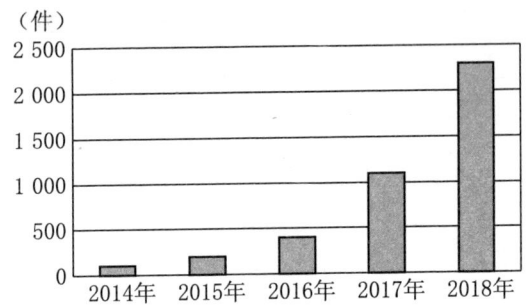

图 3.3　2014—2018 年我国区块链专利数量增长情况

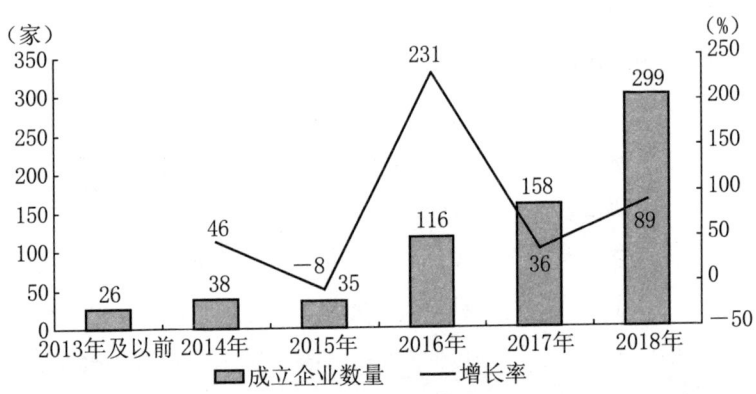

资料来源：《2018—2019 年中国区块链发展年度报告》。

图 3.4　我国区块链企业成立数量及增长率

（三）区块链技术成熟程度和基础理论研究进展有待提升

习近平指出，要推动协同攻关，加快推进核心技术突破，为区块链应用发展提供安全可控的技术支撑；要强化基础研究，提升原始创新能力，努力让我国在区块链这个新兴领域走在理论最前沿、占据创新制高点、取得产业新优势。

当前，区块链作为一种全新的计算机和网络技术的融合应用模式，在性能、安全、隐私保护、治理、跨链互操作等方面的技术仍不成熟，现有的应用多数仍处于研究和发展阶段。未来一段时期内，技术优化仍然是重要的课题。只有以共识机制、智能合约、跨链技术等为代表的核心技术不断创新演进和优化，区块链的适用范围才能得到不断拓展。此外，中国目前在基础研究领域的相对滞后在客观上影响了区块链领域的原创创新。区块链是起源于实际应用的技术数学领域、计算机和密码学，是一门相对偏应用的学科，也是建立在数学和物理学这两个基础学科基础之上的，基础理论研究工作如何跟上产业发展的步伐，将是未来一段时期内的发展重点之一。

（四）区块链行业标准的制定与测评认证相对滞后

习近平指出，要加强区块链标准化研究，提升国际话语权和规则制定权。我国区块链标准体系研究起步较晚，目前仍处于探索建设阶段。对于区块链发展过程中市场重点关切的热点问题，如技术标准、性能和效率、可扩展性、安全性等，尚未有通用的评价标准和体系，亟须建立相应的第三方评价机制。

当前，鉴于我国国家治理结构，在区块链行业标准研究及制定方面，初步形成以工信部为主导、相关附属机构协调配合的模式。由于区块链和分布式记账技术处于技术膨胀期，各行业缺乏核心的理念和基本技术共识，使得行业发展碎片化严重。同时，区块链应用的开发和部署缺乏标准化引导，更缺少安全性、可靠性和互操作性等评估方法，不利于区块链产品和服务质量的提升。应对这些挑战，需要通过开展标准化工作来帮助各国家、各行业间达成共识，为产业共有的挑战提供解决方案，并能够进一步实现技术和经验的共享，为区块链大规模应用奠定基础。

（五）区块链领域高端专业及后备人才缺口大

习近平指出，要加强人才队伍建设，建立完善人才培养体系，打造多种形式的高层次人才培养平台，培育一批领军人物和高水平创新团队。

目前阻碍区块链行业发展的主要原因是人才严重紧缺，不仅缺少从事区块链专项岗位的人才，更缺少行业的领军人物。同时，区块链团队特别是公链团队规模偏小、技术偏弱，生存和创新能力堪忧。究其原因，一方面，由于区块链技术还处在初期发展阶段，由于认识不足，专业从事区块链技术、产品、应用的培训机构较少，培训的人才数量、质量不能满足当前市场需求；另一方面，区块链研究的门槛要求比较高，核心岗位至少要求2—5年的区块链开发经验，对于后备发展不足、初步估计仅200—500位区块链技术人才的整体存量市场而言自然供不应求。

第三节　中国区块链布局优势

中国区块链的政策驱动与行业布局兼具系统性与前瞻性。国家系统性规划区块链行业，政策落实和产业布局齐发力，一方面加速出台并落实相关政策，提前布局技术和产业；另一方面调配资源，加速形成配套产业链，助力区块链产业升级。左右开弓，有效地促进中国区块链行业发展，为科技强国打下坚实基础。

一、自上而下的政策加速产业发展

国家出台相关政策超前布局区块链发展，积极推动区块链与大数据、人工智能、云计算等信息化技术的融合，鼓励区块链技术在金融科技等领域的创新应用。国家层面的区块链政策主要分为顶层设计及应用推广两大类，顶层设计类主要梳理区块链在我国经济和信息化发展中的总体思路，应用推广类主要涉及区块链赋能我国实体经济的发展策略，加速技术融合，推动区块链产业应用落地。

表 3.2 国家出台区块链发展相关政策

政策类型	发布时间	发布主体	政策/文件名称
顶层设计战略部署	2016 年 10 月	工信部	《中国区块链技术和应用发展白皮书》
	2016 年 12 月	国务院	《"十三五"国家信息化规划》
	2018 年 9 月	发改委	《关于发展数字经济稳定并扩大就业的指导意见》
产业推广技术融合	2016 年 12 月	工信部	《软件和信息技术服务业发展规划（2016—2020 年）》
	2017 年 1 月	工信部	《大数据产业发展规划（2016—2020 年）》
	2017 年 3 月	工信部	《云计算发展三年行动计划（2017—2019 年）》
	2017 年 7 月	国务院	《新一代人工智能发展规划》
	2017 年 8 月	商务部	《商务部办公厅 财政部办公厅关于开展供应链体系建设的通知》
	2017 年 10 月	国务院	《关于积极推进供应链创新与应用的指导意见》
	2017 年 11 月	国务院	《国务院关于深化"互联网+先进制造业"发展工业互联网的指导意见》
	2018 年 4 月	教育部	《教育信息化 2.0 行动计划》
	2018 年 9 月	最高法	《最高人民法院关于互联网法院审理案件若干问题的规定》
	2018 年 9 月	民政部	《"互联网+社会组织（社会工作、志愿服务）"行动方案（2018—2020 年）》
	2018 年 9 月	发改委、国开行	《全面支持数字经济发展开发性金融合作协议》

2019 年 10 月 24 日，区块链正式被列为国家战略，全国开启新一轮的区块链热潮，短短 22 天 18 个省份领导人相继为区块链发声。同时，国内的区块链相关会议也紧锣密鼓地"上演"：2019 可信区块链峰会、在乌镇落幕的 2019 世界区块链大会和第三届世界区块链大会暨第五届世界数字经济大会（区块链主题第二次出现在中

国科技第一展上）等。当前区块链技术应用已延伸到数字金融、物联网、智能制造、供应链管理、数字资产交易等多个领域，后续的应用发展需要多方力量的支持。

从近几年的政策来看，国家一方面鼓励区块链技术的创新，强调加快区块链技术标准体系的制定；另一方面，鼓励区块链技术与大数据、人工智能等技术的融合，更多与实体经济融合，从而提供便捷、高效的生活与工作环境。

地方政府从基础设施建设、产业扶持、技术研发创新以及产业应用落地等角度积极出台配套政策支持区块链产业发展。从2016年至今，北京、上海、深圳、广州等各大城市纷纷出台区块链相关政策，贯彻国家有关区块链发展战略部署，积极鼓励、支持区块链产业发展，推动区块链应用落地。目前，区块链技术的应用场景不断铺开，从金融、产品溯源、政务民生、电子存证到数字身份与供应链协同，场景的深入化和多元化不断加深。中国信息通信研究院在8日举行的2019可信区块链峰会上发布的《区块链白皮书（2019年）》显示，据统计，截至2019年5月，北京、上海、广东、江苏、浙江、贵州、山东等超过30个省份地区发布政策指导文件，开展区块链产业布局；全国已成立区块链产业园22家，杭州、广东、上海等沿海城市占比过半，其中20家为政府主导或参与推进。

二、"上中下"系统性的产业链加速产业发展

自2018年以来，我国区块链产业进入快速发展阶段，市场规模潜力巨大。此外，市场开始对加密数字货币疯狂炒作行为进行反思并逐步开始关注真正有价值的区块链技术应用和项目产品。实际上，区块链只有回归技术创新和应用本身而不是炒作概念，才能促进产业的健康发展。

我国布局区块链的产业链上游主要包括硬件基础设施和底层技术平台层，该层包括矿机、芯片等硬件企业，以及基础协议、底层基础平台等企业；中游企业聚焦于区块链通用应用及技术扩展平台，包括智能合约、快速计算、信息安全、数据服务、分布式存储等企业；下游企业聚焦于服务最终的用户（个人、企业、政府），根据最终用户的需要定制各种不同种类的区块链行业应用，主要面向金融、供应链管理、医疗、能源等领域。产业链上中下游企业通过建设创新平台，提升技术能力和推动应用示范落地。区块链相关服务为产业链各个环节提供信息咨询、人才培训、产融结合服务，包括交易所、区块链媒体、社区、行情资讯、钱包提供商等企业组织，其服务贯穿整个产业链的上中下游。政府监管机构主导的政策法规出台、标准规范制定、人才队伍建设、测评认证实施和国际合作交流则是整个生态体系运行的保障要素。

随着产业链不断完善，社会认知逐步提高，场景日益丰富，区块链应用效果将逐步显现，通过区块链赋能传统行业将为我国区块链产业发展带来新机遇。

第四节 国家意志的力量

一、国家意志推动区块链落地

随着区块链技术在各行各业的创新探索和应用落地，全球主要国家越来越关注其发展潜力，通过政策、资金和应用试点等方式加以支持，抢占区块链技术和产业发展先机。与此同时，各国政府逐渐将对比特币等数字代币的审慎监管与对区块链技术发展的鼓励加以区分，在引导区块链技术健康发展的同时逐步拓展区块链的发展空间。另外，从整体上看，目前全球各国政府对区块链产业的支持还以点状的项目鼓励为主，未来随着产业的持续发展，各国政府有望进一步加强布局，全面推进区块链与实体经济的大范围结合，加快推动区块链产业规模发展壮大。国家在区块链技术进一步发展与落地前景上展现出了巨大的作用。

2019年10月24日，中共中央政治局就区块链技术发展现状和趋势进行第十八次集体学习，会议上习近平总书记强调要把区块链作为核心技术自主创新的重要突破口，明确主攻方向，加大投入力度，着力攻克一批关键核心技术，加快推动区块链技术和产业创新发展。

区块链从技术构想走入现实，已日益显现出赋能产业革新和助推经济建设的伟力。习近平总书记的讲话充分体现了中央对区块链技术发展现状的准确把握，也为我国区块链产业发展指明了方向，展示了高瞻远瞩的战略判断。在各国都在积极加快布局区块链技术发展的背景下，各级领导干部必须意识到：谁抢占区块链技术创新制高点，谁就能执全球区块链领域的牛耳，从而充分落实和发挥国家意志的力量。

二、中国利用国家力量意志的实践

2016年2月，时任中国人民银行行长周小川在谈到数字货币相关问题时表示，人民银行已部署重要力量探究区块链应用技术，尽管对区块链当下的规模化应用能力存在质疑，但是认可区块链技术是一项可选的技术。这是官方第一次对区块链技术做正式表态，拂去了人们心头对区块链技术的一团迷雾。同年10月，工信部发布的《中国区块链技术和应用发展白皮书》对区块链技术做了官方权威定义，同时提出我国区块链技术发展路线图，白皮书将区块链技术列入国家产业经济序列。两个月后，国务院印发了《"十三五"国家信息化规划》，鼓励针对区块链等战略性前沿技术进行提前布局，发挥先发主导优势。2018年1月29日，央行正式成立数字货币研究所，定位于研究区块链和数字货币发展，确保区块链技术的潜力能够被最大限度地用于我国金融行业。央行首设金融科技子公司可以视为鼓励区块链应用方面，这正是国家意志的体现。

2019年10月24日，中共中央政治局就区块链技术发展现状和趋势进行第十八次集体学习，习近平指出，要强化基础研究，提升原始创新能力，努力让我国在区块链这个新兴领域走在理论最前沿、占据创新制高点、取得产业新优势。只有结合我国区块链产业发展的实际情况，从中探索出具有中国特色的创新成果，才能为区块链的发展和应用打开无限空间，为引领中国产业变革和经济转型提供强劲动力。为此，我国应在以下四个方面作出国家层面的战略部署。

第一，抢占创新制高点，要做好区块链基础理论研究。

区块链目前以产业界的投入为主，高校、研究机构等参与程度不高，基础理论研究工作未能跟上产业发展的步伐。比如，当前多方协作成本较高，针对工业互联网、社会治理等领域的需求和丰富的应用场景，基于区块链技术的分布式共识特征，提供多方对等和信任的应用解决方案。做好区块链基础理论研究，为区块链的健康发展提供理论指导，和区块链的应用实践形成良性互动，如此中国区块链产业创新才有真正的后劲。

第二，抢占创新制高点，要实现核心技术的自主可控。

核心技术受制于人是我们最大的瓶颈。缺乏深度技术创新，片面依赖"模式创新"的弊端已经在互联网产业中显现。目前区块链技术中加密技术、共识算法等核心技术主要来自发达国家。要掌握发展主动权，保障互联网安全、国家安全，就必须突破核心技术这个难题。要推动协同攻关，加快推进核心技术突破。在基础技术上，仍然需要在性能、扩展性、隐私、安全等多个维度实现突破，以满足未来超大规模系统的应用。在核心技术上，要继续加大研发投入，鼓励共识、密码、分布式通信与存储等领域的研究。在行业应用上，要加大行业应用的广度与深度。

第三，抢占创新制高点，要打造完整的产业生态链。

目前，在我国，区块链技术已在供应链金融、征信、产品溯源、版权交易、数字身份、电子证据等领域有广泛的落地应用场景。随着参与主体不断壮大，可以说我国已经具备较好的区块链产业发展基础。但也存在很多瓶颈，如大规模应用落地困难、发展不均衡等一系列问题。如何构建完整的产业生态链？纵向来说，区块链技术的发展离不开方方面面对市场主体权益的保护，对融资环境、政务服务等软环境的提升，因此要聚集产业优质创新创业资源，打造技术创新与场景融合的通路，以应用驱动加快科技成果转化。横向来说，区块链本身是多种技术集成创新的产物，其发展要加深与人工智能、大数据、云计算等技术的深度融合，创新技术基础设施融合架构，进而延伸区块链技术半径和产业半径，丰富区块链的可能性。同时，要注重保护和营造区块链创新环境，坚决打击遏制假借"区块链"之名的违法违规、欺骗欺诈行为，比如传销、炒作各种"空气币"。

第四，抢占创新制高点，要打造高水平人才队伍。

"功以才成，业由才广。"区块链作为架构性创新技术，对复合型人才需求巨大，要求从事者掌握涉及计算机技术、P2P网络、密码学、共识机制、智能合约等多种专业技术知识。发展区块链必须加强人才队伍建设，从基础研究、应用研发、产业融合等方面建立人才培育体系。一方面，要改革人才激励、评价、分配机制，合力创造自由与开放环境，允许技术人员自由创造、发挥，激发人才创新活力；另一方面，要引进国际高端人才。双管齐下，才能为区块链产业发展提供更加充分的人才支撑。

第二部分

构建区块链产业生态

区块链的分布式、匿名化和安全可靠的特征，其环环相扣的数据逻辑、难以篡改的记录方式，使各种交易变得更加透明，这为构建新技术条件下的去中心化信任体系提供了手段，也将使基于互联网的信息传递演变为基于技术背书的价值传递，从而改变诸多行业的应用场景和运行规则。随着时代发展，区块链的应用价值被开发，并逐渐被运用于金融、医疗、教育、版权、防伪、溯源、物联网、人工智能领域，从而形成"区块链+"模式，大大拓展区块链业务端的应用能力。

我国各级政府已经认识到区块链技术的潜力，纷纷布局区块链，出台有关区块链技术的政策和规划。早在2017年1月，中国人民银行推动的基于区块链的数字票据交易平台测试成功，其旗下数字货币研究所也在2017年上半年正式挂牌成立。与此同时，各大行业巨头对区块链应用场景的探索正如火如荼地进行。腾讯着手打造垂直行业应用的生态平台；阿里旗下蚂蚁金服研发生产级底层技术，专注项目落地；百度布局消费金融，推出区块链云计算 BaaS 平台；京东落地商品防伪溯源与物流追踪。随着时代发展，区块链在现实生活中的应用场景将愈加广泛。

2019 年 10 月 24 日，中共中央政治局就区块链技术发展现状和趋势进行了第十八次集体学习，习近平总书记在主持学习时强调，区块链技术的集成应用在新的技术革新和产业变革中起着重要作用。他指出，区块链技术应用已延伸到数字金融、物联网、智能制造、供应链管理、数字资产交易等多个领域。要加快推动区块链技术和产业创新发展，积极推进区块链和经济社会融合发展。习近平指出，要抓住区块链技术融合、功能拓展、产业细分的契机，发挥区块链在促进数据共享、优化业务流程、降低运营成本、提升协同效率、建设可信体系等方面的作用。要推动区块链和实体经济深度融合，解决中小企业贷款融资难、银行风控难、部门监管难等问题。要利用区块链技术探索数字经济模式创新，为打造便捷高效、公平竞争、稳定透明的营商环境提供动力，为推进供给侧结构性改革、实现各行业供需有效对接提供服务，为加快新旧动能接续转换、推动经济高质量发展提供支撑。要探索"区块链 +"在民生领域的运用，积极推动区块链技术在教育、就业、养老、精准脱贫、医疗健康、商品防伪、食品安全、公益、社会救助等领域的应用，为人民群众提供更加智能、更加便捷、更加优质的公共服务。要推动区块链底层技术服务和新型智慧城市建设相结合，探索在信息基础设施、智慧交通、能源电力等领域的推广应用，提升城市管理的智能化、精准化水平。要利用区块链技术促进城市间在信息、资金、人才、征信等方面更大规模的互联互通，保障生产要素在区域内有序高效流动。要探索利用区块链数据共享模式，实现政务数据跨部门、跨区域共同维护和利用，促进业务协同办理，深化"最多跑一次"改革，为人民群众带来更好的政务服务体验。

2020年2月5日，2020年中央一号文件正式发布。一号文件指出，加强现代农业设施建设。依托现有资源建设农业农村大数据中心，加快物联网、大数据、区块链、人工智能、第五代移动通信网络、智慧气象等现代信息技术在农业领域的应用，开展国家数字乡村试点。与以往不同，这一次，中央文件将区块链放在了人工智能和5G的前列。从产业发展角度来看，这不仅仅是"1024会议"后中央对区块链产业的又一次政策加码，更意味着区块链在国家战略新兴产业中的地位再次得到提升。不仅如此，根据文件中指出的要完成"三农"领域两大目标任务的部署，中央为支持区块链产业发展还提供了明确的落地应用场景。在政策催鼓之下，2020年区块链产业落地应用有望迈上新的台阶。

为了让读者更好地理解区块链当前布局与应用场景，接下来将对区块链在金融、商业、公共服务、智慧城市、城际互通、政务服务等六大产业应用方向进行总结，同时着重介绍区块链在"三农"领域与新兴技术领域的运用。第四章介绍区块链和金融行业融合，这也是未来区块链重要应用场景之一。第五章介绍区块链将重塑传统商业形式。第六章讲述区块链在公共服务领域的广泛应用场景。第七章介绍区块链将从基础设施部分赋能智慧城市建设。第八章介绍区块链在城际互通中的资金、人员、物资、征信等应用场景。第九章介绍区块链能够有效助力政务服务，提高政府工作效率。第十章聚焦2020年中央一号文件，阐明区块链技术在农业领域广阔的可实施空间。第十一章将展望未来，分析区块链在新一代信息技术革命中将要扮演的重要角色。对每个章节进行介绍时，会适时结合现有案例分析应用场景，相信会对读者有所启发。

第四章　区块链 + 金融 = 自金融 + DeFi

第一节　金融业如何向"区块链+"转型

习近平指出：要推动区块链和实体经济深度融合，解决中小企业贷款融资难、银行风控难、部门监管难等问题。为针对性解决以上三个"痛点"，可以将金融与区块链相结合，从而提出有效的创新解决方案。

一、金融业发展"痛点"

（一）融资难

因为风险甄别的成本太高，银行无法解决中小型企业和"三农"的信用评级和担保的问题，才造成了它们"融资难"的困境。特别是在经济下行的时期，贷款需求下降，资金、运营、获客成本上升，银行不得不更加严格把控信用资产不良率，趋向于规避风险，追求20%的高端客户而放弃80%的低端用户。

(二) 风控难

中小企业的融资额度小且频率高，要求能够快速审批，几乎随借随还。这就在客观上要求金融机构能高效高质量地进行风控。然而银行等金融机构传统的风控需要依托大量的人力、物力、财力，成本较高，效率也非常低。专业风控人才稀缺、风险把控难使得很多的金融机构对中小型企业不公。

(三) 监管难

随着金融科技的迅猛发展，金融业发生了翻天覆地的变化，同时也带来了风险和监管的难点。监管对象难界定，监管范畴难确定，相关部门如何对金融进行全方位监管，如何把控监管的时机和力度，寻求监管与科技创新的平衡点，都是需要思考的问题。针对金融业监管难的现状如何解决，国内也有不同的声音。但本质上需要构建监管标准体系，构建新的金融科技监管框架，在加强监管的同时鼓励创新，把握好监管的时机和力度，更好地为国内金融业服务。

二、区块链 + 金融 = 自金融 + DeFi

自金融是指通过互联网的用户聚合和高速传播的特点，为用户提供直接的投融资服务。在自金融中，资金的需求方和供给方都是个人，取代了原有的机构渠道来进行融资和贷款，可以使用户自主掌控数字身份和数字资产，并且独立于第三方中介机构进行点对点交易。宜信、拍拍贷、人人贷等小额网络贷款平台是提供此类服务的代表性平台。

DeFi 全称是 "Decentralized Finance"，即去中心化金融。DeFi 基于区块链技术，由个人掌控资产，实时通过智能合约完成清结算，通过最小化对信任的依赖，降低个体与个体间的信任成本。这种以区块链驱动的金融系统是去中心化的、点对点匹配交易的系统，可信的分布式数据库利用所有的节点共同维护该系统。借助区块链+金融的模式，每个人或物都有一个区块链账户，每个账户都有各自的资产，通过 DeFi 系统，资产价值在网络中流动起来，建立可信体系，加速数据流动共享，改变金融业融资难、风控难、监管难的窘境。

区块链的以下特性，更有利于实现金融业"区块链+"的转型。

（一）去中心化

传统的中心化金融系统很容易受到攻击，而去中心化的系统则大幅度降低了受攻击的风险。因为去中心化系统每个节点均存储一套完整的数据拷贝，即便多个节点受到攻击也很难影响整体系统安全。并且由于使用分布式核算和存储，不存在中心化的硬件或机构，任意节点的权利和义务对等，系统中的数据块由整个系统中具有维护功能的节点来共同维护，大大降低了系统的安全维护成本。

（二）透明性

区块链下的金融系统是开放的，除了交易各方的私有信息被加密外，区块链数据对所有人都是公开的。利用 BTC 浏览器或者以太坊浏览器，就可以查询交易的所有信息和资料。区块链技术能够使参与者在无须相互认识和建立信任关系的前提下，就可以通过一个统一的分布式账本系统确保资金和信息安全，这种信息公开透明的特性可以提升社会对整个金融行业的信任。

（三）自治性

区块链采用基于协商一致的规范和协议（比如一套公开透明的算法），使得整个系统中所有的节点能够在环境中自由安全地交换数据，将对人的信任转化为对机器的信任，使交易更加安全规范。区块链中应用的智能合约具备三个特点：自治、自足和去中心化。智能合约无须彼此信任，因为智能合约不仅是由代码进行定义的，也是由代码强制执行的，完全自动且无法干预，减少了金融行业内的人为错误，可以有效提升人们对金融的信任度。

（四）数据不可篡改

一旦信息经过验证并添加至区块链，就会被永远地存储起来，除非能够同时控制系统超过51%的节点，否则单个节点上对数据库的修改是无效的。并且，以区块链技术为支持的交易是基于一个不可篡改的分布式账本，想要闯入用户账本也是非常困难的。因此，区块链数据的稳定性和可靠性极高，能够较好地保证金融行业客户账号的安全。

（五）匿名性

区块链节点之间的交换遵循固定算法，其数据交互是无效信任的（区块链中的程序规则会自动判断活动是否有效），因此交易对手无法通过公开身份的方式让对方产生信任，这对交易中信任的累积非常有帮助。区块链的匿名性能够保证用户在交易过程中只提供交易所需的信息，而其他信息可以受到隐私的保护。

第二节　区块链+供应链金融

一、"痛点"

（一）"信息孤岛"

供应链金融参与方主要包括核心企业、中小企业、金融机构和第三方支持服务。其中，核心企业信用好，中小企业信用水平参差不齐且不透明，因此金融机构无法通过已知信息有效评估中小企业的信用水平。供应链中各个参与方之间的信息相互割裂，缺乏技术手段把供应链中的信息流打通，从而形成"信息孤岛"现象。

（二）信用风险

没有区块链，中小企业对核心企业的应收账款、预付账款无法保证其真实可信度。并且，中小企业普遍要求其资金具有较强的流动性，资金周转困难也导致其履约风险无法得到有效控制，因此无法采取这种方法融资。

（三）融资困境

中小企业履约风险相比核心企业普遍偏高，同时信息的不对称性导致信任传导困难，流程手续繁杂，融资成本高昂。这就造成了中小企业融资难、融资贵，成本高，周转效率低的问题得不到根本解决。

二、解决方案

（一）信息透明，节点共享

区块链在供应链金融场景的运用，主要基于以下方面：基于加密数据的交易确权、基于存证的真实性证明、基于共享账本的信用拆解、基于智能合约的合约执行。最终，可以实现供应链上各个信息来源相互印证与匹配，解决各参与方之间信息割裂，资金方对交易数据不信任的问题。

（二）共享账本，智能履约

在供应链金融场景中，可通过区块链连接供应链中的各个企业，完整真实地记录中小企业对核心企业的应收账款信息。区块链是分布式账本，分布式账本在中小企业、核心企业、银行等金融机构之间实时更新、不可篡改，保证信息的真实有效。此外，使用智能合约作为执行工具，可以有效控制中小企业的履约风险。

（三）信用穿透，摆脱困境

资金方可以通过区块链得到真实可信的企业背景及贸易信息，在此基础上，为中小企业放贷，可以解决中小企业的授信融资困境。更进一步，在供应链金融场景中应用区块链，可将应收账款、预付账款的拆分转让追溯至登记上链的初始资产，证明债权凭证流转的真实有效性，保证债权凭证本身不能造假，即通过技术手段实现供应链金融体系的信用穿透。也就是说，中小企业可以利用大企业的信用融资，把风险从中小企业本身转移到以核心企业为代表的整个供应链。这就提高了中小企业的融资效率，降低了中小企业融资成本。更重要的是，一旦数字权证能够在链上被锚定，智能合约还可以实现对上下游企业资金的拆分和流转，极大地提高了资金转速，解决中小企业融资难、融资贵的问题。

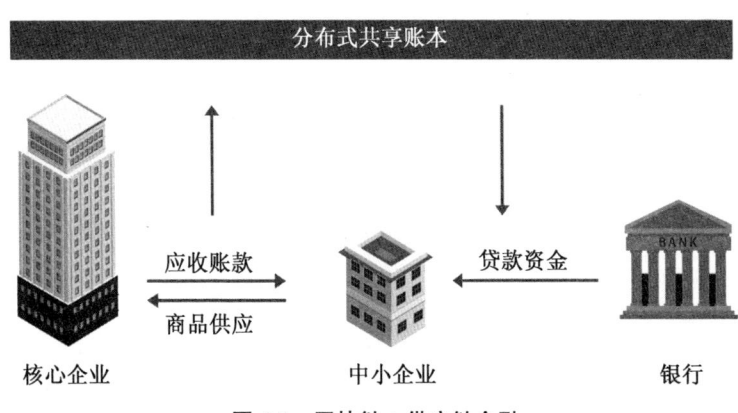

图 4.1 区块链＋供应链金融

区块链新型供应链金融从一定程度上实现了实体产业经营信息向金融机构准确传递的机制，有效地推动金融更好地为实体经济服务，实现了中小企业、核心企业、金融机构的多方共赢。

第一，对于中小企业：融资成本显著降低，融资困境显著改善。

第二，对于核心企业：因为供应商能够以更低的成本、更高的效率进行融资，所以核心企业可以优化账期，减轻贸易谈判与兑付压力。此外，核心企业的线上注册及确权操作无须经由线下烦琐的盖章审批流程，可有效防止票据、合同造假，更可提高操作效率。

第三，对于金融机构：区块链新型供应链金融与传统业务相比，在降低信用风险的同时，使金融机构对多级供应商享有更多的自主定价权，可以提升金融机构的业务收入。而且，业务开展无须自建平台，减少了研发成本，全部业务采用线上操作，方便金融机构在全国各地开展业务。

三、案例分析

2018年10月，腾讯与其投资的保理公司联易融共同建立了"微企链"平台，以腾讯区块链与财付通支付为底层技术，结合资产审核系统（AMS平台）和ABS平台（标准化ABS工作流协同平台），共同打造了开放式供应链资产服务平台。

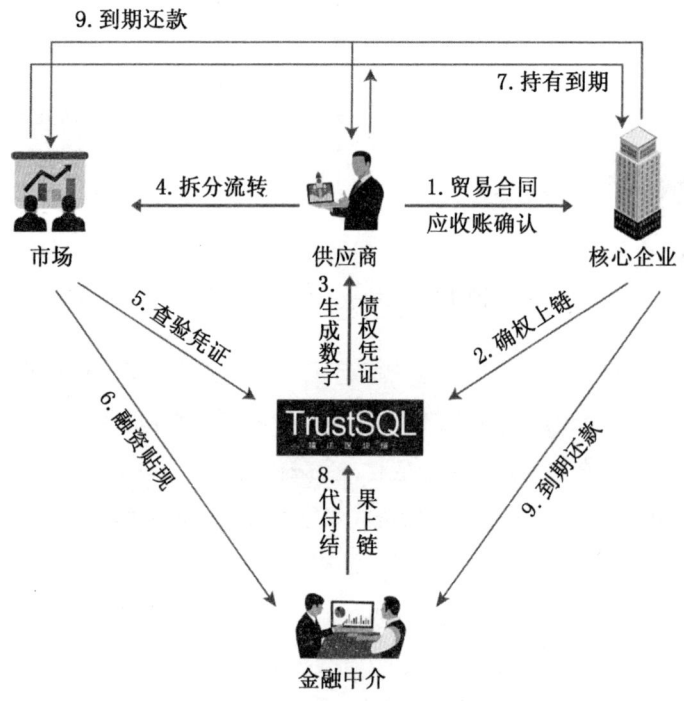

图4.2 腾讯区块链供应链金融逻辑

在实际操作中，微企链结合区块链技术，使用突破传统模式的反向保理模式，实现应收账款债权的拆分流转及变现，将核心信用传递至长尾多级。供应商与核心企业签订贸易合同后，其应收账款通过资产网关进行线上电子审核，确保贸易背景的真实性。核心企业对该应收账款进行确权后将其数字化上链，之后由链上生成核心企业和供应商（一级）的数字债权凭证。供应商可将该数字债权凭证拆分流转给上游的供应商或进行市场贸易。每一持有该数字债权凭证的企业均可上链查验凭证真伪。最终持有该数字债权凭证的企业可按自身资金需求选择持有到期或卖给金融机构进行融资贴现。金融机构在完成融资贴现后，其贴现代付的结果会一并上链，确保信息的真实性及不可篡改性。待应收账款到期还款日时，核心企业将相应的资金还款至金融机构或持有到期的供应商或企业。

相较于传统供应链金融模式，腾讯利用区块链不可篡改和去中心化的特点，实现了应收账款债权的拆分、流转与变现，实现了应收账款融资的模式创新。"微企链"区块链技术在供应链金融上的应用，为核心企业提供了低成本、高效率的产业链穿透式管理平台，降低供应段的资金成本，实现整体采购成本的逐级降低；同时，帮助上游中小微企业供应商有效利用核心企业确权的数字债权凭证进行流转、变现，帮助其拓展融资渠道，加强资金的流动性；而且，为金融中介提供了多元化风控手段，获取低风险高收益资产，同时也使其可通过平台拓展获客渠道，实现批量高效服务小微企业。

第三节 区块链+贸易金融与票据

一、区块链+贸易金融

（一）"痛点"

1. 信息隔离

传统的信用证、保函相关方业务流程相互独立，无法建立直接信息交互通道，存在信息不对称的情况。传统的福费廷业务流程中没有市场公开报价平台，交易报价依赖微信、QQ 等通信工具，信息传递存在安全隐患，而且询价成本高、效率低。海外分支机构与国内分行没有信息交互渠道，只能通过 SWIFT 报文方式，时效性较差，且存在操作风险。

2. 交易烦琐

传统的交易过程需要经过开户行、代理行、清算机构甚至央行之间的相互协作来完成，整个过程复杂冗长，处理交易困难。同时，各个银行和机构都拥有属于自己的账务体系，导致每次交易都需要在各个银行的系统上记录，并经过二级分行等过程，交易过程烦琐，花费时间过长，成本相对较高。

3. 审查困难

传统贸易金融中，信用证、发票、贷项清单等开立后以纸质方式传递，安全性低，校验难。债权转让书和转让通知书以 SWIFT 报文、邮件、传真等方式确认，容易篡改，难以确认合法性。且系统操作方式各异，只能通过现场审核的方式来进行监管，针对业务模式和流转过程缺乏全流程的快速审查和调阅手段。

（二）解决方案

1. 信息上链，互通共享

利用区块链技术建立连接多个买方行和卖方行的联盟链，链上主体通过相互授信建立头寸管理和轧差机制，实现各方信息在链上实时写入、实时读取以及实时验证验押。同时，从开始招标、开具保函到保函撤销的过程中，关键信息都生成区块并保存在区块链中，联通业务相关方原本孤立的业务流程和所有业务信息都存储在区块链上，保证信息安全、透明、不可篡改。此外，买方行与卖方行可通过"区块链+贸易信息系统"进行业务间的互通共享，最大限度地消除信息不对称。

2. 简化流程，提高效率

运用区块链技术，不需要经过传统贸易金融中的中心化服务器，系统的优化或变更不需要通过多个环节的时间跨度，让经营的决策更加简单、直接和有效，提高运作效率。在征信过程中，商业银行也可以通过加密的办法，储存和调取客户的信用信息，并在各个银行间实现数据共享，各个机构也可以直接调取数据而不需要再通过央行的征信机构进行查询，使过程更加简便。

3. 信息透明，有效监管

应用区块链技术，交易过程中所有的信息全部保存在区块链贸易信息系统中，调阅容易。且区块链数据的不可篡改及可追溯性使人为篡改交易信息更加困难，监管成本大大降低，完全透明的数据管理体系也提供了可信任的追溯途径。同时，对于监管规则，也可以在链条中通过编程来建立共用约束代码，实现监管政策全覆盖和有效控制。

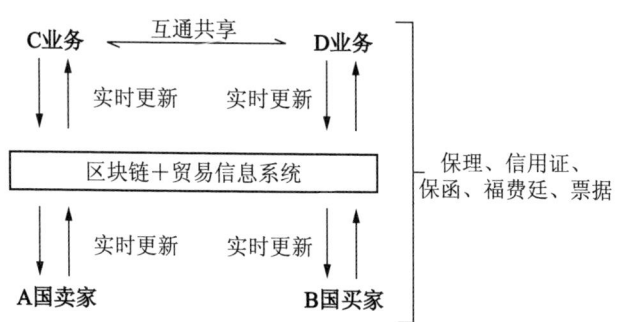

图 4.3 区块链＋贸易信息系统

区块链技术的引入，使得保理、信用证、保函、福费廷、票据等信息可以在链上实现安全、快速、可追溯的传递，并且可以实现信息共享，加快信息流通，减少信息不对称造成的风险；联通业务相关方的流程提升各方工作效率，有效降低成本；数据能够完整永久性存储，有安全性高、不易篡改的特点，在行业工作中交易取证行为、追踪交易流程、关联多方之间更加方便快捷。

（三）案例分析

2019年9月，中信银行、中国银行、民生银行、平安银行同时上线扩容升级了区块链福费廷交易平台。平台升级后，银行间的福费廷业务协议变得统一，推出了《区块链国内信用证福费廷业务主协议》。

BCFT平台由中信银行率先提议，中信银行、中国银行和民生银行共同设计开发，于2018年9月30日上线并持续开展银行间真实交易。在上线不到一年的时间内，BCFT平台累计交易量达到200亿元，在银行机构之间产生了强烈的反响，现已有30余家银行机构加入或明确加入意向。至今，该平台已成为国内银行业最大的区块链贸易金融交易平台，在区块链创新领域处于业内领先地位。

此前，线下福费廷业务协议需要银行间两两签署，手续较为烦琐。升级后，BCFT平台融合区块链技术和多家银行业务共识，提供了银行间线上签约的解决方案。在主协议上，创新性地采用单边开放形式，签署后即在已签署主协议的各签署方之间生效，单个银行签署主协议后上传区块链平台，解决了互相签署协议的难题，极大便利了银行间业务关系的建立，也有利于银行联盟区块链的扩大。

同时，BCFT平台采用的"云—区块链"的业务模式，一方面，可以降低系统开发成本，攻克协调沟通难度大等"痛点"，协助中小银行梳理标准业务流程，有效打造中小银行参与的生态圈，让业务实现数字化、系统化、便利化、统一化；另一方面，平台还可以整合各银行的技术与特长，推进行业整体标准提升，最终把银行与银行、银行与其他机构和企业连接起来，在共享共建的交易圈中取长补短，让一家的长板变成联盟链之长板，构建高效、合作、共赢的金融生态圈。

二、区块链＋票据

（一）"痛点"

1. 潜在道德风险

现今，纸票中"一票多卖"、电票中"打款背书不同步"的现象时有发生。目前票据市场参与主体众多，票据经营机构风险管控能力参差不齐，有一些机构不重视风险全流程评估工作，还有一些机构内部工作人员利用职务便利串通外部人员违规办理票据业务牟取利益，都使票据市场潜在的道德风险日益增大。

2. 信息交流风险

当前的票据市场在信息交流上更多是单对单交易，容易导致信息不对称和时效性差，且操作方式各异，只能通过现场审核的方式来进行监管，对业务模式和流转过程缺乏全流程的快速审查和调阅手段。

3. 操作运营风险

当前票据信息传递依赖中心化的服务系统，经营机构内票据工作人员如果缺乏票据专业知识，对票据相关法律法规不熟悉，票据的管理能力不强，就可能会违规办理票据业务，发生操作风险。

（二）解决方案

1. 盖时间戳，有效防伪

区块链采用时间戳，唯一且不可修改地标明交易的时间顺序，完整地记录票据一整套流转过程。时间戳盖好后将发送给全网络各个节点，形成分布式时间戳。从理论上来说，一旦被盖好时间戳，就无法更改这个区块的数据，因为要想改动一个区块，就必须同时更改后面所有的区块，而这几乎是不可能的。这就保证了历史交易信息都存在这个加盖时间戳的分布式账本里，交易者无法在其中私自篡改票据业务信息，提高了伪造和篡改原有发票的难度，使得伪造变造票据无处容身，降低了伪造、变造票据等违规操作行为发生的可能性，有效防止"一票多卖""打款背书不同步"的现象。

2. 信息公开，数据共享

区块链将在一定程度上解决票据业务领域中的信息不对称问题。基于分布式账本，票据业务信息在区块链平台上都是公开共享的，所有参与者都可将所有交易发票上传至区块链票据信息系统中形成区块链票据，同时，所有参与者也都能获取完备的票据信息。多方信息进行核对，大大提高了票据的真实性，同时也大幅降低了交易信息的不对称程度，促进公平的票据交易价格形成。

3. 简化流程，规范业务

基于区块链技术架构建立的新型数字票据业务模式，可实现票据价值的去中心化传递，降低系统中心化带来的操作和运营风险。其次，区块链点对点交易的特性也使区块链票据交易在交易双方之间直接达成，免去了中介机构烦琐的确认和检查流程，降低了业务耗费成本。同时，区块链票据平台可以运用智能合约将票据准入条件、风险承担方式、记账方式等写入平台，形成一套有效规范交易者行为的规则，实施核准和管控开票，降低票据市场违规交易操作行为发生的概率。

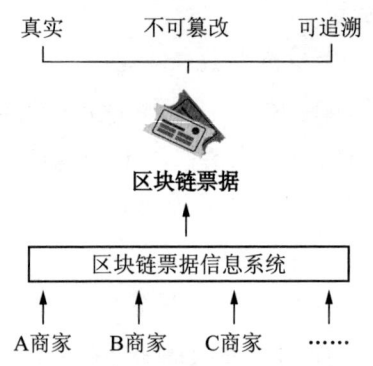

图4.4 中心机构体制下的支付清算过程

区块链技术在票据行业应用可有效降低成本和增强信任。首先，区块链系统更具稳定性和可拓展性，免去了传统交易系统维修和升级的成本。其次，区块链具有点对点交易的特性，这就使区块链票据交易在交易双方之间直接达成，并进行点对点清算，免去了中介机构烦琐的确认和检查流程，降低了业务耗费成本。最后，在信息获取和应用方面，中国人民银行、银监会、证监会等监管部门作为区块链系统参与者的一部分，可以随时调阅公众账本，获取各家银行及其他金融机构的票据各项交易信息，有效降低了监管成本。

（三）案例分析

腾讯公司和国家税务总局通过友好合作，创新性推出全国首个基于区块链的电子发票方案。2018年8月，国家税务总局授权深圳市税务总局试行区块链电子发票，最终实现"资金流、发票流"二合一，将发票开具与线上支付相互结合，打通了发票申领、开票、报销和报税全流程的线上渠道。

如图4.5所示，区块链电子发票业务流程包括领票、开票、流转、验收和入账等，总体可大致分为四个步骤：（1）税务机关在税务链上写入开票规则，将开票限制性条件上链，实施核准和管控开票，防止发生违规办理票据业务情况。（2）开票企业在链上申领发票，写入交易订单信息和链上身份标识，有助于开票信息追溯核查。（3）纳税人在链上认领发票，并更新链上纳税人身份标识。（4）报销企业验收发票，锁定链上发票状态，审核入账，更新链上发票状态，最后支付报销款。

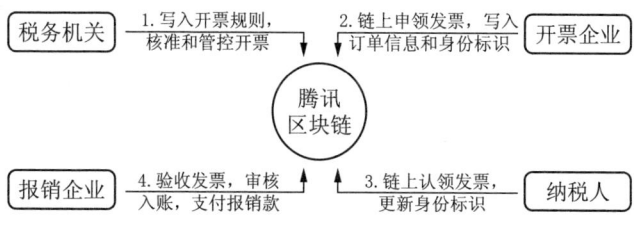

图 4.5　腾讯区块链电子发票业务流程

在传统电子发票的基础上，腾讯区块链电子发票利用分布式账本，有效解决了"信息孤岛"问题，实现了发票状态全流程可查可追溯；采用数字票据系统，实现了无纸化报销，无须再打印为纸质文件存档；加盖时间戳，防止了一票多报、打款背书不同步问题的发生，确保发票的唯一性和信息记录的不可篡改性；信息的公开透明化及可追溯的特点也帮助政府增强了监管力度，实现更有效的实时全流程监管。腾讯区块链电子发票从开具、报销到申报的全流程管理解决方案，是区块链技术同税务业务结合的首次成功落地，为区块链电子发票生态标准重构和未来蓬勃发展做出了开创性贡献。

第四节 区块链＋跨境金融

一、"痛点"

（一）成本高昂

传统的跨境支付清算业务必须借助多个中介机构，一笔交易的完成往往需要经过开户行、央行、境外银行、做市商等多个单位机构，支付流程中每一个环节都涉及诸多冗长复杂的步骤，无形之中增加了系统风险、交易成本和时间成本。

（二）时滞难题

在传统跨境汇款中，不同单位机构有各自独立的账务系统，因此资金需要在不同的系统之间进行切换、记录、追踪、对账和清算，这不仅导致跨境汇款费用高昂影响效率，而且存在严重的时滞性。目前的国际环境复杂多变，时滞性导致交易的不确定性风险、资金的流转风险显著增加。

（三）汇兑风险

对于大额跨境支付交易来说，十分钟到几天的汇款转账时间带来的时间滞后效应会产生巨大的资金利用机会成本，同时，实时汇率波动导致各方汇率不一致,也增加了交易市场所带来的汇兑风险。

二、解决方案

(一) 简化程序,降低成本

在区块链形成的网状系统中,不同节点之间可以直接对接,从而摆脱对于信用证明和记账服务中心的严重依赖,任何金融支付机构都能利用自身网络接入系统,实现收付款方之间点对点的支付信息传输,极大地简化了跨境汇款程序,提高了汇款效率。此外,中转银行的中介职能被取消,银行为了保持自己的竞争优势,不得不适当牺牲手续费和外汇业务转款利润,从而降低交易成本和中转费用。进一步说,基于区块链技术的跨境支付方式可以使支付更加碎片化,更具灵活性,中间手续费率更低,在满足小额支付的同时,又可以开拓小额交易客户业务,实现结算方式的创新。

(二) 共享账簿,消除时滞

在共享账簿中,用户与各级交易商点对点对接,资金只需在同一系统内流转,用验证无误的算法保证交易的执行,并将结果广播给所有节点,从而实现点对点的价值传递。因此,交易双方不再需要建立层次化的账户代理关系,最大限度地减少了时滞性带来的影响,真正实现秒到账。同时,应用区块链,一天 24 小时均可通过手机汇款,增强了资金的流动性,降低了交易的不确定性风险。

(三) 实时更新,降低风险

区块链技术的引入使得流动性提供方产生的任何包括实时汇率、手续费等信息的变动都可以直接映射到分布式共享账本上,供各方查阅。在智能合约下,所有的信息变动都可自动完成,且能够保证高度的一致性,降低了汇率波动带来的汇兑风险。同时,区块链的可追溯性使得每笔交易安全可查,大幅提高了交易安全性,降低资金风险,进而提高跨境支付结算效率。

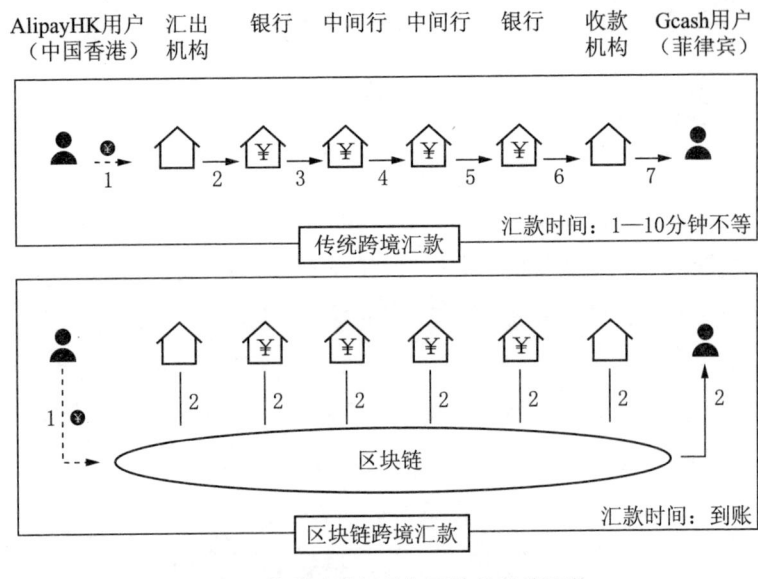

图 4.6 传统跨境汇款与区块链跨境汇款

与传统跨境支付模式相比,区块链跨境支付模式的潜在效益和主要优势非常突出:第一,区块链技术的应用代替了中介机构,规避了中转银行费用,降低外汇汇兑、合规和差错调查的成本,有效地减少交易成本;第二,区块链技术运用分布式共享账本,实现用户与各级交易商之间点对点对接,缩短了清算时间,显著加快了交易的总体速度,提高了资金的流动性;第三,区块链技术使跨境支付交易的流程更加透明,分布式账本数据库保证交易历史的可追踪性及可追溯性,可大幅提高交易安全性,降低资金风险;第四,区块链技术用数学方法建立交易者之间的信任,利用数据库存储的客户电子档案进行客户身份识别、核验,为合规监管提供了全新的解决方法和思路。

三、案例分析

区块链技术在跨境汇款领域已经存在一定的应用。以美国支付公司"Stripe"为例,其常规收费方式是向商家收取30美分的固定费用外加交易额的2.9%作为手续费。引入分布式账本区块链技术后,集中信息交换和货币流通的成本不再存在,交易成本大大降低。由此调整后新的收费方式为:交易额100万美元以内不收费,超过100万美元的部分收取1%的手续费。根据麦肯锡测算,在跨境支付结算平台运用区块链技术可能会让交易成本下降9—15美元,其中75%为中转行的维护费用,另外25%为人工费用及外汇兑兑成本。

与此同时,我国也在区块链应用领域取得了一定的成绩。2018年8月,中国银行利用区块链跨境支付系统,成功完成河北雄安与韩国首尔两地间客户的美元汇款,这是国内商业银行首个应用自主研发的区块链技术在国际支付领域取得的重大进展,彰显了中国银行在国际支付清算领域的创新活力。新系统下的国际汇款具有速度快、客户体验好、免予对账、流动性管理方便等优点,进一步提升了国际支付的安全性和透明度。银行通过接入区块链跨境支付系统,在区块链平台上可快速完成参与方之间支付交易信息的可信共享,并在数秒之内完成客户账的解付,实时查询交易处理状态,实时追踪资金动态。同时,银行可以实时销账并获知账户头寸信息,提高流动性和管理效率。

中国的区块链跨境支付应用在实践中不断发展,不断进步。2019年4月,中国国投国际贸易有限公司所属南京公司完成了内地首笔基于区块链技术的跨境信用证交易。2019年7月,香港版"支付宝"AlipayHK获央行许可,除支付功能外,还可以提供区块链跨境汇款服务,交易资金将通过人民币跨境支付系统(简称CIPS)完成跨境结算。同时,其移动支付服务的使用范围也将由粤港澳大湾区逐步扩展到全国其他地区。

第五节　区块链＋资金清结算

一、"痛点"

（一）业务处理效率低

现有的清算模式是由人工录入大部分相关数据后，再通过清算行和代理行相互传递最终完成清算工作，因此业务处理效率不高。而且，传统支付清算业务流程复杂，环节过多，清算链条太长，导致清算流程缓慢，灵活性和便捷性不足。

（二）企业运营成本高

在传统的交易模式中，记账过程是交易双方分别进行的，需要耗费大量人力物力，操作成本高。因此，包括 SWIFT 在内的各清算机构、代理行、往来银行都会针对每笔清算业务收取部分手续费或佣金，无形中增加了企业运营成本和费用。

（三）交易安全风险高

现有的中心机构体制下的支付清算体系庞杂，交易记录不可追溯且难以监管。另外，清算中心过于集中，存在技术上的单点风险。因为数据库机制是允许修改或删除的，所以清算数据极易被不法分子篡改且难以追溯，使监管机制形同虚设。

二、解决方案

（一）简化流程，提高效率

区块链技术运用去中心化的清算网络，点对点的支付模式可以使每个金融机构构成支付清算系统网络中的平等节点，无须经过清算中心机构，直接通过区块链网络进行支付、清算、记账，大大简化了流程，使结算更加灵活、便捷和高效。同时，区块链技术可以实现实时交易，提升现有金融系统的清结算效率。通过搭载智能合约，甚至可以自动执行交易清算，从而实现交易即清算，大大降低对账人员成本和差错率,显著提高了清算的效率。在某些交易频度不高、业务实时性关联度不强的场景下,完全可以满足清算业务的需求并大幅度优化现有流程。

(二)对点清算,降低成本

分布式的账务系统使得支付清算不用经过金融机构之间的信息传递,也不需要在不同数据库系统之间进行核对和清算,由此实现了交易双方直接通过区块链系统完成点对点的结算。链上每一个参与者都可以直接与另一个参与者完成交易和清算,不需要传统金融机构为支付方增加信用,省去了大量不必要的审查、授信、支付步骤,使交易效率大大提升,并减少了用户的交易成本,也降低了金融机构系统间的信息沟通成本和系统运行维护成本。

(三)在链可查,安全透明

通过区块链系统,交易双方或多方可以共享一套可信、互认的账本,所有的交易清结算记录全部在链可查、不可篡改,极大地提升了对账的准确度。此外,交易过程中所有的信息全部保存在区块链贸易信息系统中,容易调阅,监管成本大大降低;完全透明的数据管理体系也提供了可信任的追溯途径,从而实现有效监管。

区块链新型支付清算体系从根本上颠覆了当前的支付清算系统。去中心化的清算网络与分布式的账户系统简化了清算流程,降低了清算成本,一定程度上提升了资金的流动效率,实现了用户、金融机构与监管部门的多方共赢。

对用户来说,区块链的出现使得支付变得快捷方便透明可查,大大降低了资金的安全风险,提升了资金的流动效率;对金融机构来说,点对点的支付模式简化了中间流程,降低了运营成本和差错率,提高了清算的效率;对监管部门来说,监管和第三方评测变得极其容易,因为每笔交易和资金都可以追溯至源头,所有在结算环节逃避监管的猫腻都不复存在。

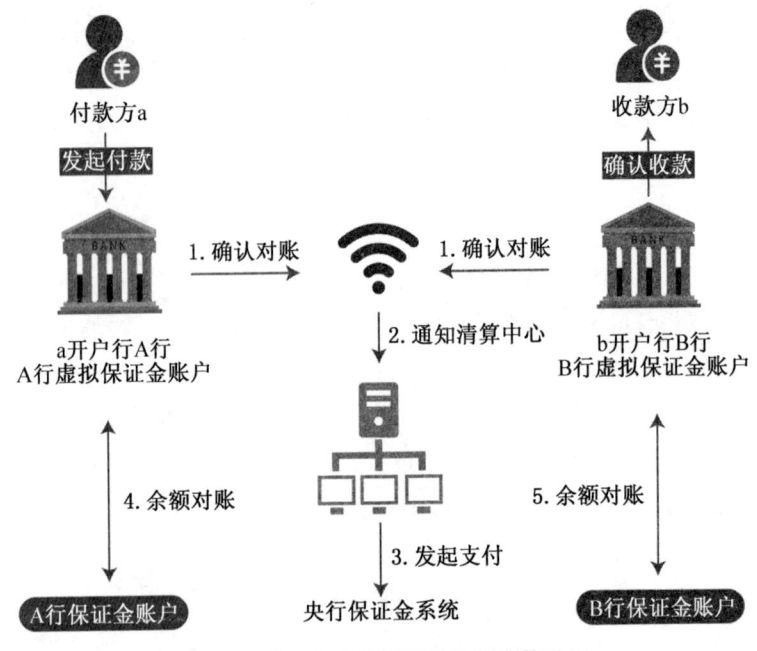

图 4.7 中心机构体制下的支付清算过程

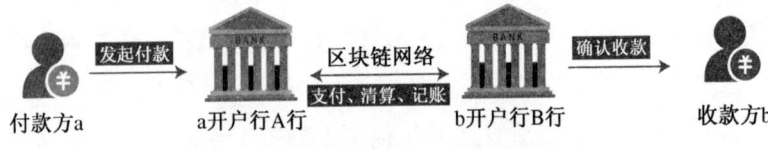

图 4.8 区块链改造后的支付清算过程

三、案例分析

2018年4月,苹果公司为 ApplePay 引入了来自 Ripple 的 Interledger-API 开放来源协议,希望在区块链技术加持下使支付系统更加有效。提供协议的 Ripple 系统,是在 Ripple 支付协议(RTXP)基础上搭建的世界上第一个"去中心化"的开放式支付清算网络,能在全球范围内提供多币种快捷低廉的转账服务。

2004年,Ripple 的早期版本就已经推出,但只能在相互信任的人之间通过 Ripple 进行转账，没有信任链就无法拓展。

从 2012 年开始，Open Coin 公司接手 Ripple 项目，并于 2013 年推出增加了"网关"和瑞波币（XRP）的新版本。网关是资金进出 Ripple 系统的进出口，它的作用就像一个中介，人们可以通过这个中介将各类货币（不论是各国法币，还是比特币等虚拟货币）注入或抽离 Ripple 系统；瑞波币是一个在各类货币之间兑换的桥梁货币，可以在任意网关之间自由流通。新版本的发行使用户之间的转账不再局限于信任人之间，为 Ripple 交易平台提供了更广泛的用户群体。

Ripple 交易平台实现了所有参与者点对点的连接，在交易者之间实现快速交易并完成支付。Ripple 平台能为国际支付降低约 33% 的成本，解决了跨国交易主体支付流程繁杂、成本高的问题，并使交易风险大幅降低。

Ripple 的支付清算方案最主要的两个核心部件是 Ripple Connect 和 Ripple Network。Ripple Connect 是在银行系统中处理 Ripple 支付交易的一个插件模块，它在汇款银行和收款银行之间建立一个信息通道，用于交换 KYC/AML、风控信息、手续费、汇率和其他支付相关信息。在交易发起之前，Ripple Connect 把这些信息送到交易对手方，检查这些信息正确无误后，交易双方可直接在 Ripple Network 中用瑞波币执行交易和清算，使得资金支付清算快捷方便。

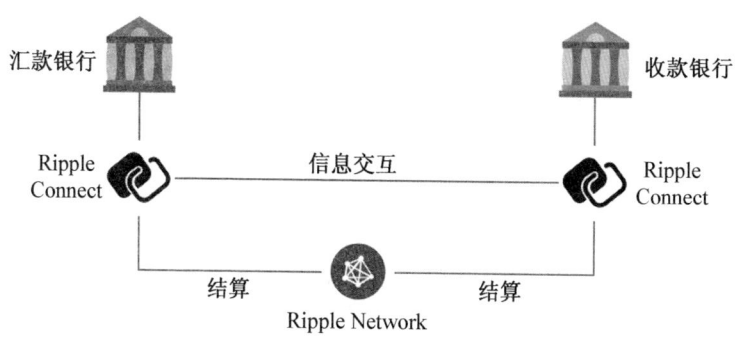

图 4.9　Ripple 支付清算逻辑

通过引入区块链技术，Ripple 打通了银行基础记账模块，在短短几分钟内无须实际资金搬运就能通过信息处理实现资金的交割，这是里程碑式的创新。

第六节 区块链+征信

一、"痛点"

（一）信息采集不全，报告质量有待提高

从 2000 年起，上海资信开始运行上海个人信用联合征信系统。然而我国征信系统采集数据的数量和质量与美国相比仍有明显差距，发布的征信报告质量也有待提高。截至 2016 年 6 月底，央行征信中心共收录 2 120 万户企业及其他组织和超过 9 亿名自然人的信息，其中仅 577 万户与 4.1 亿自然人有信贷记录。形成鲜明对比的是，全球征信巨头 Experian 的数据已覆盖全球 1.03 亿户企业和 8.9 亿自然人。

（二）信息不对称

征信机构与征信机构、征信机构与其他机构之间缺乏数据共享，"信息孤岛"问题严重，造成征信机构与用户信息不对称。

用户征信方面，央行的征信系统目前只覆盖 3 亿用户。年轻人、自由职业者、蓝领等此前没使用过信用卡的人群，因为缺失个人征信报告，互联网金融机构很难对他们未来一段时间的履约能力进行判断，直接影响了这类人群使用互联网金融服务。用户在线身份核实方面，互联网金融产品在设计上更关注用户使用的体验和便捷性，这为不法分子的欺诈留下了可乘之机。假冒用户身份、恶劣的贷款中介等乱象，都为借贷机构的发展带来了风险。

（三）成本逐渐增加

当前，各国银行为提升抵御复杂金融衍生品过度交易导致的系

统性风险，导致了银行的客户征信和法律合规的成本不断增加。

二、解决方案

（一）打造全新征信模式

在基于区块链的去中心化的共享征信模式中，征信机构可以通过区块链平台进行征信数据和征信结果等信息的交换共享。同时，区块链以其不可篡改的可信任机制使得征信机构信用数据的真实性和评估结果的可靠性可以得到市场的检验，进而提升征信行业的服务质量。

（二）创造全新共享机制

区块链技术的去中心化特性，可以实现征信机构、数据提供方之间的点对点联通，有助于打破数据"孤岛"，实现各节点征信信息的共享，拓宽征信机构掌握的客户信用信息维度，扩大我国征信信息的人群覆盖面。另外，区块链的去中心化分布式结构不存在中心机构，其点对点互联实现了业务流程的简化，使得共享征信模式获得更高的运行效率。

（三）数据上链降低成本

区块链技术特性可改变现有的征信体系。在银行进行 KYC 时，可将客户的所有数据存储在区块链中。这样做，一方面客户和交易的信息可随时更改；另一方面，能在客户信息保护法规的框架下实现客户信息和交易记录的自动化加密关联共享，从而减少银行及银行之间进行的大量重复性工作，节省大量合规成本。同时，银行也可以通过分析和监测共享分布式账本内客户交易行为的异常，及时发现并消除欺诈行为。

在征信业应用区块链技术有许多优势。第一，可以降低征信业的服务成本，提高征信数据质量，拓展征信产品应用场景，实现征信数据共享，保障征信数据安全。第二，可以大幅度减少海量数据

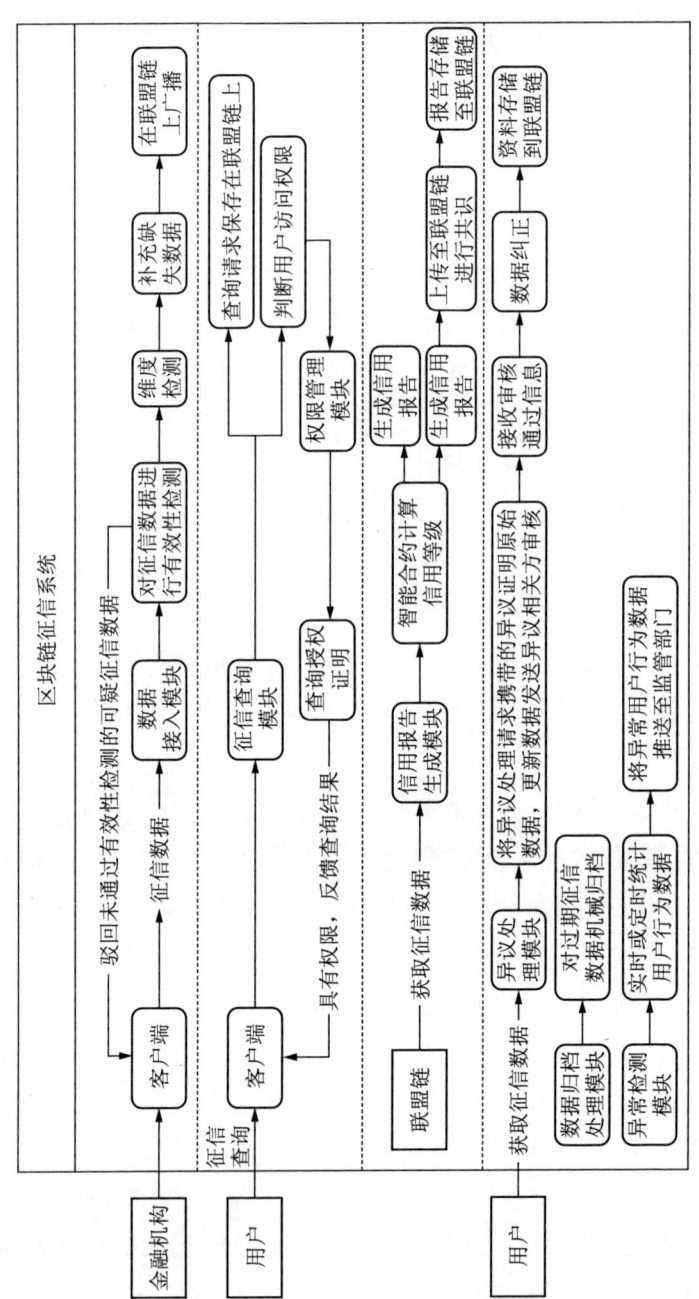

图 4.10 征信系统流程说明

的噪声以及虚假征信数据的出现，使"互联网+大数据"下的大数据采集、保存、整理加工以及使用更加便捷，成本大幅下降，从而可以使传统征信的数据处理成本以及大数据自动化运营成本显著降低。 第三，还可以使各个征信机构在征信数据不泄露的基础上实现征信数据的共享，成功化解借款者多头负债的棘手难题。

一个基于区块链技术的征信数据共享系统会保证全网的任意节点都在共同维护系统的正常运行，不会出现系统的某个节点发生异常而对整个系统产生影响的局面。 只要区块链征信系统中被蓄意攻击的节点不超过一半，该区块链征信系统就能够正常运转下去。具体来说，哈希算法应用于征信数据存储；非对称加密应用于征信数据保密；数字签名应用于征信数据共享；时间戳应用于征信数据或征信数据共享记录追溯；工作量证明应用于防止征信数据被攻击和篡改；梅克尔树应用于压缩征信数据空间。 总而言之，基于区块链技术的征信数据共享系统可以应用在许多金融场景。

三、 应用场景：LinkEye 区块链征信联盟

LinkEye 是一套基于区块链技术的征信共享联盟链解决方案。LinkEye 主打中国、东南亚和欧洲市场，通过区块链技术和信贷经济模型的深度整合，在联盟成员间共享失信人名单，将各个征信数据"孤岛"串联起来，形成真实可靠、覆盖面广的全社会征信数据库，有效促进和完善社会信用体系，最终实现信用面前人人平等。在使用科技手段促进全球信用社会发展的层面上，LinkEye 项目具有划时代意义。

LinkEye 会建立黑名单，在全链公开失信人信息。 考虑到个人隐私问题，会采用脱敏数据，使用带掩码的形式全链发布。 具体格式为：标识符+带掩码的用户 ID（如 22040319 ****** 1019）+带掩码的用户姓名（如张 * ）+信用评价+发布人（可匿名）+签名。 黑

图 4.11 LinkEye 区块链联盟

名单失信数据分为公开数据和详细信息两部分。公开数据为数据中展示的部分，即模糊匹配数据。详细信息包括用户 ID、姓名、借款时间、借款金额、借款平台、逾期时间及联盟等，这部分需要付费查询。签名信息会与该条失信数据的详细报告同时生成，实现数据的不可篡改。当该条数据的详细报告被查询时，数据查询方可获得与该数据上传发生时完全一致的详细报告。联盟发布失信人黑名单，可以类比法院系统发布失信人"老赖"名单，能够让失信人接受一定的社会道德惩罚，是一种有效监督并规范社会信用体系的方式。

市场发展方面，LinkEye 将在区块链技术创新以及征信体系建设方面不断深化和缅甸的战略合作，立足中国、东南亚和欧洲市场，着力打通各方数据"孤岛"，建立完善的且能够涵盖个人、企业、金融机构等各方面信用数据的征信体系，实现征信信息的互联共享，降低社会经济运行风险，提高社会经济效率，用前沿的区块链技术促进全球信用社会发展。

第七节 应用实例

一、微众银行

（一）基本介绍

微众银行是国内首家民营银行和互联网银行，主要业务包括消费金融、大众理财和平台金融等，由腾讯公司及百业源、立业集团等知名民营企业共同发起，2014 年 12 月经批准开业，注册资本达 30 亿元人民币。2019 年度中国区颁奖典礼上，微众银行凭借在数字银行和金融科技领域的显著成就，荣获"卓越零售金融服务大奖——2019 亚太区最佳数字银行"和"2019 最佳区块链项目"两项大奖。2019 年，微众银行的区块链发明专利申请数量达 217 件，排名世界第五。

（二）业务场景

技术研发方面：推出两大开源底层平台。目前，微众银行已研发两大开源底层平台。一是联合万向控股、矩阵元推出的 BCOS，该平台在 2017 年 7 月完全开源，并被工信部标准院牵头成立的分布式应用账本开源社区纳为三大项目之一。二是微众银行随后又联合金链盟开源工作组的多家机构共同研发并完全开源了 BCOS 的金融分支版本——FISCO BCOS，进一步促进国内金融区块链生态圈的形成。

场景探索方面：在金融生产环境中检验可用性。微众银行已在金融生产环境中上线了两个场景——基于区块链的机构间对账平台和仲裁链。

机构间对账平台由微众银行与合作行运用联盟链技术构建，通过建立起透明互信的信任机制，优化对账流程，降低人力和时间成本，提高了对账的时效性与准确度。通过该平台，交易数据只需秒级即可完成同步，并实现 T + 0 日实时对账。

仲裁链由微众银行联合广州仲裁委、杭州亦笔科技三方共同研发。借助区块链技术，仲裁链将实时保全的数据通过智能合约形成证据链，满足证据真实性、合法性、关联性的要求，实现证据及审判的标准化，从而将传统数个月的仲裁流程缩短到7天左右，司法成本也降低至传统模式的10%。

（三）成功案例：基于区块链的机构间对账平台

2016年8月，微众银行联合多家银行推出国内首个多金融机构间的区块链应用——基于区块链的机构间对账平台。

传统模式是在每日凌晨批量文件对账，需要在T+1或者T+2日才能完成，而且文件还存在受损丢失的可能。而采用区块链对账，秒级即可确认一批交易，而且能够确保每批记录都能送达并保证一致性。

据了解，微众银行已接入3家合作行，交易记录笔数达1000万，且运行至今零故障。在供应链金融上，四方精创在FISCO BCOS基础上设计了基于区块链的供应链金融平台。该平台引入了"白条"（应付账款）机制，由实际的销售合同背书，完成资产和信用的虚拟化、数字化，实现了应付账款的链上发行与流通。

该对账平台利用区块链分布式账本技术（DLT）、共识协议管理、数据不可篡改、可追溯等特性，实现在业务交易进行的过程同时进行清算工作。在传统的工作模式中，清算需要在特定的时间段进行。由此极大地节省了时间，提高了清算效率，同时还能节省人力成本。

交易和清算的所有相关信息都能够上链，在区块链加密算法保护下，如果有信息的变动状况发生，对方也能够及时收到变更信息，实现了信息实时同步更新。同时，变更信息也会被发送给全网，让全网共同见证这笔交易，避免信息被非法篡改。

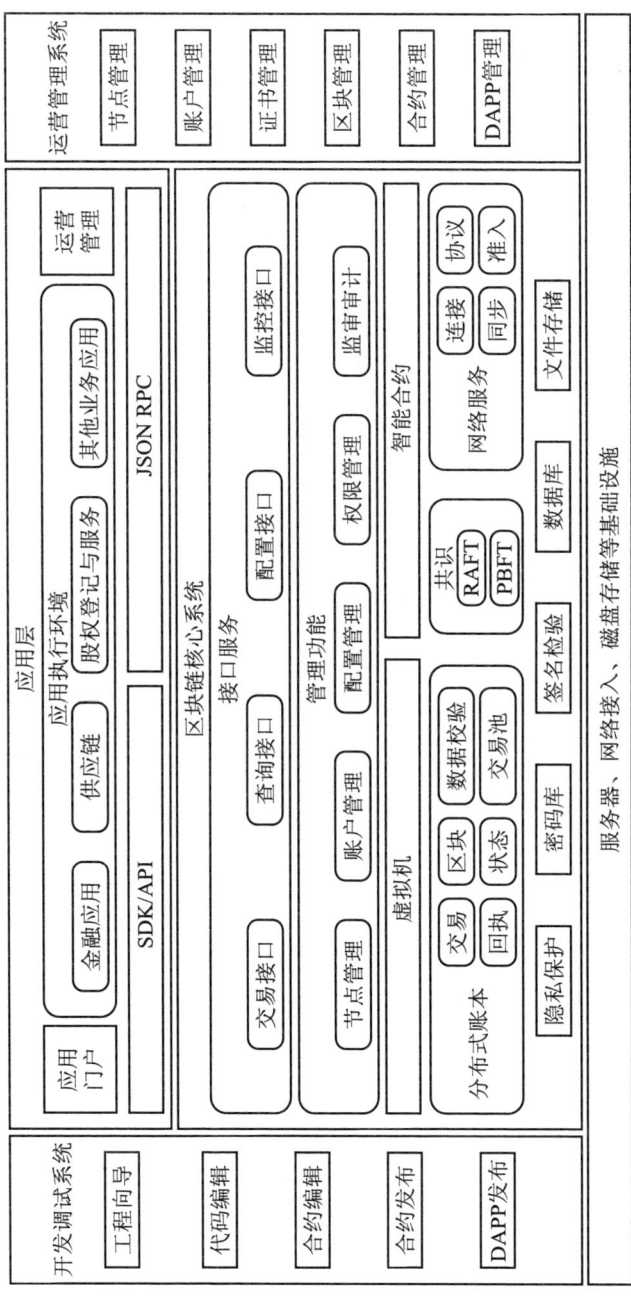

图 4.12 微众银行联合上海华瑞银行推出微粒贷机构间对账平台

二、金链盟

（一）基本介绍

2016年5月31日，金融区块链合作联盟（深圳）（简称"金链盟"）由深圳市金融科技协会等20余家金融机构和科技企业共同发起成立。金链盟组织形式兼容开放，自愿遵守章程的金融机构及向金融机构提供科技服务的企业均可申请加入。至今，金链盟成员已涵括银行、基金、证券、保险、地方股权交易所、科技公司等六大类行业的100余家机构。2018年5月，中国科学院计算技术研究所（简称"中科院计算所"）正式加入金链盟。

金链盟的成立旨在整合金融区块链技术研究资源，从而集众家之长形成金融区块链技术研究应用的综合协调机制，提高成员单位在区块链技术领域的研发能力，探索实现适用于金融机构的金融联盟区块链和在此基础之上的应用场景。

（二）业务场景

深圳市金融科技协会、微众银行、深证通等机构和企业共同发起的金链盟开源工作组，打造了区块链底层技术开源平台FISCO BCOS，从技术原理和应用场景出发，设计自主可控的技术平台，为区块链技术在各行业场景的应用提供支撑。

利用开源的区块链技术平台，可以逐步把软件、硬件、芯片结合起来，并融入RISC-V方案，把它变成一个区块链专用的芯片，这不仅带来了自主可控的优势，更大大降低了技术应用和实践的门槛。

国内区块链技术从开源的底层平台切入的目的，是希望能够形成良好的生态环境，从而适用于更多的应用场景，打破技术垄断，让开发者和合作方可以基于开源平台快速完成开发和实践。同时，国产化平台相对自主可控，准入门槛低，未来的生态建设也会越来越丰富、全面，更有利于获得独立自主的发展能力。

(三)成功案例:FISCO BCOS 平台

FISCO BCOS 平台是金融区块链合作联盟(深圳)(以下简称金链盟)开源工作组以金融业务实践为参考样本,在 BCOS 开源平台基础上模块升级与功能重塑后,深度定制的安全可控、适用于金融行业且完全开源的区块链底层平台。

FISCO BCOS 平台聚焦金融行业的分布式商业需求,从业务适当性、性能、安全、正常、技术可行性、运维与治理、成本等多角度综合考虑,打造金融版本的区块链解决方案。基于 FISCO BCOS 的金融区块链底层平台,拥有快速构建"区块链+金融"应用场景的能力,对金融行业的发展大有裨益。

资料来源:金链盟官网。

图 4.13 FISCO BCOS 平台 2018 技术研发过程概览

2019 年 12 月 1 日,由国家信息中心主办,杭州市人民政府、中国移动通信集团浙江有限公司承办的首届区块链服务网络合作伙伴大会暨区块链服务网络助力社会治理和城市大脑下平台试点启动仪式在杭州举行。大会就区块链服务网络(BSN)发展及运用 BSN 助力城市治理等议题进行了深入的交流探讨。

会上,BSN 引入 FISCO BCOS 作为理想的两大联盟链底层平台之一，使 FISCO BCOS 成为目前 BSN 中唯一的国产联盟链底层平台。

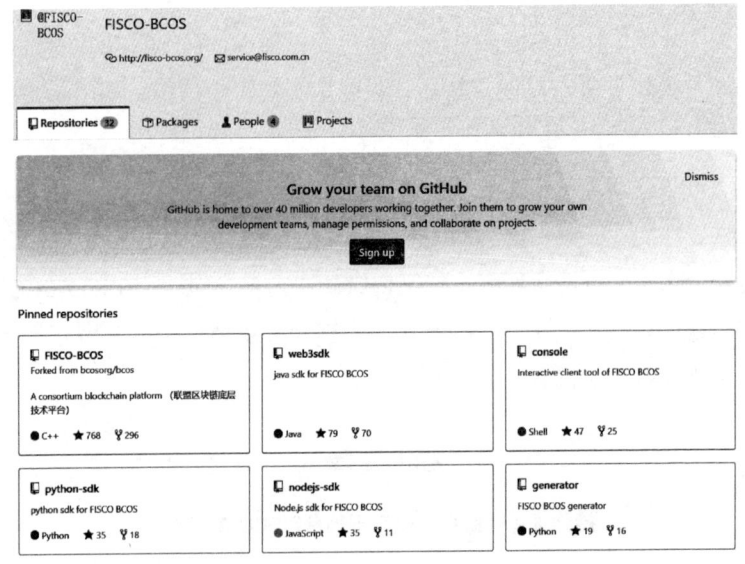

资料来源：金链盟官网。

图 4.14　FISCO BCOS 平台操作界面

三、华为

（一）基本介绍

华为是全球领先的信息与通信基础设施和智能终端提供商，致力于把数字世界带入千家万户，构建万物互联的智能世界。

华为云区块链服务（BCS：Blockchain Service）是基于开源区块链和分布式并行计算、数据管理、安全加密等核心技术开发的面向企业及开发者的区块链技术平台服务，帮助企业在华为云上快速部署、管理和维护区块链网络，降低区块链的准入门槛，实现业务快速上链。也就是说，BCS 面向企业及开发者提供一站式规划、采购、部署、开发、上线和运营等区块链平台服务，提供自己的区块链技术能力帮助企业创新成长。利用华为云区块链服务，企业可以迅速自主建立一套适配自身业务情况的高安全、高性能的企业级区块链系统。同时，结合云服务按需付费、弹性伸缩和可视化的数据管理特性，企业用户使用区块链的效率可以显著提升，且初始成本和使用成本大幅降低。

区块链服务 BCS 产品架构包括基础设施层、区块链平台、业务应用层和安全管理层四个方面。

（1）基础设施层是最底层最基本的部分，是创建区块链网络需要使用的底层资源，包括节点计算资源、存储资源等，主要用于网络中数据的计算及存储。

（2）区块链平台是基于 Hyperledger Fabric 框架提供区块链技术的服务平台，包括服务管理、通道管理、成员管理等功能模块，帮助企业快速创建、便携管理、高效运维区块链网络，为上层应用提供企业级区块链系统。

（3）业务应用层帮助平台顺畅适配到各种应用场景。华为云区块链服务 BCS 就可以应用于各大行业的多种场景中，如供应链溯源、供应链金融、数字资产、众筹公证等。

（4）安全管理层由华为云平台安全体系、Hyperledger Fabric 框架安全及创新的加密算法组成，为区块链节点、账本、智能合约以及上层应用提供安全保障。

（二）应用场景

华为主要关注区块链在数据场景以及物联网、电信、金融等三个行业的应用。

在数据交易领域，区块链去中心化、安全性和不可篡改可追溯的特性保证了链上数据交易过程透明且可审计，有助于重塑社会公信力；在身份认证领域，区块链技术高可靠、可追溯和可协作的特质，使其在身份及接入管理服务的应用领域具备成为基础技术的潜力。华为认为，区块链在物联网、电信、金融等行业方面的应用，本质是利用区块链的公信力在交易双方之间建立信任，降低交易风险和交易成本，从而构建新的商业模式。

（三）成功案例：工银亚洲跨境金融实现大飞跃

跨境金融服务迅速增长，客户对于互联网金融和新型支付的需求增大，为工银亚洲的业务系统及背后的 ICT 基础设施带来了巨大压力。在这种情况下，工银亚洲坚持以"科技服务业务、科技创造价值"为宗旨，逐步探索采用生物识别、区块链、大数据、人工智能、云计算等技术实现突破，以解决业务上的创新需求。

1. 提升客户跨境办理业务体验

针对内地客户跨境服务模式单一、服务内容不够多元、安全监管力度不足的问题，工银亚洲通过将基于华为 IPCC 联络中心解决方案的手机视频客服（mVTM）内置于工行手机银行 App 中，以"视频客服"的模块呈现在用户端，并凭借 IPCC 支持多种媒体接入、智能统一路由平台能将呼叫分配到最合适的座席或自动业务流程等差异化特点，相较以前为工银亚洲客户更多地提供了视频客服、文字聊天、呼叫转接等服务，不仅能提升客户满意度，还可以实现视频、文字、语音交流的全程记录、可追溯、可查询，满足金融行业监管要求。

2. 安全敏捷并重

对于银行而言，安全的重要性不言而喻。在过去，安全与敏捷在业务上存在一定冲突。从最基础的办公文件安全共享和安全上网来看，如果银行员工将一些机密文件拷贝走或者遗失，如果黑客入侵银行内网盗取敏感信息，银行和客户都会产生重大损失。工银亚洲与华为合作，通过安全鉴权校验和数据分片传输存储，实现了按用户、区域、资源实行的细粒度安全管控，同时提供完善的端—管—云—控系统化立体安全防护体系，基于管理节点和用户连接两个维度提供全面的系统级高可靠性保障。此外，通过完善的运维功能和简单的向导化操作,提高运维效率,节省运维成本。

工银亚洲的员工可以定时备份终端重要文件到 Onebox 中,能轻松实现数据保护,实现了安全高效的办公基础设施云转型的初步尝试。未来还将通过桌面虚拟化,以实现浏览器隔离和内外网隔离,降低互联网入侵和敏感信息(如客户跨境融资数据、境外资产数据)泄露的风险。

3. 构建强大的网络神经系统

跨境金融业务的增长对海量数据的可靠存储、数据中心网络速度和稳定性也提出了更高的要求。通过引入标准、开放的网络新技术和数据中心架构,工银亚洲正为构建强大的网络神经系统打好基础。

首先,工银亚洲突破了非标技术的约束。原有的数据中心与生产骨干网是传统方案和封闭的私有技术 EIGRP/PVST+。华为基于开放架构与标准化的协议,在网络设备层,通过 CloudEngine 和 USG NGFW 提供标准化的网络控制协议和接口;在控制器层,部署基于 ONOS/ODL 开源开放构架的 SDN 控制器 Agile Controller,替换原来私有网络架构与协议,打破了单厂商私有封闭的网络架构限制,使引入更多厂商提供服务成为可能。同时,未来可接入基于 Open Stack 的开放云平台,计算资源和增值业务可在数据中心内共享,支持多种业务融合,支持灵活的扩容和升级方案。

其次,工银亚洲既保护了现有投资,又具备了未来可向虚拟化平台联动及云网一体化方案演进的能力。因为原网不具备向25 G、100 G 高性能云计算数据中心进化的能力,所以要升级到 SDN 需要全部更换现网设备,成本太高,无法满足银行业长远发展需要。华为方案基于 Spine-leaf 网络架构,由 Agile Controller 和 CE 系列交换机共同构建,并能支持客户分阶段地实现云计算平滑演进而无须更换软硬件设备。此外,未来以 SDN 方式重构银行的数据中心网络，可实现多种业务共享同一套网络硬件资源，并进行银行多种业务的网络隔离与IT资源的整合，能有效提升资源利用效率和业务部署效率。

未来，工银亚洲将通过科技创新与前沿技术驱动业务升级发展，促进现代信息技术与经营发展的深度融合；抓住香港大力发展金融科技（FinTech）的机遇，争取在部分领域取得重点突破，并以此带动全行在管理水平、服务能力和创新能力上的全面提升，努力将信息科技打造成工银亚洲金融服务的核心力量和重要支撑，适应不断增加的客户服务要求和不断提升的内外部监管需要，成为客户跨境金融的首选银行。

四、趣链

（一）基本介绍

杭州趣链科技有限公司，简称"趣链科技"，成立于2016年，专注于区块链技术产品与应用解决方案。主要产品有趣链国产自主可控区块链底层平台、数据共享与安全计算平台BitXMesh、区块链开放服务平台飞洛FiLoop、供应链金融平台飞洛供应链FiloLink、存证服务平台飞洛印FiloInk、智能合约安全研发平台MeshSec。

目前，趣链科技已申请148项专利，获得50余项软件著作权；出版区块链专业著作《区块链技术进阶与实战》；参与制定区块链团体标准9项，国标标准1项，国际标准2项，其中3项已发布并应用于信通院可信区块链推进计划；参与编写中国信息通信研究院与可信区块链《区块链白皮书（2018年）》、中国人民银行区块链蓝皮书《中国区块链发展报告（2018）》。2019年9月，知识产权产业媒体IPRdaily与incoPat创新指数研究中心联合发布了"2019上半年全球区块链企业发明专利排行榜（TOP 100）"，趣链科技以66件专利位列全球第12名。在《2018胡润区块链企业排行榜》发布的企业排名中,趣链科技也位列前十。

2019年11月,趣链科技创始人兼CEO李伟博士荣获第五届全球浙商大会"2019年度全球浙商金奖"。

(二)业务场景

趣链科技研发的国产自主可控区块链底层平台因为其高性能、高可用、可扩展、易运维、强隐私保护、混合型存储等特性,在支撑企业、政府、产业联盟等行业应用上取得了显著成功。该平台是性能高达1W TPS的企业级联盟链底层平台,为商业区块链创造了全新价值。具体来说,数据安全通过多级加密机制层层把控,分区共识机制提供物理级数据隔离;RBFT共识算法支持节点动态准入;数据失效恢复机制保障节点稳定共识;模块化的微服务架构,实现了区块链系统横向扩展、满足业务增长的扩容需求。

这是国内第一批通过工信部标准院与信通院区块链标准测试并符合国家战略安全规划的区块链核心技术平台,在大中型金融机构的技术测评中各项指标均名列第一。

资料来源:趣链科技官网。

图4.15 趣链科技丰富业务场景应用

（三）成功案例：趣链数字票据平台

基于趣链科技提供的区块链底层平台，国内首个实现核心银行业务的移动数字汇票平台正式上线。票据被认为是区块链技术的绝佳应用场景。与传统纸质和电子汇票相比较，采用区块链技术后，移动汇票将以数字资产的方式进行存储、交易，具有不易丢失、无法篡改的特点，从而保证了更强的安全性和不可抵赖性。

传统的纸质票据，存在易丢失，有可能被篡改的风险。引入区块链技术后，一笔票据交易一旦生成，区块链上各节点首先对交易进行验证，一旦各节点达成"共识"，便把该条交易记录于区块链上且"不可篡改"。在传统的票据行业，各个机构之间对账与清算相对比较复杂。而区块链作为一种分布式账本技术，具有天然免对账或者高效率对账的优势，各个节点共记一套账本，降低了机构间对账的成本，提高了资金清算的效率。同时，各个机构也保持了相对独立的业务自主性，从而实现效率与灵活的完美平衡。

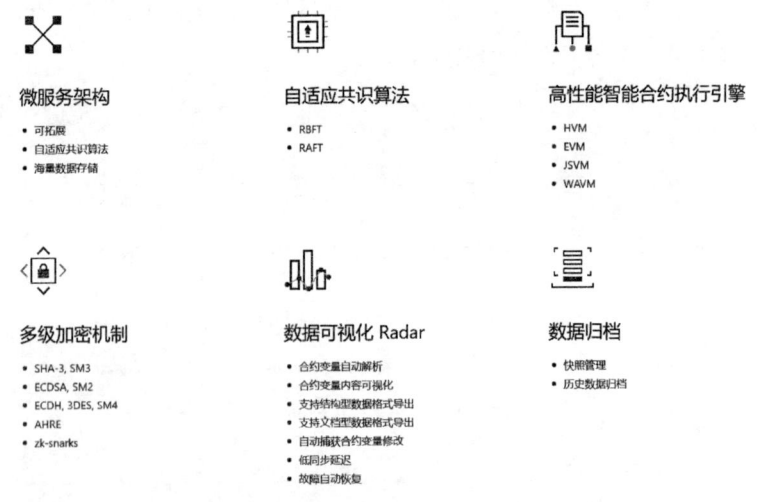

资料来源：趣链科技官网。

图 4.16 趣链可控区块链底层平台技术优势

趣链科技和浙商银行联合打造的移动数字汇票系统是区块链技术在国内首次与银行核心系统对接的尝试，满足了企业的实际需求，标志着区块链技术在金融行业向实用落地迈出了扎实的一步。

第五章 区块链+商业：从分布式商业到分布式经济

第一节 传统商业的天花板

一、信息不透明、消费者偏好难以掌握

中介是服务业的重要组成部分，"转卖"信息获取差价，如租房中介、留学中介等。消费者为减少信息不对称而购买服务，但是有时高价买来的产品或服务效果并不好。信息不对称造成了整个社会交易效率低下。

在大数据时代，大部分公司利用数据辅助决策。数据量（Volume）、数据输入输出的速度（Velocity）以及数据多样性（Variety）都可以通过大数据技术解决，而利用区块链技术将会很好地解决数据可靠性（Veracity）及透明性问题。区块链本质上是一个去中心化的可信数据库，不依赖第三方平台，透过自身分布式的节点进行

网络数据的存储、验证、传递和交流。例如，广告投放，广告公司可以利用区块链技术开创一个信息公开透明的在线交易平台，过程中广告商可以独自设定项目，摆脱中间商的控制，使数据驱动的营销更加透明化。

此外，在传统商业中，企业难以准确掌握消费者偏好，抬高了获客成本，这是传统企业的一大痛点。营销人员与消费者在时间、地点和需求理解方面相差很大。区块链的智能合约可以进行过程追踪，提高透明度。再如广告投放，商家可以追踪每个用户浏览的广告频率及内容，及时分析消费者的偏好，选择最优的广告投放频率及内容。此时，用户的浏览行为和身份信息也会被安全地记录在区块链上。

二、利益关系不公平、恶性竞争

目前商业模式下，很多交易利益关系难以达到公平。如何让利益关系更趋于公平是我们仍然需要思考的问题。通过监管遏制恶性竞争形成有效竞争，促进行业自律、规范行业行为；建立和实施有效的"利益分享机制"和"利益补偿机制"；增强行业与相关部门的沟通合作，打造政府、企业和消费者的连接桥梁。利用区块链技术建立自主创新平台，发展更趋于公开、公平、公正的未来商业，建立分布式商业组织形式与利益关系。

第二节 区块链＋商业＝分布式商业

一、"痛点"

（一）信息不对称

传统商业模式及互联网商业模式存在严重的信息不对称现象。商家或平台掌握所有用户信息，用户却无法准确、清晰地明白商品或服务的性能及价值。区块链应用先天具备公开透明、不可篡改等技术特性，可以有效减少信息不对称带来的负面作用。

（二）应用创新不足

目前，区块链底层技术的性能、数据弹性扩展、易用性问题，以及共识机制、智能合约的安全性问题等，亟待完成突破性的技术提升，发展对应量子计算机的密码学算法的升级。从概念验证、理论阶段到商业落地，区块链技术需要探索、试错、演进，建立更加清晰成熟的商业模式。

（三）法律问题

数据流量是由互联网上每一个用户贡献的数据所构成，因此数据的权益、收益应该归用户个人所有。而事实与之相反，当下这些数据掌握在提供服务的企业手中。这些数据来源于用户的日常生活，包括所有在线的社交、出行、娱乐、消费记录等，与个人隐私息息相关。即使外泄，用户也无法对有关企业追责。互联网产业尚处于靠收集用户隐私兜售产品，投放焦虑广告的初始阶段，没有建立适宜的经济体系。

二、解决方案

（一）商业模式降维化

传统商业模式是高维度，信息不对称程度最高；互联网商业模式是中维度，平台掌握所有用户信息，为利益相关方提供关系媒介；区块链+商业是低维度，所有信息均在链上，信息不对称程度最低。

为了更加契合互联网应用的落地要求，使用结构化的方式保存业务数据，通过链的共识保证业务数据的可信。而传统的区块链上的数据不是结构化的，数据之间难以关联。通过结构化业务数据，从交易数据到行为数据全部上链，将用户买过的商品、留下的评论、浏览过的网页足迹、去过的电商平台等内容全部数字化。通过链本身实现数据自解释，无须第三方应用对非结构化的数据进行解释，实现数据真实可信、确保数据价值传递，推动区块链技术落地和赋能实体经济。

从来源保证数据真实干净，不涉及用户隐私，让用户的数据价值发挥更大的效能。借力智能合约，实现基于可信入口的互联网应用的商业模式的颠覆创新。

（二）分布式管理

降维解决了原有中心化组织与用户之间的不平等关系。降维后，处理一个水平面上庞大的用户（节点）关系是区块链商业模式的核心。在人人是中心、人人又是节点的分布式网络中，权力和责任实现对等。在此基础上通过公平竞争来获取利益，符合市场自由竞争的特性。

一个成熟的分布式商业场景应具备以下特点：生产资料由多方持有、产品和服务能力由多方共同构建、商业过程中相互关系对等、产品和利益分配规则透明等。

随着分布式商业需求日益旺盛，分布式技术也逐渐成熟。一方面，以分布式架构为基础的云计算技术已经获得了广泛应用，为用户提供具备云端化、移动化、场景化等特点的产品与服务。另一方面，分布式账本区块链技术也开始走上历史舞台，并按共识机制及治理方式的不同，划分为公有链、联盟链、私有链等。金融行业更加注重监管合规，通常选用联盟链的技术路线。

分布式商业显现出多方参与、共享资源、智能协同、价值整合、模式透明、跨越国界等特点，但是目前的商业模式仍然发展很不成熟，存在较大问题。目前也有一些积分平台通过充当中介的角色来实现权益互联互通，但由于积分平台掌控了流量入口，进而深度掌控了定价权与话语权，那么小微商家的利益与客户的权益往往就会被牺牲掉一部分；甚至还有一些积分平台缺乏监督，存在挪用客户权益与资金的种种问题。

（三）权益分解，打破传统

权益分解或许是区块链分布式商业模式中最大的创举。通常，所有权包括占有、使用、收益、处置四项权利。在传统商业模式中，所有权和经营权有分离有不分离，分离的经营权掌握在特定经营者手上。在互联网商业模式中，所有权开始出现比较明显的分化，用户享有大量互联网产品的使用权，但不具有占有、收益和处置权。用户与经营权关系较远，只有少部分众包产品具有相关性。

目前的不足给区块链分布式商业模式留出很大的发展空间。关键点是如何构建一个规范的货币市场，保障收益权人的利益，使得风险才能形成转移，形成良性收益分配，权责利界限清晰分明，形成新的商业模式。

在分布式商业模式中，项目所有者、经营者、决策者、使用者、收益权人相互分离又相互依存。理想的商业模式或许是：收益权人（持币者）承担较高的风险，通过货币市场获利，所有者通过项目利润获利，收益权人通过参与经营、决策来降低收益风险。

三、案例分析

唯链自 2015 年成立，在短短四年中成绩斐然。在 2019 年，唯链与潮流展 INNERSECT 达成合作，为该展会技术服务商 Swell 提供区块链底层技术支持。近 3 万个基于唯链区块链的加密芯片被应用于 NIKE、CONVERSE 等品牌的单品中，保护潮牌单品原创设计理念，记录产品生命周期，并为用户提供限量单品唯一占有权的数字化凭证。

2019 年 3 月，唯链成为国家互联网信息办公室核准的首批 197 家区块链合规服务商之一；同年 9 月，唯链正式加入由中国信息通信研究院牵头发起的"可信区块链计划"，并成为该计划的理事单位；10月，基于唯链区块链技术打造的"沃尔玛中国区块链可追溯平台"，被可信区块链推进计划组织列入2019年可信区块链高价值案例名单。2019年11月，第二届中国进口博览会在上海举行，这是唯链第二次亮相进博会。由唯链赋能的产品纷纷出现在普华永道、上海外高桥进口商品直销中心（D.I.G）、法国国家馆等展位，涵盖众多不同行业，彰显其区块链技术赋能实体经济的领跑者地位。

不仅如此，截至目前，唯链已在海内外申请专利共计72个。创始人陆扬曾任路易威登中国区首席信息官，兼容了技术硬核和商业敏锐度的他意识到，区块链技术一经落地场景证明其商业价值，无疑会是一场足以改变实体经济发展和生产关系的巨大变革。

资料来源：新浪财经网。

图5.1 沃尔玛中国区块链可追溯平台发布会现场

秉持"商业指导技术"这一理念，在正式启动技术开发之前，陆扬亲自拜访了40多家大型企业和跨国公司的高管及决策人员。基于丰富的反馈信息，唯链选择打造一个更贴近企业需求的区块链服务平台，结合区块链与物联网技术，大力推广有真正商业价值的区块链应用。

四、典型案例

微众银行在 2017 年年初提出了"分布式商业"概念。微众银行是由腾讯投资设立的互联网银行，腾讯认购该行总股本 30% 的股份，成为最大股东。主要业务包括消费金融、大众理财、平台金融。其业务模式为：有营业执照即可申请贷款，最高额度 300 万元，无抵押、无纸质资料、无线下开户，在线申请即可，日利率低至 0.01%，快至 15 分钟到账，无手续费。微众银行推出的"微粒贷"是国内首款实现从申请、审批到放款全流程实现互联网线上运营的贷款产品，具有普惠、便捷的特点，是分布式商业的一个初期代表。

微众银行副行长兼首席信息官马智涛表示："金融科技的技术创新带来很多机会，受政治、经济、社会、技术环境的变化影响，分布式商业模式肯定是未来主流的商业模式。分布式商业是一种由多个具有对等地位的商业利益共同体所建立的新型生产关系，是通过预设的透明规则进行组织管理、职能分工、价值交换、共同提供商品与服务并分享收益的新型经济活动行为。"分布式商业具备多方参与、共享资源、价值整合、智能协同、模式透明、跨越国界等特征。

第三节　分布式商业与分布式经济

艾伦·约翰逊在 2005 年将分布式经济（Distributed Economy，DE）定义为"一种基于分布式地区，按照小规模、弹性单元的模式进行组织和相互协同连接的特定产出与分享模式"。从分布式经济的定义中，不难提取出两个关键点：分布式的组织形式、去中心化的利益关系。现阶段，为营造良好的营商环境，去除信息不对称是一大关键，措施是用区块链建立价值互联网。2019 年 7 月 26 日，由蚂蚁金服举办的"CHAINAGE 蚂蚁区块链创新日"在杭州正式举行。该会上，蚂蚁金服副总裁兼阿里巴巴达摩院金融科技实验室主任蒋国飞表示，在信息互联网基础上，区块链技术将进一步打造出"价值互联网"，通过可信的价值互联模式,建立企业间数字资产交换的新型互联网,实现商流、信息流、物流、资金流的协同,最大限度解决协同摩擦,实现跨机构的数据高效共享,真正促进商业价值流通。区块链的技术有很大的门槛,如数据存储、加密算法、共识机制等。蚂蚁金服期望基于区块链技术,建立企业间可信的价值互联网,重塑跨机构的信用体系,承担起企业间的资产数字化、可信价值流转,推动区块链技术应用的规模化、商业化、生态化,加速"万链互联"的发展进程。通过提供生态连接与技术赋能两方面的,蚂蚁金融正不断进行区块链相关技术研发,树立各类标杆应用,构建基础平台,降低各行各业的"上链"门槛,建成区块链商用的"助推器"。

蒋国飞说:"未来,这些小局域网必将实现大规模的连接,构成一套完整的价值网络,广泛到无处不在。"他举例,在金融服务领域,银行、保险公司、投资机构等正借助于区块链实现跨境汇款、交易结算的资产认证和保护;在物流领域,一些快递公司正利用区块链显著改善物流网络的可见度和预测性;在制造业领域,各供应链中,应付账款凭借区块链技术成为可流转的数字化凭证,让小微企业得以更便捷高效地获得融资;在法律领域,合同、声明等电子文档通过区块链技术得到了全流程的存档与监测;在农业领域,不少优质农产品正依靠区块链技术实现全程溯源,保障产品品牌信誉,推动产销对接。

图 5.2 商业演进过程

商业演进是一个阶段性、长期积累的过程。现阶段的商业是由传统中心化商业演变过来的改良版中心化商业，为之后发展分布式商业奠定基础。改良版的中心化商业是指所有业务、所有资产和所有流转信息都要在这个区块链上有所存储。其对所有的线下资产是一种真实不可篡改的映射。这种商业模式下的信息更透明、更对称，为应用与结合区块链技术提供了条件。蚂蚁金服利用区块链技术，在基于信息交互的"互联网"的基础上，直接构建出一套高度协同的"价值互联网"。基于区块链技术打造的"价值互联网"已经在不少行业实现了"局域网"的试点与运用。

分布式经济是由共识机制驱动的。其特点是分布式的组织形式和按照贡献收益，实现公平公正。在此基础之上，利益分配关系会更具备"共享"的色彩。相应地，分布式的资源利用效率要比去中心更高。个体的资源利用效率、创造力会有质的提高，个体的身价也会有长足的飞跃。区块链能够解决分布式经济落地当中的两个核心问题，一是形成信任基础、保障所有人之间相互信任，二是分布式组织形式及去中心化利益关系的顺利施行，使得分布式经济的到来成为可能。区块链应用当中，"执行自动化"成为必要基础。在收益分成中，一旦大家对收益情况达成共识，那么所有的收益都会按照每个人的贡献情况自动打到个人账户当中，避免了人为操纵的可能。实现这样过程的工具叫智能合约（Smart Contract），意为自动执行的合同。同时，通证（Token）的应用也可以激发分布式经济的活力，让更多的人参与其中，获得收益。综上所述，分布式商业是未来整个经济发展模式的重要方向。

第四节 应用实例

一、复杂美

（一）基本简介

杭州复杂美科技有限公司从 2008 年成立开始就一直致力于高性

能撮合技术的研发。公司于 2013 年启动区块链、智能合约的研发和应用，并依靠多年的技术积累，已掌握了低延时、高并发的核心技术，专注于区块链撮合系统、区块链清算系统的应用与推广。

复杂美不仅精通多种主流区块链底层技术，也有自主研发的区块链系统 Chain33，采用 PBFT（拜占庭）共识机制。目前，复杂美已申请了 150 多项区块链技术的发明专利，处于国内领先地位。

（二）应用场景

复杂美历时五年研发了区块链核心技术 Chain33，这是一个开发门槛低、可拔插、易升级、分层的高效区块链架构，可供开发公链、联盟链及私链等，并首创平行链架构及模块化体系。

基于区块链底层技术和 Chain33 系统，复杂美在供应链应收账款转让（企业白条）、商品上链、积分等场景都有广泛应用。

（1）票据应用。复杂美是第一家做区块链票据处理系统的公司，也和航空公司、家电巨头等合作了区块链票据撮合系统，用于提高企业内部的管理效率。

（2）供应链金融。基于区块链技术的供应链金融平台，具有发行、转让、贴现、兑付的前端功能及审核、管理、统计、风控的后端功能，能够促进中小供应商企业的资金流转、提高核心企业资信对中小供应商的转移、提高资金收益率并降低风险。

（3）仓单交易。复杂美建立了区块链底层的仓单交易平台，化工原料等都可在区块链上进行追溯，可帮助企业降低成本。传统纸质的仓单上链后成为数字仓单，可以反复交易、溯源，简化仓单的转移和交易。

（4）电商领域。可实现交易信息上链、商品上链（出产地、物流、消费）、积分上链（发放、流转、兑换、消费、销毁）以及数字资产支付（替代现有中心化模式），实现对商品防伪溯源。

（5）红包模块。支持多种数字资产红包，红包可实时到账，红包数据记录在链上，账户安全便捷。

（6）聊天模块。基于区块链技术的聊天应用，可避免中心化聊天平台的信息泄露的可能。

（7）OTC模块。基于区块链技术的OTC功能，可实现点对点线下交易等功能，有效避免中心化资产交易风险。

（三）典型产品：上链购、美的票据应用平台、京东区块链防伪追溯平台

1. 区块链电商平台"上链购"

"上链购"区块链电商平台是复杂美在2018年以Chain33区块链技术为底层，将商品数字化，实现商品资产上链。针对消费者网购商品质量参差不齐、产品实物和描述严重不符和商家商品溯源难、实物流通难的电商"痛点"，引入区块链技术后，通过区块链公开透明、不可篡改的特性，将商家商品上链，实现商品高流转性，双重保障消费者和商家的权益。真正实现在区块链平台上完成商品上链、下单、支付、流转等交易动作，全流程透明可溯源，便利消费者，增加商家销量。

2. 美的金融区块链票据应用平台

2017年，美的集团财务有限公司与杭州复杂美科技有限公司联手合作，共同打造了美的金融区块链票据应用平台。

该区块链票据产品的功能包括供需撮合、信用评级、分布式监管、数据存证和智能交易等。其中，票据业务的逻辑规则为：承兑记账后才同步票据正面信息；同步信息后同步以短信、邮件方式通知收票人；供应商以其客户名称或账号办理查询。供需撮合业务的逻辑规则为：提供在线票据录入功能，补录票据正背面信息；票据发起融资申请时，锁定票据状态，不允许一票多卖；发布融资需求和买入需求时，以shibor利率为基准，提供上下浮动区间；双方发布需求时允许群发和定向两种方式，同时支持有效期按天、周、月

发布；自动撮合时以对象、有效区间、利率范围、票据形式、票据类型等条件自动匹配。

该产品基于区块链技术，使得平台、银行和企业等多方参加，增强了交易的可信度，提高了平台的安全性，降低了技术维护难度，减少了风控成本。企业在区块链上累计的信用不可篡改，可降低融资成本，有效解决了供应链上下游企业融资难、成本高的问题。对于核心企业而言，可以更好地管理供应链上的中小企业以及相关服务。

3. 京东区块链防伪追溯平台

基于区块链技术的去中心化、共识机制、不可篡改、信息可追溯等特点，京东区块链防伪追溯平台推出了消费品解决方案。截至 2020 年 2 月，平台已经累计有超过 700 家品牌商和超过 5 万个 SKU 入驻，入驻品牌商包括雀巢、惠氏、洋河、伊利等知名企业。平台上链数据多达 13 亿条，产品种类涉及食品、酒类、奶粉、日用品和医药用品，为营造安心可靠的消费体验做出了贡献。

消费者视野拓展和购买力提升后，跨境购物成为重要的消费种类，如高品质的牛肉一直是追求生活品质的消费者的消费品偏好。自从 2018 年 3 月，京东就开始与澳大利亚领先肉类产品出口商安格斯达成合作，利用区块链产品溯源技术，对引入的纯正安格斯牛肉进行销售追踪。消费者最直观的体验是，每一块加入购物车的牛肉，都可以在区块链上找到可信的源头信息。这块牛肉产自哪个农场、牛是如何被饲养的，以及如何加工和运输，都可以追溯。因为区块链信息的不可篡改，这就意味着用户吃进嘴里的每一口牛肉都没有以次充好或假冒伪劣之忧。

区块链技术应用在澳洲牛肉的溯源，除了可以确保消费者买到源头清楚的优质产品外还可以让消费者的消费体验得到提升，除了品味舌尖上的美味外，还可以对食材的源头细节进行评论，加成饮食的文化意涵。

根据京东海囤全球 2018 年的数据，该年度跨境购物用户增加了 3 000 万，并引进了 3 000 多个海外新品牌。在区块链技术应用在商品溯源之前，追溯在众多行业和领域都有大量应用，但仍存在数据中心化、易篡改、流通环节数据分散、政府监管难等问题，不容易赢得消费者的信任。京东为了解决跨境商品流通渠道长、易出现假冒伪劣或者走私的行业难题，利用自身具备核心研发能力的区块链技术，将海外运输、海关报关、检验检疫局报检、国内运输等信息全流程整合打通上链，用区块链技术赋能跨境电商体系，达到了该行业领先的服务和质量管理水平。

第六章 区块链＋公共服务＝可信社会

第一节 区块链助力公共服务

"区块链＋"在民生领域的运用，可以积极推动区块链技术在教育、就业、养老、精准脱贫、医疗健康、商品防伪、食品安全、公益、社会救助等领域的发展，为人民群众提供更加智能、更加便捷、更加优质的公共服务。

一、公共服务"痛点"与发展方向

在移动互联网快速发展的时代，租房难、抢票难等日常问题给民众生活带来许多"不便"。互联网在深度介入社会公共服务的同时，也在开挖新的技术鸿沟，信息的不透明、道德的风险以及信任鸿沟都是公共服务的"痛点"。公共服务的要点是在政府和民众二者之间，强调政府的服务性，保障公民已有的权利；公共服务的重点在于抓住民生"痛点"，提升公民在公共服务中的参与感。

关于如何利用新技术去解决公共服务的"痛点"，区块链提供了新的思考方向。区块链具有公开透明、不可篡改、多方共同维护、公开账本等特点。真实信息上链，在所有节点共享，实现信息保真透明，避免造假事件，优化业务流程，降低运营成本。使用区块链驱动公共服务，可使得文本电子化、更安全、可追溯，从而降低成本，实现数据的提供、管理和开放，进而形成一个可信的网络，增强居民的参与感与幸福感。

二、区块链＋公共服务＝可信社会

"区块链＋公共服务"，是从数据管理流程的优化到治理思维的一系列转变。"区块链＋公共服务"发展的四个方向：身份验证、共享信息、透明政府以及鉴证确权。身份验证是指身份证、护照信息、驾照、出生证明等公民身份证明都可以存储在区块链账本中。将这些数字身份存储在线，不需要任何物理签名，就可以在线处理，随时掌握这些文件的使用权限，省去烦琐的流程。鉴证确权是指公民财产、数字版权相关的所有权证明存储在区块链账本中，有助于大幅减少权益登记和转让的步骤，减少产权交易过程中的欺诈行为。共享信息是指机构内部以及机构之间信息共享，实时同步，减少协同中的摩擦。透明政府是指将政府预算、公共政策信息及竞选投票信息用区块链的方式记录及公开，增加公民对政府的信任。

目前，许多国家均开始构想区块链的政府建设问题，通过构建新型秩序重塑政府公共服务形态，升级身份数据管理模式。在身份验证方面，区块链技术可以将所有与个人证明有关的信息（例如身份信息、行驶证、出生证等）统一存储，从而免除许多烦琐的认证步骤以及物理签名。在鉴证确权方面，区块链技术可以减少欺诈事件的发生。一份来自麦肯锡的报告指出，到 2020 年身份验证有望成为一个价值 200 亿美元的市场，其他相关服务更是高达千亿美元。

政府的一个重要职能是保存和维护个人、组织和活动的关键信息和身份数据。

首先，是信息不对称问题。各个部门无法获得相同的信息，或者需要重复获得信息授权，带来公共资源和时间的巨大浪费。其次，越来越多的黑客攻击增加了公共部门数据管理的安全风险。对于政府来说，区块链数字身份将是全新的底层基础设施，有助于打通机构内部以及机构之间的信息壁垒，实现互通共享、实时同步，减少协同中的摩擦，同时也意味着从数据管理流程的优化到治理思维的一系列转变。"四大"会计师事务所之一的德勤（Deloitte）已与身份管理公司 Attest 合作，开发基于区块链的政府级数字身份系统。此次合作将为符合政府要求的标识开发一种数字身份产品。德勤客户可以根据公司现有产品使用这些标识。公民可以通过公钥有选择性地与代理机构分享信息，或是向政府授权使用公钥和私钥阅读或更改其个人账本的内容。政府也在这个过程中提升公民的服务体验，与公民共同构建起一种更为积极互动的新型治理关系。

区块链本质上是一个分布式的数据结构。这种扁平化的特殊数据结构使得区块链技术具备了共识性，也就是共享性。加之区块链技术去中心化的特性免除了中心的控制而呈现出反中心的构想，这两个特点的结合塑造出区块链技术难以篡改的特性，虽然难以篡改也并非不可篡改，但是区块链技术的安全性可以从比特币身上得到验证。作为以区块链技术构建的产品，比特币从其出现伊始至今尚未出现自身的安全问题。由此可见，区块链技术难以篡改的特性，在一定程度上是值得信任的。另外，区块链分布式的特点使得每一个节点都能实现信息的交互，并且随时可以充当临时中心，而时间戳的技术可以记录运用了区块链技术项目下的产品每一个步骤的相关信息。在需要查询信息时，方便快捷，成本低廉，一目了然。

例如"区块链+政务与司法"，在真实业务场景中，可以有效地帮助客户解决公证、信息记录与业务流程长，单据繁多和信息作伪与易篡改的问题；区块链+文化与教育，通过区块链防篡改与可追溯的特性，可对作品进行鉴权，证明文字、视频、音频等作品的存在，保证权属的真实、唯一性，也可帮助记录跨地域、跨院校的学生信息，追踪学生在校园时期的记录，帮助构建良性的学生信用生态体系；区块链+医疗，让患者、医院、药企、卫计委（监管方）等多个参与方形成一个互信联盟，同时满足监管和安全的需求，例如腾讯微信智慧医院已经通过区块链技术实现处方信息的安全流转。

第二节 区块链+教育与就业

一、"痛点"

（一）存证可信度低

由于缺少区块链技术的应用，社会中存在的证书造假、学习履历造假等问题难以解决。基于区块链不可篡改的特性，市面上出现了各类存证、保全的平台，包括教育证书、履历存证。

（二）信息交流不对称

目前，学习者与内容传播者之间信息交流不对称的现象始终存在。区块链技术去中心化的特点将去除中间商环节。

（三）教育资源利用率低

教育资源无法自主实现自由填充，跨领域整合，资源的利用率低下，缺少分布式学习社区、教育资源开放式平台。

二、解决方案

（一）完善学籍档案管理

建立大数据征信体系。在文化教育领域，可以运用区块链技术进行资格授予、许可和认证、学术记录管理、知识产权管理、支付,等等。区块链技术在教育领域可以用作分布式学习记录与存储,允许任何教育机构和学习组织跨系统和跨平台地记录学习行为和学习结果,并永久保存在云服务器,形成个体学信大数据,从而解决当前教育领域存在的信用体系缺失、教育就业中学校与企业相脱离等实际问题。

区块链技术还可以应用在学历认证系统中。利用区块链去中心化的、可验证的、防篡改的存储系统,将学历证书存放在区块链数据库中,能够保证学历证书和文凭的真实性,使得学历验证更加有效、安全和简单,为用户的征信、就业、学习、资质证明等信息做强有力的备份,助力个人职业发展。

(二) 教育资源数字化

进入区块链管理模式后,只要控制住源头,就能真实地反映一个人的能力素质状况。建立在诚信基础上的区块链具有去中心化、匿名性、透明性、可追溯性、不可更改性、安全性高、集体维护成本低等特点,其革命性的颠覆在于教育诚信的建立。供给端的优化

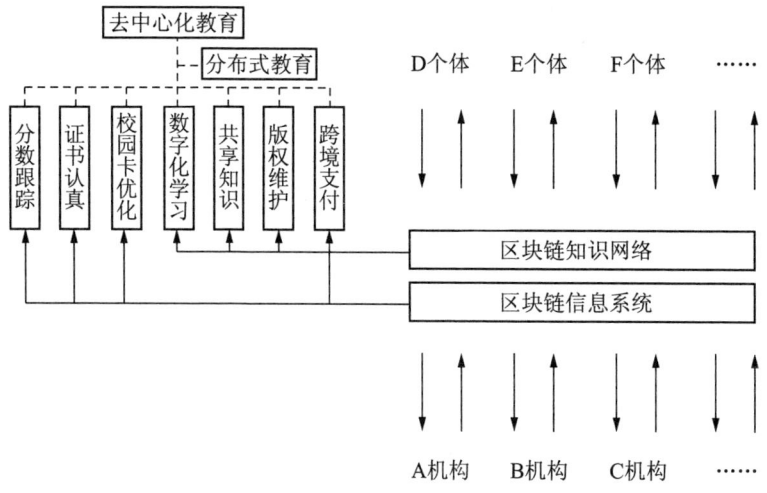

图 6.1 区块链知识网络与信息系统结合示意

包括学情数据、学生的成长档案等。区块链本质上是一套全新的数据存储的方式,能够上链的只有学情数据等和学习历史相关的数据。

让教材资源上链,可以看作一种分布式账本技术,其特点是去中心化。区块链技术是公开透明且大部分人都可以参与其中的,实现教育产业数字化。

(三)学习评价系统

微观上,在学校着手建立相应的教学与评估系统,对学生进行学习过程的监控、记录与评价;宏观上,对教育管理的相关应用进行技术上的支持,不断完善基于区块链技术的终身教育体系构建,为学员提供职业教育产品和职业技能数据支撑平台。利用区块链技术将教育培训过程、考核环节等数据写入区块链,并提供共享及认证服务,实现继续教育全学程线上管理、成绩电子证书认证,为高校打造真正的继续教育信息化管理平台。

充分利用区块链技术的留痕和不可篡改特性,从基础教育阶段为每一个孩子都建立起学习成长档案。利用教育统计系统,对孩子的成长过程进行客观综合评价,涵盖学业水平、德育水平、健康状况、特长、诚信状况、心理发育等。

三、案例分析

2018年5月27日,清华大学区块链教育与产业联盟"青藤链盟"正式成立,并发布中国首个区块链创新实验平台"青藤链"。据悉,青藤链是基于以太坊底层代码重新开发的主链,致力于为高校培养区块链技术人才,为区块链提供开放服务,探索未来教育和科研体系的方向和模式。

青藤链将在共建院校建立节点,形成高校分布式计算网络,并建立科研矿池,搭建区块链网络实验室、分布式应用体验中心,为学生、科研院所、企业、政府提供区块链技术的学习、体验、科研、应用等服务。传统知识生产是中心化的,未来人们的角色出现改变,每个人都是贡献者,每个人都是获取者。区块链与远程教育平台结合后将成为一个大规模协同知识创造、知识传播的平台,打造一座没有围墙的学校,开展分布式教育网络。一所学校如果在教育模式上有所创新,那么它将会为社会培养更多的创新人才。而区块链可以打破学校与学校之间的限制,让学生可以跨学校、跨领域、跨国家学习,获得更全面的知识,为社会培育更多的创新型人才。

在教育及科研领域,中国若想反超科技强国将面临巨大阻力。基于青藤链这条公链,青藤链盟用创新教育打造没有围墙的链上大学,用多中心化打造教育的社群、共享教育生态,用创新的方法为教育领域带来改变。

目前区块链面临人才瓶颈、技术瓶颈、产业瓶颈这三大问题,进一步发展需要复合型人才、技术的迭代、产业的支持。虽然区块链只是一种技术,但它代表了一种平等、开放、安全的思维模式。

资料来源:金色财经网。

图 6.2 清华大学区块链教育创新峰会暨青藤链盟成立仪式现场

传统大学是批量化推荐课程，但是学生个体是有差异性的，每个学生对知识的接受度有所不同。如果通过链上大学来学习，无疑会减少一些限制，让学生在学习的过程中更自由，调动其学习的自发性和积极性。传统教育存在针对性的"刷题"问题。如果区块链能够对此有所突破，改变对知识的衡量标准，并在知识体系内搭建有效的考核，那么"区块链大学"在未来可能会成为人们更好的选择。

第三节 区块链+精准脱贫

一、"痛点"

（一）扶贫款项落实不力

裁判文书检索平台OpenLaw显示，自2004年起，国内与扶贫相关的公开裁判文书，总计为35 869份。贪污贿赂、侵犯财产、渎职，成为排名前三的案由。

在涉案案由分类中，贪污犯罪的判决书占比最多，高达7 317份，占总数的20%。另据国家审计署统计，仅2017年，中央拨发的1 400亿元扶贫款中，就有70亿元被贪污截留。

（二）贫困户识别不准确

由于中央与地方贫困测算标准不一致，部分真实贫困人口或是贫困程度更高的人口没有被列为建档立卡户，难以享受扶贫政策。扶贫资金被冒领等问题，让扶贫工作充满难点。除此之外，贫困地区往往存在信息闭塞、生产技术落后、产品销路匮乏、难以获得金融贷款等问题，形成恶性循环。

（三）数据真实性不足

目前缺少具有共识机制、不可篡改性、可追溯性、分布式账本及去中心化等特性和优势的技术手段来解决精准扶贫存在的扶贫资金使用不透明、驻村干部不匹配以及扶贫考核不精准等问题。

（四）脱贫成效难衡量

精准扶贫能否见效，关键在于考核。扶贫考核有助于提升扶贫质量，检验是否实现了"扶真贫，真扶贫"的目标，也有助于总结扶贫做法，形成扶贫经验。目前，脱贫绩效考核采用包括上级指派的领导干部、下一层级的党政领导干部、帮扶单位负责人、驻村干部等多元主体在内的自上而下的考核方式，效果难以衡量。

二、解决方案

（一）精准识别扶贫对象

精准扶贫的首要环节是精准识别，即识别出最贫困、最需要帮助的人加以精准帮扶。区块链中的每个节点都会从自身利益最大化的角度出发，自发而诚实地遵从协议设定好的规则，判断每笔交易的真实性并将认为是真的数据记录到区块链，再加上节点之间相互独立且具有竞争性，所以节点之间合谋欺骗的概率趋于零。

由此，运用区块链技术的共识机制能够有效地预防和化解精准扶贫过程中扶贫程度难以划分的问题。扶贫工作者需要将所有待选的贫困户以及相关的数据及时准确地录入区块链系统，这些数据不仅要包括他们的收入和支出等显性量化指标，还要结合贫困成因的其他相关数据，如存款、医疗、劳动力人口等其他隐私指标，从而"全面、深入摸清待选贫困对象的贫困程度、贫困原因、贫困类别等，建立基于区块链技术的精准扶贫大数据管理平台"。

因此，通过区块链技术的共识机制，采用多维动态标准识别贫困户，综合考虑贫困户的收入、支出、健康、教育以及劳动力人口等数据，进行综合比较评判选择，筛选出真实贫困户，进行建档立卡，让其享受扶贫政策和资源，改善贫困状况，实现脱贫目标。

（二）扶贫数据不可篡改

区块链可以在不同扶贫主体间建立一个点对点的分布式的数据系统，各方通过数据访问将各项扶贫资料录入系统确认交易。哈希值和时间戳严格界定了区块之间的次序，扶贫数据变成一个时间轴数据库。任何试图篡改、消除数据的行为都会被全网实时监控而记录下来。

依靠"分布式账本"功能，首先，将所有贫困村的贫困成因、特点、人才需求等相关信息录入系统；其次，将所有待选的驻村干部以及他们的相关信息，如工作经历、成长经历、业务专长等，根据贫困村的实际需求进行精准匹配。

通过区块链技术的相关算法，为贫困村和村干部挑选出合适的驻村干部，提高用人需求和选人供给的契合度，提升扶贫干部选派的精准性，进一步发挥驻村干部的优势以及内在潜力，实现驻村干部和贫困村的双赢。

（三）监管扶贫资金使用

区块链技术的可追溯性将每一笔资金的流向都盖上时间戳进行记录，而且这样的记录仅在理论上存在被更改的可能。通过区块链技术的可追溯性，可以有效在技术层面杜绝冒领、挪用扶贫资金的可能性。打造以区块链技术为底层架构的金融扶贫资源管理系统，整合银行金融服务链和政府扶贫资源行政审批链，对扶贫资源运用的各个阶段实现全程跟踪，有效解决金融扶贫政策落地、资金到村到户"最后一米"的问题。

此外，依托智能合约技术，将贫困户需求、扶贫项目、扶贫资源进行有效匹配，转变扶贫资源管理模式，由原来的"推动"变为"拉动"，即各级政府部门在申请扶贫资金前首先要确定用款项目和款项用途，上级扶贫管理部门再根据各地区实际需求配套资金，并由银行系统完成资金拨付，最终实现资金"精准到人""精准到户",通过"精准滴灌"实现扶贫的"对症下药"和"靶向治疗"。

(四) 精准考核脱贫成效

区块链技术运用纯数学的方法构建分布式节点间的信任关系,建立一种人与人之间在不需要信任的情况下可以进行大规模交易、确认、协助的方式。区块链技术运用于精准考核,除了传统的自上而下的考核方式,还把社会意见纳入考核体系。

区块链网络体系中没有核心的权威管理机构,也不需要任何一方提供信用背书,每个主体都在法律意义上实现权利和义务的平等。区块链技术运用于精准考核,除了传统的自上而下的考核方式,还把社会意见纳入考核体系,更加重视贫困户的切身感受和基层的真实声音,让人民群众为扶贫干部、村干部和扶贫工作打分。

形成多元主体、多元渠道、多维指标的考核体系,改变传统的单主体的考核模式。去中心化的特性要求帮扶主体除了"往上看"来满足上级要求和考核外,更要"向下看"来尊重群众意愿和偏好,真心实意地投入扶贫工作。

三、案例分析

根据国务院扶贫办建档立卡统计,因病致贫、因病返贫贫困户占建档立卡贫困户总数的42%,患大病的和患长期慢性病的贫困人口疾病负担重,成为脱贫的主要任务。为响应国家坚决打赢脱贫攻坚战以及精准扶贫的号召,充分发挥保险的保障公益作用,让保险产品融入社会责任,中国人寿财险浙江省分公司积极借助互联网技术,以"互联网+公益保险"的形式助力国家脱贫攻坚计划,其中"加油木兰"就是其中一个项目。

中国人寿财险浙江省分公司相关负责人介绍说,"区块链精准扶贫"在内容上,根据项目需求,开发团体补充医疗保险附加自费药保险、团体补充医疗保险附加生育和哺乳津贴保险、团体补充医疗保险附加贫困生助学补助金保险等扶贫专项产品，在医疗、大病、生育、教育等方面对当地建档立卡贫困户进行保障。在执行上，采用区块链技术框架进行系统对接实现，通过大数据、图像识别等互联网前沿技术，大大降低人力成本，提高承保理赔效率。同时，充分运用区块链分布式数据存储特点，确保了承保理赔数据安全、真实、准确，真正做到扶贫资金流向高度透明可追溯，实现了互联网与精准扶贫的有效结合。

图6.3 中国人寿财险以区块链赋能公益保险"加油木兰"项目

据了解，该区块链精准扶贫项目是在国务院扶贫办、卫健委指导下，联合中国扶贫基金会、中国妇女发展基金会、阿里巴巴公益发起的针对全国建档立卡贫困户开展的精准扶贫保险项目。依托强大的互联网技术，以"互联网+公益"保险的形式助力国家脱贫攻坚计划，通过采取区块链技术框架进行系统对接实现，所有承保、理赔数据均实时上传公链，运用区块链分布式的数据存储特点，实现了保险公司与基金会、公益平台多方共同维护数据，没有任何一方或一个环节能篡改或伪造扶贫数据。

第四节 区块链+商品防伪

一、"痛点"

（一）来源不明，信息缺失

此前的防伪手段存在很多漏洞，产品信息容易被伪造和篡改，造成传统防伪的"痛点"问题。首先，传统手段由于技术限制，在包装打码之前的生产环节信息常常没有被记录，失去了数据的完整性。其次，传统防伪信息基本是从生产企业或第三方提供的系统数据库所得，这种中心化的系统数据库实际上并不能保证数据的真实性。最后，传统防伪关于产品的信息由于各方自有相关系统平台，彼此之间信息不共享，信息的交互性弱。

（二）信息漏洞，效率低下

在产品经过一道道工序生产加工的过程中，不少产品的信息记录可能存在延迟现象，其中可能存在人为的造假现象。如果运用传统的方式进行审查，则会耗费大量人力物力，造成多方参与、信息碎片化与低效的重复审核等诸多问题。

（三）中心化交易模式潜在风险巨大

网购群体默认相信电商平台，将资金交给第三方平台，作为和商家的媒介，确认收货后由第三方将资金转交给商家。此类中心化交易模式具有潜在风险，一旦平台出现信誉问题或者内部漏洞，损失巨大且无法避免。除此以外，实体店供应的商品尚且难以辨别真假，网络交易下的商品防伪就更加困难。受限于中心化交易模式，各平台对商品整合能力有限。商品真假的辨别以及来源的辨别都存在较大的问题。同时，一旦中心数据库遭到攻击，数据就存在着被篡改删除的风险。

二、解决方案

（一）商品溯源，提高可信度

区块链不可篡改的特性给商品的防伪及追溯提供了有效的解决方案，从产地的原料信息、商品的加工生产环节信息、仓储物流信息到销售地的销售环节，各种商品相关信息均可以按照时间顺序写入区块链。产品、供应链上的信息变得透明可追溯，为监管部门的质量、价格监督提供追溯查询，为企业客户提供商品追溯通道，为个人客户提供商品信息查询服务。基于区块链的商品防伪追溯平台通过提供公开透明的供应链数据让消费者放心。

（二）智能合约，效率提升

区块链技术是利用块链式数据结构来验证与存储数据、利用分布式节点共识算法来生成和更新数据、利用密码学的方式保证数据传输和访问的安全、利用由自动化脚本代码组成的智能合约来编程和操作数据的一种全新的分布式基础架构与计算方式。

商品的真伪识别主要分为两个方面来实现。第一方面为商品的追根溯源。当查询一件商品的来源时，可以逆着商品链，查询到商品的各级供货商，以及该商品各级原材料的源头。商品的追根溯源以 NFC 技术为主，为每一项产品生成不重复码，确保上链数据可信存储，提升追溯有效性。第二方面是商品的归属性查询。因为该商品一直在该商品链上流通，如果查询到商品归属权不属于现有卖家，但卖家仍出售这件商品，则可判定为该商品为假。因为该技术涉及追溯查询的效率，应该对该商品链的结构进行优化，基于此能保证区块链上的数据真实不可伪造。

（三）交易模式去中心化

在中心化模式下的交易中，企业信誉风险、数据技术性风险巨大，为商品防伪的实施提出挑战。改善商品链交易结构可以有效地去中心化，解决中心化组织与用户间的不平等关系，促进商品市场自由竞争。

在区块链技术下，商品交易链结构得到改善，将传统商业问题转化为低维度问题。具体而言，每发生一笔交易，买方可以创建一个交易块来记录交易数据。一件商品在完整的生命周期中，每被交易一次就产生一个交易块。将一件商品的所有交易块按照它的产生顺序连接起来，即为一条商品链。该商品链由于记录了前后交易的信息，所以类似于数据结构中的双链表结构，可以快速方便地追溯生产商的信息，同时也能向尾部追加交易信息。通过商品 ID 和交易地址快速定位交易区块，进而就可进行整条链的交易数据查询。通过这种特殊的结构，即可高效地在海量商品交易信息中获取目标商品的所有交易信息，进而提高假货查询的效率。

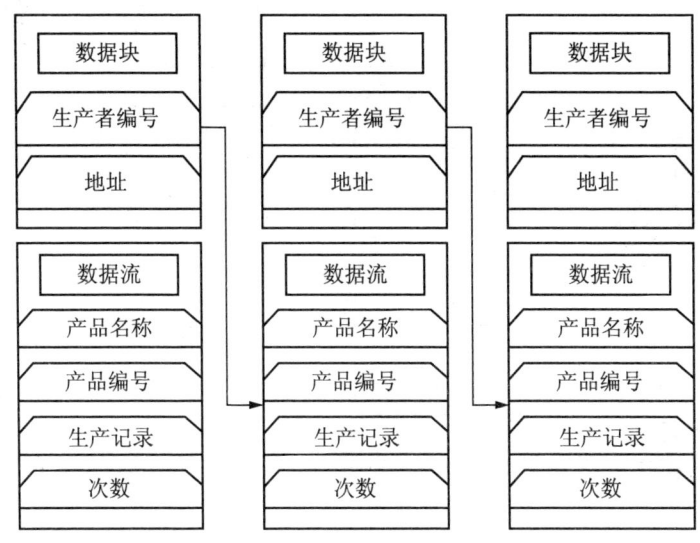

图 6.4　区块链 + 商品交易链

三、案例分析

目前由云南省商务厅牵头，联合省数字经济局、市场监管局、农业农村厅、科技厅、工信厅、海关、药监局、中医药管理局等相关部门建立云南省重要产品追溯体系协同机制,实现了与国家重要产品追溯体系数据的对接,实现每一饼茶叶"来源可溯、去向可追、质量可查、责任可究"的追溯目标,重塑普洱茶品牌形象,让企业尝到甜头,让消费者购物更加放心。 据介绍,区块链普洱茶追溯平台一方面成功对接国家重要产品追溯平台,实现从茶饼压制、成品包装、仓储入库、销售流通等环境的全程可追溯;另一方面在省数字经济局的指导下,使用了区块链技术,通过NFC芯片存贮茶饼追溯信息,为每一饼普洱茶配上身份标识,确保上链数据可信存储,真实不可伪造。 云南省区块链普洱茶追溯平台解决追溯标准不统一的问题,解决了信息安全和追溯有效性的问题。

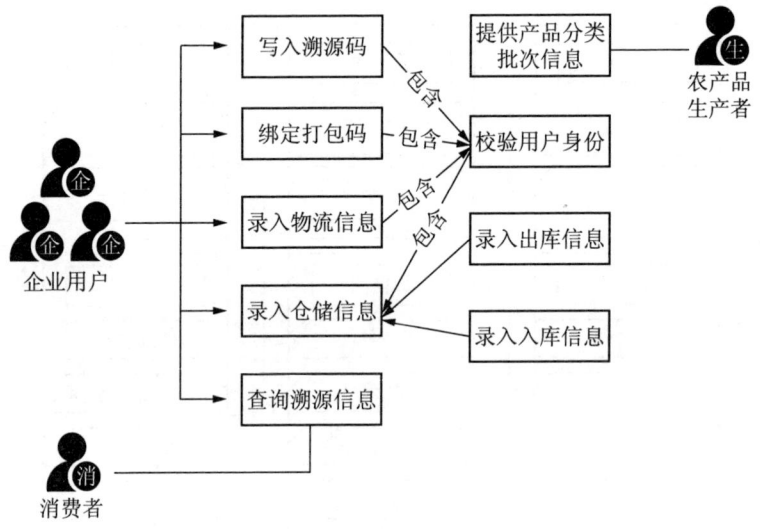

图 6.5 农产品移动溯源系统

基于 NFC 的溯源信息采集主要涉及溯源码写入、打包、出库、入库、车辆信息录入和运输操作等 6 个子模块,子模块均涉及 NFC 操作,主要包括 NFC 标签的读写及处理。 溯源信息设计了编码标准，如溯源码、打包码、出库码和运输码等；对需要生成不重复码的一系列数据主键依次拼接，再拼接上操作人员的工号和当前的Unix时间戳及一位随机生成的码，得到一个较长的字符串；对该字符串进行MD5哈希取值后，获取需要的位数，以快速生成不重复码。打包码生成原理如图6.6所示，将需要打包的产品溯源码拼接起来，再拼接工号、时间戳、随机数，进行MD5哈希取值，最后得到打包码。

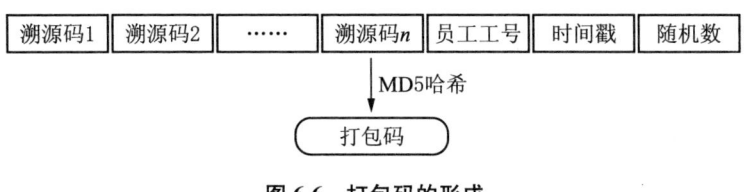

图6.6 打包码的形成

支持社会力量和资本投入追溯体系建设，培育创新创业新领域。支持有关机构建设第三方追溯平台，采用市场化方式吸引企业加盟，打造追溯体系建设的众创空间。探索通过政府和社会资本合作（PPP）模式建立追溯体系云服务平台，为云南省广大中小微型企业提供信息化追溯管理云服务。支持有资质的第三方检验认证机构开展针对边境贸易商品质量的检测认定工作，建立边境贸易进出口商品质量溯源系统，为进出口企业提供自愿申请的有偿服务。支持技术研发、系统集成、咨询、监理、测试及大数据分析应用等机构积极参与，为企业追溯体系建设及日常运行管理提供专业服务，形成完善的配套服务产业链。

当前的主要目标是：到2020年，全省追溯数据共享交换机制基本形成，初步实现有关部门、地区和企业追溯信息互通共享；食用农产品、食品、药品、农业生产资料、特种设备、危险品、稀土产品等重要产品生产经营企业追溯意识显著增强，采用信息技术建设追溯体系的企业比例大幅提高；社会公众对追溯产品的认知度和接受度逐步提升，追溯体系建设市场环境明显改善。

开展追溯体系建设，有利于提高生产经营者产品质量安全管理和风险防控能力，强化防范措施，形成溯源追责机制；有利于增强政府监管部门发现和处理问题产品的能力，提高安全监管和公共服务水平，改善和优化消费环境，保障群众消费安全和公共安全；有利于消费者查询和维权，改善消费预期，促进社会消费。

第五节 区块链＋公益

一、"痛点"

（一）有限信息共享

公益项目中善款去向不明、诈捐等黑箱事件，日益消耗公众对慈善机构的信任。传统公益基于手工流程，存在信息有限共享、发展效率低、资金来源及使用不透明等问题。项目方可以轻松违规挪用款项，甚至项目造假，寒捐赠者之心。

（二）信息管理成本高

公益款项先进入中心机构账户，再由机构进行操作处理，多层级操作增加了项目成本。公益审计成本较高，在款项管理、信息记录等方面存在诸多问题，比如对受助人提交的信息审核不够严格，难以甄别真实有效的个人信息和捐赠项目。

二、解决方案

（一）信息溯源与信息公开

区块链是一个公开的账本，组织或者用户在进行某些公益行为时，其信息将在加密之后记录在公开账本上，然后准确快速同步到全网，相关人可以通过交易序号查询和追溯。

之前，公众捐款进入公益项目的账户，项目方执行后，由运营人员把账单、拨付、相关图片和情况上传录入。现在，数字资产的发放通过智能合约实现，没有人工拨付等环节。受助人的信息将在调研机构核查后，利用身份认证组件记入区块链，保证受助人的个人信息和捐赠申请真实有效。

随着区块链技术落地的不断推进，公益行业一直以来存在的信任问题，或许能够得到解决。借助区块链技术特性，让公益和慈善活动变得更透明和可信，而且能够让更多人愿意参与到公益活动中来。

（二）信息记录与信息安全

将数据分为公开数据和加密数据，公开数据不涉及隐私，接受全民监督。只有用户本身或者有权限的机构在授权后才能解密，从数学和算法上保证用户数据不被泄露。区块链技术可以让公众的每笔善款都更加透明，捐款记录不可修改并且可追溯。

对于隐私数据，则进行深度加密。公益款项的使用记录和流转过程都将被登记到区块链上存证，记录公开透明且不可被篡改，还可申请追溯款项的去向。参与公益慈善的每一个人都可以很容易地监督自己捐出的资金的具体使用情况。整个生命周期都可被自动记录在区块链上，形成一个完整的生态闭环。

（三）高效信息系统

当用户的信息数据上链之后，用户只需要出示电子证书，政务部门就可以快速与链上数据进行匹配，完成验证，提高整个政务的效率。当需要连接不同地域的数据时，由于数据在全网都进行了同步，当地系统即使瘫痪也不影响系统的正常运行，系统稳定性将大大提升。

区块链具有去中心化特性。交易一经确认会即时向全网进行广播，每一个节点都将收到的交易信息同步记录在账本上，简化了信息更新的流程,从而降低慈善机构运营成本。由于篡改交易数据的成本比较大,分布式数据存储不可篡改的特性也增强了数据可信度。

区块链上的交易可直接将钱捐赠给指定的人或机构,无须转手多家银行或机构,实现点对点完成。捐赠者通过区块链将款项捐赠给受助人,无须经过其他机构进行二次操作,降低了项目操作成本。

三、案例分析

2019年9月,阿里巴巴在"95公益周"论坛上正式发布"链上公益计划"。此计划以区块链技术为底层打造开放平台,能够为公益组织和公益项目提供公开透明的系统化解决方案,实现善款可上链、过程可存证、信息可追溯、反馈可触达、多端可参与。这套体系将对公益机构免费开放,即便公益机构没有技术人才,也能基于这套体系让公益项目轻松上链。未来,该体系还将逐步对其他社会公益组织、审计机构等相关角色开放,真正实现公益的透明开放、人人参与、共同监督。

预计到2019年年底,阿里巴巴公益平台上将有超2亿资金体量的募捐实现上链。未来2—3年,阿里巴巴计划推动平台上公益项目全部上链。

"链上公益计划"由阿里巴巴公益和蚂蚁区块链团队联合打造。发布当天,"链上公益计划"第一个落地项目——新未来高中生正式落实。公开资料显示,阿里巴巴旗下的蚂蚁金服自2016年便开启了第一个区块链项目——"听障儿童重获新声"公益善款追踪项目,实现了公益机构、支付宝平台与公益受助人的支付宝账户无缝连接,通过区块链技术降低信息的披露成本,解决公益善款信息透明的"痛点"。众多公益受助人(听障儿童)获得善款,捐赠者初心抵达目标。截至 2019 年 6 月底，已有超过 700 家公益机构、近 3 600 个公益项目的捐赠数据全部接入蚂蚁区块链，总捐赠 11 亿人次，捐赠总金额超过 15.1 亿元。

资料来源：腾讯网。

图 6.7　阿里巴巴"链上公益计划"启动仪式现场

第六节　区块链+养老

一、"痛点"

（一）制度得不到保障

在当下，养老金问题存在的根源是缺乏透明度和互信。和此前提到的版权与合约问题类似，运行成本高昂、执行效率低下、管理混乱、流程复杂等问题日益暴露。

（二）成本高昂

消费者、生产者和政府部门难以完全信任养老供应链追溯系统中的数据，增加了交易过程中的不确定性，隐形成本难以避免。

(三)信息泄露严重

在医护资格认证领域,医疗区块链项目缺少非对称加密手段为医患提供医护人员身份验证服务,医疗健康记录中的敏感数据泄露的风险非常高。身份识别和治理规则的完备性、用户的访问权限和控制权限的安全性、医疗健康记录的隐私级别与透明度均有待提升。

二、解决方案

(一)使用区块链激励机制提高社区成员参与感

在没有权限限制的区块链上,各方都可以查看所有记录;在有权限限制的区块链上,各方可以通过协议确定哪些用户可以查看哪些数据,从而维持数据的私密性,并且在需要时各方可以掩盖自己的身份。分布式存储能够解决数据安全和数据容错性问题;去中心化能够提高效率,同时还能够节省大量的成本;可编程特点能够迅速扩展实体的运用,也能够迅速升级各种应用场景;不可篡改性可以用于康养数据的追溯和防伪;信任机制可以用于认证和通用识别。

利用专属方式激励老人提供高度连续的、匿名的、可追溯的、不可逆的、可扩展的医养数据。在区块链智慧养老中,信息服务平台通过对老年人的远程监测,能够获得海量的信息数据,包括对老年人的生活状态、身体机能和心理状态的监测数据。在老人的实时响应中利用智能机器人设备 24 小时实时待命语音交互的特点来满足用户的各类紧急和常规交互需求;利用智能监控设备来保障养老驿站的安全和用户的健康状态信息实时掌握。

(二)实现服务机构的信用评价体系及激励机制

养老行业需要数据加密技术,自己掌握着私钥,保护自身隐私,不让数据暴露在与己无关的金融机构或别有用心者手中。此外，数据不能更改这一点可以避免私人和金融机构内部人员串通，产生任意减免保费、降低利率等舞弊行为。更重要的是，区块链技术能为用户提供全球透明度化、永久记录性的定制化养老智能合约，根据用户每个阶段的属性，平台将自动兑现相应的养老合约服务。

区块链技术除了能针对老人自身养老规划做出优化以外，还能在由养老所衍生出来的相关领域发挥自己应有的价值，让养老机构更好地了解用户过去的行为习惯，以便提供更具针对性的养老方案和护理方案，实现对老人全过程的记录，提高服务精细化水平。

（三）建立物业服务

在养老供应链方面，现有的养老供应食品及医药信息数据在存储、传输、展示等环节中都有被篡改的风险。在此情况下，结合区块链技术和物联网以及大数据等技术，通过机器实现数据的自动采集，提高效率，避免数据弄虚作假，可追溯增强社区安全性，提高服务质量，增强追溯体系的可靠性。

（四）全链条监控

使用区块链让政府实现对小区居民的安全问题、健康问题、社区服务质量实现全链条监控。在养老金融领域，利用区块链技术能够实现对个体（个人或企业）的金融行为、金融品质及其资产、信用生成过程的追踪，保证老人养老金的安全，从根本上改变以往养老金融行业以信息不对称挣钱、粗放式经营、追逐暴利的特征。

智慧养老平台的养老服务功能主要体现在对老年人服务需求的主动响应上，在对日常监测数据深度挖掘处理和实时监控的基础上，分析老年人养老服务需求而主动为老年人提供各项服务。以区块链技术推动AI、智能硬件在养老领域的智养链，并在中国率先铺设各类健康养老驿站，真正将区块链技术率先应用于线下场景，用区块链技术提升中国的养老服务水平，帮助更多的老年人安享晚年。

三、案例分析

目前，支付宝区块链技术已经应用到越来越多的场景中。上线了"盗图维权"工具，支付宝又将区块链技术应用于"时间银行"。建邺区是全国首个把"时间银行"搬上区块链的地区。"时间银行"是一种互助养老新模式，志愿者义务帮助孤寡老人后，把公益时存起来，未来可为自己或亲人兑换相同时长的养老服务，整个流程引入了区块链技术，防止丢失或被篡改。

目前的养老服务模式面临着诸多问题。比如，有不少志愿者会问，50年后我的"公益时"去哪找？我迁离本市后，回老家还能兑换吗？我想把自己的"公益时"转让给父母，请老家的志愿者帮我照顾他们，可以吗？区块链的无法篡改性恰恰可以帮助实现"公益时"信息的永久记录，使其成为一种资产，跨机构、跨地区流转，甚至在全国范围内实现"通存通兑"。

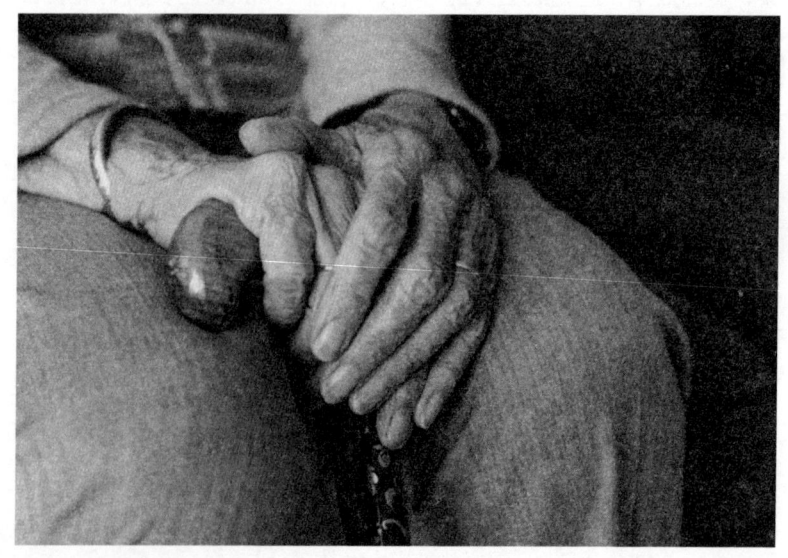

资料来源：快科技网。

图6.8 支付宝首次将区块链技术应用于"时间银行"

南京是全国最早进入人口老龄化的城市之一。在建邺区就有不少"95后"的年轻人开始考虑养老问题,利用碎片化时间为社区老人做好事的同时,也为自己积攒一份养老保障。在全国范围来看,截至2018年年底,我国60岁及以上的老年人口已经超过2.49亿人,占总人口比例达到17.9%。青壮年的抚养比提高,养老负担大大加重。从社会整体意义上看,养老成本逐步提高,相关服务人员短缺。养老是每个人、每个家庭都要面临的难题。从国家到社区都在提供解决方案,用区块链技术优化方案,为养老助力。

第七节 区块链+医疗健康

一、"痛点"

(一)患者隐私数据泄露

医疗机构对于用户的医疗数据有实质上的掌控能力,这也带来了巨大的潜在风险。小到个人的体检数据,大到高度机密的基因数据,医疗机构有可能将患者数据用于商业用途,从中获得经济利益。另外,多数医疗机构在经营过程中将用户数据收集至数据库并上传至云端,由于医疗机构并不掌握云数据库的ROOT,对于数据安全的掌控程度有限,这类行为实质上是违法的。患者面临个人数据被泄露的风险,隐私面临挑战。

(二)临床数据缺失,不利于药物研发

临床及试验数据对于药物的研发阶段至关重要。但由于临床数据涉及病患隐私,加上数据源呈分散状态,大约一半的临床试验数据未对外公布,临床医生和管理人员难以获得需要的资料,在整合分析数据上面临着重重困难。数据的缺失将不利于药物的研发过程,也一定程度上抬高了制药企业的研发成本。

(三) 保险理赔流程冗长，效率低下

患者的健康状况、就医数据、疾病历史等分散在各个医疗机构。医疗保险公司与医疗机构之间存在信息不对称问题，保险公司与医疗机构相互独立，大量关键信息无法实现共用。投保人在投保、索赔和报销等流程环节需要提供诸多证明材料，整体流程冗长，效率低下，投保者体验差。保险公司也需要对上交的证明材料做人工的核对及验证，增加了人力成本。

二、解决方案

(一) 患者数据上链，打通信息流转，优化就医体验

在医疗诊断中，使用区块链技术构建电子病历数据库，将患者的健康状况、家族病史、用药历史等信息记录在区块链上，实现更大范围、不同层次的医疗机构之间的信息流转。结合安全多方计算（MPC）、可信执行环境（TEE）等可信计算技术保护患者相关信息数据，确保患者隐私不被侵犯。医生及护理人员可以在权限内调阅患者的数据资料，掌握患者的健康状况，并对症下药，病患不再需要就同个诊断项目做重复检查，就医体验有望大大提升。

(二) 临床数据流通，助力药物研发

药物研发机构可以通过区块链数据平台，有条件地获得以往不轻易公开，且极度分散的临床数据，有效地降低研究数据获取的门槛，临床数据的质与量均得到了提升，利好药物研发进程。另外，患者也可通过授权机构使用自身数据，获得数据带来的收益，实现共赢。

(三) 提高医疗健康保险理赔效率，改善投保人体验

患者的就医记录、疾病历史、用药历史等记录在区块链平台上。保险公司得以与患者、医疗机构等打通数据隔阂，提高保险索赔过程的透明性。区块链的防篡改性赋予数据更高的可信度，这将

减少投保人提供理赔材料和证明的负担,且无须再经历冗长的报销手续流程。区块链存证查验系统可在短时间内完成保险索赔资格审查。将就医数据流和理赔数据流合二为一,加快理赔流程,改善投保人的用户体验。未来,从保险合同的签订、相关数据变更、理赔资料审查到款项的收支等关键节点信息都可以上链,既保证了数据的可信度,又方便各方随时进行链上查验核实,提升了流程的透明度和可控性。就医自动化理赔,付费看病的同时也同步完成了商业医疗保险的理赔。

三、案例分析

2017年8月17日,阿里健康宣布与江苏省常州市开展"医联体+区块链"试点项目的合作,将区块链技术应用于常州市医联体底层技术架构体系中,预期解决长期困扰医疗机构的"信息孤岛"和数据隐私安全问题。阿里健康在该区块链项目中设置了多道数据的安全屏障。首先,区块链内的数据均经加密处理,即便数据泄露或者被盗取也无法解密。其次,约定了常州医联体内上下级医院和政府管理部门的访问和操作权限。最后,审计单位利用区块链防篡改、可追溯的技术特性,可以全方位了解医疗敏感数据的流转情况。该方案目前已经在常州武进医院和郑陆镇卫生院实施落地,将逐步推进到常州天宁区医联体内所有三级医院和基层医院,部署完善的医疗信息网络。

在医联体内引入阿里健康的区块链技术,实现医疗数据互联互通,实行分级诊疗和双向转诊。通过区块链网络,社区居民能够拥有健康数据所有权,并且通过授权,实现数据在社区与医院之间的流转;医联体内各级医院医生,可以在被授权的情况下取得患者的医疗信息,了解患者的过往病史及相关信息,患者无须做重复性的检查,减少为此付出的金钱及时间,优化了医生和患者的体验。

第八节 区块链+食品安全

一、"痛点"

（一）消费信任不足

从 2001 年的"苏丹红事件"到 2008 年的"三鹿奶粉事件"，食品安全问题严重打击了中国消费者对食品安全的信心。食品安全亟待构建深度信任。但无论《食品安全法》里记录的方式，还是利用各种电子监管、二维码等手段都有其局限性。区块链的创新恰恰为我们解决食品安全的可追溯体系的建立提供了一种可能，给食品安全及农业供应链改革带来了新的契机。

（二）供应链滞后

食物供应链汇集了农民、仓储、运输公司、分销商和零售店面，在诸多环节中，信息记录方式可能会涵盖从表格到电子邮件到纸张记录。多重记录方式不仅效率低下，而且不准确。当食品来源记录不完整时，一旦有污染事件发生，企业可能需要几天甚至几周的时间才能确定感染源，从而召回相应的产品。

食物浪费问题已经引起全社会关注，但是食物供应链中的其他环节中的损失和浪费问题（如产后环节、家庭环节等）仍很少被关注。特别是从科学研究领域来看，目前我国针对食物损失和浪费特征的揭示及其减损潜力研究力度仍然相对薄弱，损失和浪费问题在食物供应链很多环节没有得到足够重视。

尽管对整个供应链中食物损失和浪费问题的整体性和系统性认识不足，缺乏一套综合的评价食物供应链各个环节损失和浪费的理论方法，导致无法建立起有针对性的、行之有效的减损措施。未来随着中国农业生产水平的不断提升、城镇化的快速发展以及居民收入水平的不断提高，中国供应链中食物损失和浪费的发展趋势有待进一步研究。因此，围绕中国食物供应链环节开展损失和浪费特征研究及其减损潜力研究尤为迫切，具有重要的科学价值。

二、解决方案

（一）食品溯源，增强信任

区块链是一种公共的、分布式的账本，与中心化记录方式不同的是，其数据来源单一，数据记录具有一致性（通过在所有节点同时记录数据实现），从而可以在各个环节创建更清晰的追踪渠道。通过使用区块链，食品公司可以更迅速地追溯到食品问题的源头。这不但可以帮助降低消费者风险，提供安全保障，还可以通过有针对性的召回来降低财务损失。区块链技术的引入避免了数据在存储、传输和显示期间被人为篡改的可能，也避免了外部黑客的攻击。区块链技术可以创建一个完整、平滑的信息链，使所有交易信息在供应链中的分销商、供应商或其他相关部门之间保持透明。一旦发生食品安全问题，能够第一时间追溯供应链中哪些部分发生了错误，同时还可以帮助参与者在短时间内找到解决方案，提高供应链的效率。此外，将所有信息数字化上链，使得食品的生产和销售过程都摆脱了人为操作的束缚，从而避免像传统的供应链方式一样受到不准确的影响。出于对开放性和机器自主性的了解，生产者和政府监管机构对食品可追溯系统增长信心，消费者参与率水涨船高，社会系统的科技应用水平也随之提高。换句话说，供应链跟踪是保障食品安全、促进食品安全和食品认证的重要措施。所以，引入区块链技术在食品安全追溯系统尤为重要。

（二）建立标签，完善供应链

应用区块链的具体方法如下：食品公司可以将连接于物联网的标签贴到货物上，每批货物都分配一个唯一的标识号码。通过这些标识码可以记录产品的来源、加工信息、存储温度保质期及其他信息。 在供应链的每个阶段，员工都可以使用其标识码简单地"登记"产品（写入区块），区块链将跨越检查点安全地追踪产品。 员工还可以输入标识码，获取产品及其历史记录的实时数据，这比联系各个环节、在多人之间传送文件有着显著的改进。

在产品从生产到消费的全过程中，涉及的参与者角色及其职责如下：注册机构为其他参与节点提供唯一的身份账号；标准化组织定义标准条例并有修改权力；原材料供应商、生产企业、加工制造企业、分销商、零售商向区块链输入指定产品的主要信息；消费者购买食品产品，有访问产品特定信息的权限。 可以用 Python、Java 等编程语言自行生成，然后定义区块的时间戳、hash 值、工作量证明等数据结构；接着监管部门将包含创世区块、域名数组、IP 地址数组等基础组件的区块链向外发布对外接口；相关单位在第一次访问该区块链的时候首先建一个节点，这个节点在以后的每次访问中都可以连接项目中的域名 IP 地址，在这个节点上加载验证本地区块，同时同步最新区块链；当对海产品进行追溯的时候，相关单位首先用私钥连接网络，在系统中输入数据，等待数据验证成功后，就可以看到信息以序列化数据形式存储在产品信息电子档中。 产品信息电子文件包括以下几个方面：相关单位的信息、时间戳和农产品信息。 该产品信息电子档中嵌入了一定硬代码，不对所有人开放权限，不同身份对应不同权限。 在养殖（生产）中，养殖场将会对所有海产品进行身份标识，并将其属性、位置信息、所用饲料、是否通过免疫检测等数据输入系统中。 区块链根据这些信息自动生成唯一的 ID 号，与数据记录同时存储在区块链中。 存储后系统平台为每个海产品自动生成附带时间戳的产品信息电子档案。 海产品在加工成新产品的过程中难免会发生转移，这时权威机构需要事先制定合理的加工用料的计算方法，共同存储于区块链合同中以待验证。

从参与者角度来看,首先所有参与者在注册时会创建出一个对应的信息档案,对其企业信息、职能、地址、资格认证等必要信息进行记录。参与者在成功注册后,将会获得一个公钥和私钥,公钥向区块链中全体成员公开,而私钥作为交易过程中验证身份与信息的关键。每个参与者都可以利用已注册 ID 登录用户界面,进入指定区块链网络。该软件的开发与维护工作须由可信任的单位来负责,并要由有权威的组织机构来承担注册机构的职责。

从信息流来看,所有信息都存储在区块链中并且支持被授权的节点对其进行访问。信息存取的权限又取决于参与者在供应链中的角色与职能。此外,区块链的运行规则由代码定义并存储在区块链中,无法被区块链中的某一参与者修改,从而保证数据的真实性与有效性。若要改变区块链运行规则,则同数据存储一样,需要向全部节点进行广播并且由重点部门核实确认。

在生产环节,通过在农田里部署传感器、农业物联网节点、物联网观测站等农业物联网设备,采集包括生产者、作物生长环境、农资投入品等农业生产数据,从而将分散的农田和温室大棚实现互

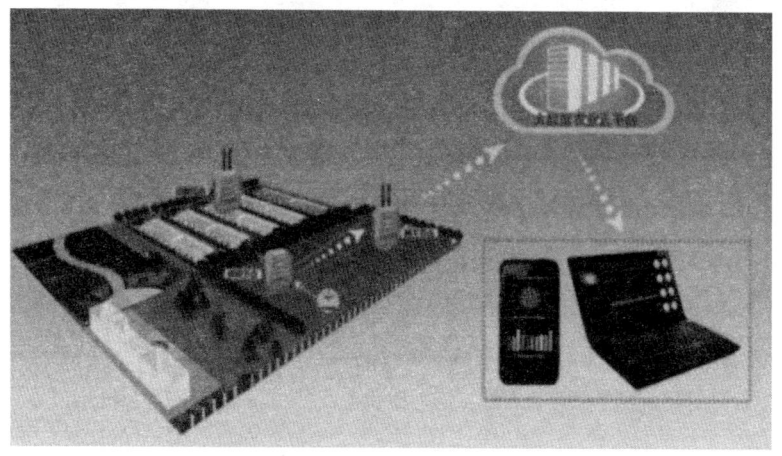

图 6.9 通过各种物联网设备采集农产品种植过程中的各种数据

联互通、数据共享，形成一个线上线下相结合的云上农场。采集到农业种植的相关数据后，相关数据将利用区块链技术进行加密并上传到区块链云平台。消费者在购买农产品后可通过追溯二维码查询到生产种植的信息，实现了农产品可直接追溯到具体生产者，追溯到具体生产地块和种植过程的相关信息。

在加工环节根据采集到的农业生产环节的数据和农产品批次、农残检测等数据，区块链追溯云平台为每一份农产品定制出一个全球唯一的追溯码，成为农产品的专属"身份证"。根据生产企业的需求情况，将农产品二维码发送给农业生产企业（赋码过程）打印并粘贴在产品包装处，供消费者扫码查询追溯信息。该追溯码的信息由区块链追溯云平台统一控制，生产企业、检测机构、运输及仓储人员、销售人员等各追溯环节节点均无法篡改追溯信息，确保了追溯信息的真实性。

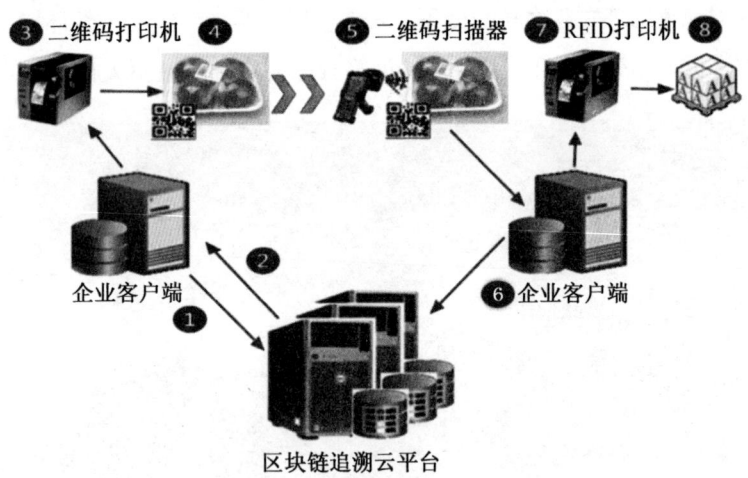

图 6.10 农产品在生产加工后的赋码流程，为农副产品打造"身份证"

在物流运输环节，农产品在赋码（粘贴追溯码）后，在其仓储和物流运输环节均需要工作人员扫描追溯码,并将上述环节的追溯信息上传到区块链追溯云平台。物流环节、仓储环节、销售环节与区块链追溯云平台之间传输的数据相当于区块链的数据块,不同环节传输的数据共同构成了完整的追溯信息,以此保证了追溯全过程的信息完整,保障了追溯信息的真实可靠。

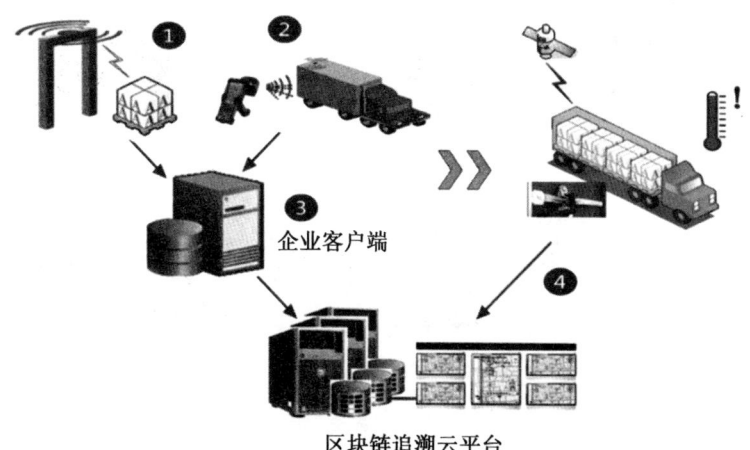

图 6.11　物流运输环节追溯示意

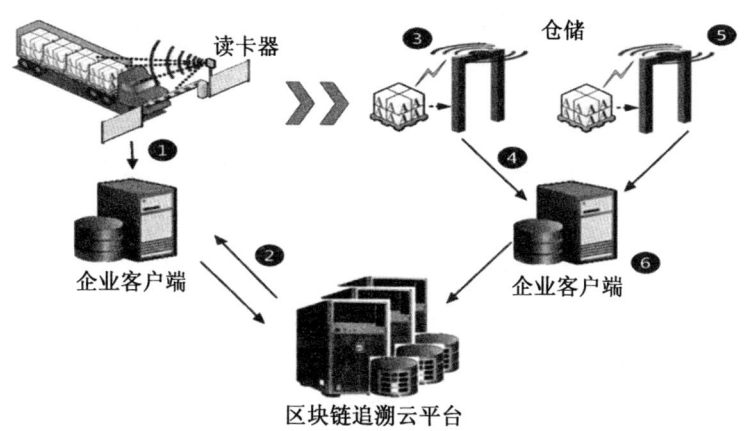

图 6.12　仓储入库与出库环节追溯示意

在终端销售环节,农产品进场后,消费者可通过手机或者超市的查询机扫描产品外包装的二维码来获取产品从生产、运输到销售的全过程信息。

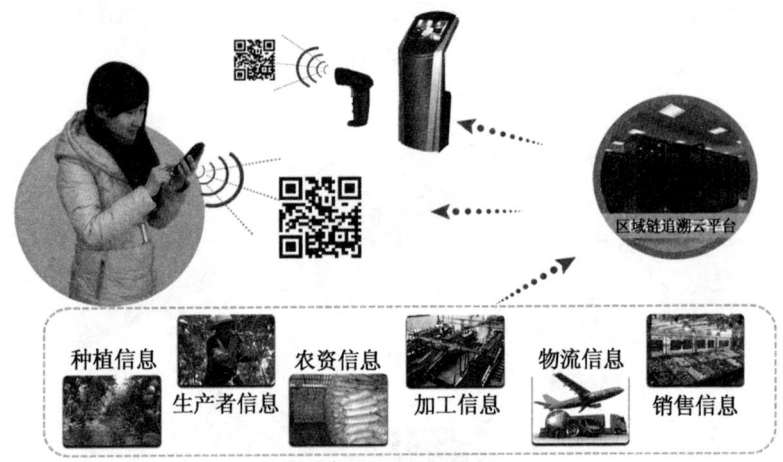

图 6.13　终端销售环节

三、案例分析

以世界上雇员最多的企业沃尔玛为例,沃尔玛与 IBM 一起,基于区块链技术创建了 Food Trust(一个在 Hyperledger Fabric 上运行的许可平台)。 同时,沃尔玛加入了区块链项目 VeChain,沃尔玛中国的产品将通过 VeChainThor 区块链进行跟踪。 首批已有 23 种商品完成测试进入沃尔玛中国区块链可追溯平台,今后还将上线超过一百种商品,覆盖鲜肉、大米、食用油等十余个品类。 沃尔玛的加入,展现了区块链技术在食品溯源方面的强大优势。 区块链技术助力沃尔玛践行商品可追溯战略,开创了区块链可追溯性的大规模应用。顾客通过扫描商品上的二维码,了解到商品供应源头及沃尔玛接收的地理位置信息、物流过程信息、产品检测报告等详细信息。 数据收集和数据可用性将不断扩大平台规模和区块链技术的使用。

沃尔玛食品安全副总裁在 2017 年投资者会议上指出，通过区块链可以在三秒内将产品的源头信息提取出来，而传统上这一过程需要将近一周的时间。现在作为 IBM 联盟成员，沃尔玛可能会继续扩大其区块链的使用范围。

总之，区块链技术应用于沃尔玛的主要益处体现在以下几个方面。

（1）使用区块链技术可以将食品信息进行数字化存储，并且在追溯食品来源的速度方面大大提高。一旦发生食品安全事故，供应商能够迅速地追溯到问题源头，从而避免与那些受污染的农场交易，也就在一定程度上保障了食品安全。例如，沃尔玛在使用区块链之前对一家分店的杧果进行了溯源测试，传统方法用时 6 天 18 小时 26 分，而使用区块链只用了 2.2 秒。从时间层面上来看，区块链技术能够降低食品安全事故发生的概率。

（2）区块链技术提供了信息安全方面的保障。运用区块链技术可以记录认证信号和身份信息，提高电子设备之间的认证速度。而且，由于区块链的交易不存储在集中位置，所以信息很难被破解，避免给黑客提供可乘之机。

（3）区块链技术也能够使沃尔玛在竞争中占据一定的优势。尤其是面对强大的竞争对手亚马逊，后者的零售业务给沃尔玛造成了不小的压力，通过区块链技术，沃尔玛也能在一定程度上化解这些压力，在竞争中增加砝码。

第九节 区块链＋社会救助

一、"痛点"

（一）信息透明度低

广大基层缺乏信息的深入了解，在司法领域也缺少治理方案，难以对行为进行量化，很难形成准则。各个部门无法获得相同的信息，或者需要重复获得信息授权，带来公共资源和时间的巨大浪费。

（二）善款使用成本过高，效率低下

社会救助制度碎片化特点较为明显。社会救助制度体系中的多个项目分属不同的政府部门管理，在制度设计、发展规划、相关政策的制定和实施，以及基层管理体制等方面的协调性不够高，在制度建构、项目设计和基层实施中既有一定的重复交叉，又存在着一定的漏洞。我国社会救助制度与其他社会保障制度之间的协调性也不够。尽管社会救助与社会保险、社会福利、扶贫开发等在制度原理和运行机制上有很大的不同，但各种制度之间仍应该有很好的功能性分工和制度协调，以便使整个社会保障制度体系在总体发挥更好的作用，产生更好的效能。但是我国各项公共服务的部门分管制，以及政府部门之间的协调性不够的特点导致社会救助与其他社会保障制度的力度不足，效率不高。

（三）信任鸿沟

未使用区块链之前，信任鸿沟问题极为明显。用工企业的真实性、结算的安全性与及时性、就业者的真实性与效率等均存在信任问题，从而产生就业结构性矛盾。社会化用工模式体现在企业与就业者之间的互信，双方需求的耦合度。

二、解决方案

（一）信息透明，成本降低

信息公开透明是慈善事业的关键。2019年1月22日，国家网信办在《"爱在指尖"规范透明网络公益让爱放心传递》一文中指出，大数据、区块链等技术的进一步推广应用，让公益机构建立起端到端、全过程、可执行、可监控、可评估的公益解决方案，使公益捐赠全流程透明度最大化，让每一份捐赠真实可查。从技术上让每个公益组织和项目实现在线化、数据化、透明化，继而重建公益指标。

目前区块链应用于受助人发起捐赠申请、独立机构调研审核、建立智能合约打包上区块链、公众捐款人捐助至银行存管账户、受捐人按照使用计划的智能合约使用资金、公链接受公众监督查询等多个方面，使得受助信息真实有效、捐赠执行溯源可查、去中心化成本更低。

（二）实现救助对接，提升信任度

在区块链公益项目中，善款从捐出到进入受益人账户，整个流程必须在支付宝后台完成，并且包括管理费在内的所有数据都将被区块链如实记录并公开，这有利于落实慈善法信息公开透明的要求。借着技术革命的潮流和红利，让更多人对项目执行流程有直观体验，争取更多的理解和信任。在传统网络募捐平台上，善款进入基金会账户后流向难以追踪，而区块链技术加持的公益项目则解决了善款公示"最后一公里"的问题。

民政救助综合服务平台分为五个部分：综合业务支撑平台、社会救助事项审批子系统、社会救助办公小程序、可信存证管理子系统和大数据分析子系统。

综合业务支撑平台是社会救助管理系统的基础功能平台，提供账户权限管理、查询界面、报表输出和数据交互的功能，承载和延伸各功能子系统。

社会救助事项审批子系统实现了社会救助各类业务的全覆盖，初步涉及全区 12 个部门，各办理事项，从申请受理、审核到批准，实现社区、街道、区本级三级审核，提供简捷高效、标准化的办事流程。

社会救助办公小程序，基于微信开发，绑定办公人员系统账号，方便申报审批材料的影像化采集、审批进度和信息查询。

可信存证管理子系统运用区块链和文件哈希技术，建立社会救助审批和文档可信存证系统，将事项审批涉及的流程、结果和文档存证固定，提高社会救助管理系统的可信度和公信力。

大数据分析子系统积累了大量有价值的可信数据，包括救助事项、申请人个人状况和家庭成员收入，将成为分析贫困家庭形成原因、社会救助成效、资金使用效率，以及预测社会救助对象增长或减少情况、未来财政支出的重要依据。

以目前的网络社会互助平台而言，其基于区块链的运行模式如下：

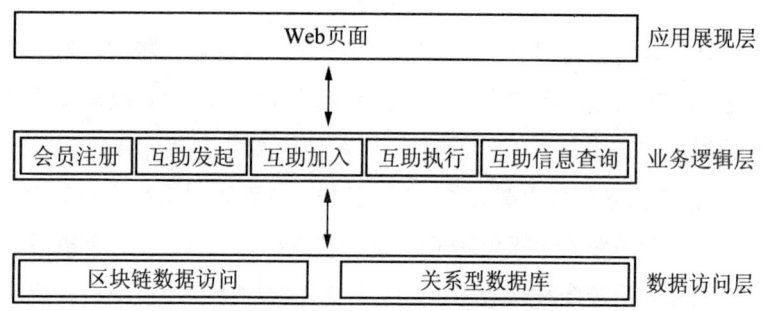

图 6.14　网络社会互助平台"区块链"运行模式

这样一来，与社会救助相关的全部公开信息上链，有助于实现救助对接，信息透明，实施救助者可直接在区块链上查询项目的详细信息，保证善款实时追踪，降低善款使用成本，提升善款传递效率。

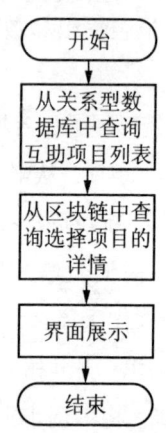

图 6.15　"区块链"网络社会互助平台使用流程

（三）减少中间环节，社会救助制度降维

社会救助各方缺少协作互通和信息交流，而区块链的特点有助于构建安全、低风险和快速建立联邦式系统，解决协作互通的阻碍因素。区块链技术的优势与民生领域的需求有着天然的契合。"民政救助综合服务平台"的建立助力实现救助工作数据汇聚一张网、部门协同一站式、上下联动一体化，推动城乡低保、专项救助、临时救助、医疗互助、慈善救助等相互补充、无缝对接，推动社会救助资源统筹力量整合、信息共享、规范高效。它通过点对点网络的分布式账本来记录、存储和验证信息，所有参与者一起完成总账本更新。

三、案例分析

2016年12月，"区块链"首次作为战略性前沿技术写入国务院印发的《"十三五"国家信息化规划的通知》，为把握这一次历史性的技术发展机遇，2018年11月，长沙市人民政府发布了《关于加快区块链产业发展的意见》，要将长沙打造成全国有影响力的区块链产业集聚地和示范应用基地。

在此政策指导下，"长沙市区块链公共服务平台"由长沙市区块链技术应用行业协会筹备搭建，它依托长沙市以及各区的扶持政策，面向全球征集区块链行业应用解决方案，合力形成产业聚集，推动长沙区块链产业链发展，在全国形成地域核心竞争力。

区块链公共平台的建设，有望协助各级政府部门逐步开放市民关注的低保发放、扶贫资金发放、就学摇号等民生信息以及企业关注的扶持资金发放、行业资格审批、知识产权保护等公共资源信息，让行业企业专注于自身业务，而非底层技术，快速打造区块链产业链。搭建长沙市区块链公共服务平台，一方面，有利于推动长沙区块链产业链发展；另一方面，有利于全球领先的区块链企业落户长沙，落地各类区块链应用场景。

2019 互联网岳麓峰会区块链技术应用论坛提到，区块链在科技方面与先进技术强强联手。将区块链与大数据结合，可以充分发挥二者的优势：第一，在区块链上实现大数据，将大数据的统计分析等技术应用到区块链上，用到的是区块链运算速度快的能力；第二，将区块链技术嫁接到大数据平台，将区块链的安全、不可更改特性移植到大数据平台，保证数据的安全性和信任度。针对区块链下的公共服务平台，其总体建设规划分为三个阶段，参与企业、技术团队可根据自身实际情况选择加入对应阶段合作共建项目。每个阶段将发布项目合作指定方向主题，同时平台也将根据实际情况和需要持续更新项目主题。参与方依据选择的项目主题自主设计相关课题进行报名参与，其中针对社会救助方面的主题将得到广泛支持。

第十节 应用实例

一、阿里巴巴（蚂蚁金服）

（一）基本介绍

蚂蚁区块链技术自诞生起，就致力于让城市生活更加安全、快捷、可信。蚂蚁金服区块链技术团队成立于 2016 年，仅一年时间，团队区块链专利申请数量就达到了全球第一。蚂蚁金服金融科技区块链以联盟链为目标，突破商业与金融应用场景，率先实现有自主权的工业级与金融级区块链系统，具有高可靠性、高可运维性、高安全性和适配全球部署等优势。

目前蚂蚁金服金融科技下的区块链产品包括：开放联盟链、蚂蚁区块链 BaaS、蚂蚁区块链溯源服务、安全计算平台、可信存证。

（二）业务场景

蚂蚁区块链开放联盟链，是一个低成本、低门槛开放普惠的区块链服务网络，依赖蚂蚁区块链联盟链强大的技术基础、创新公有许可机制,联合各行业权威节点合作伙伴共同打造。开放联盟链致力于解决现有区块链网络费用高、开发门槛高、无法大规模商用落地等问题。本着生态共建,合作共赢的原则,向广大开发者开放该服务网络,赋能全行业开发者,共建生态繁荣。

相较于仍在公测期的开放联盟链服务,目前蚂蚁区块链 BaaS 平台已进入使用阶段,该平台已落地超过 40 个场景,包括区块链缴费、区块链借款、区块链合同、区块链票据、链上物流等。其区块链的十大主要业务包括:(1)司法区块链;(2)合同存证;(3)供应链金融;(4)电子票据;(5)商保快赔;(6)处方流转;(7)智慧租房;(8)通用溯源;(9)安全多方计算解决方案(联合营销,联合风控);(10)跨境支付。

(三)成功案例:电子处方管理平台

蚂蚁区块链平台为处方流转构建了由医疗机构、药房、配送机构、支付机构、监管机构作为参与方的协作联盟,并良好解决了处方在多机构流转过程中的信息的隐私保护、防篡改、状态及时同步、全程可追溯,信息可审计等。

以处方流转为例,目前行业现状及"痛点"集中在:(1)信息的隐私保护;(2)全程可被追溯;(3)流转过程中防止被篡改。

在蚂蚁区块链的实施下,处方流转区块链解决方案业务框架如下:

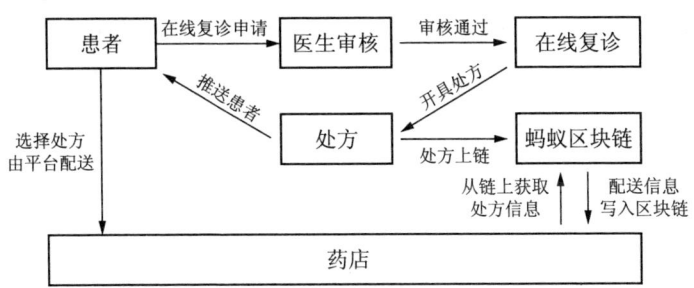

图 6.16 处方流转区块链解决方案业务框架

基于蚂蚁区块链的电子处方管理平台，医院、药店、配送平台、政府监管机构共同形成联盟链：用户通过支付宝发起在线复诊，医生通过钉钉等移动端审核后开出处方，由饿了么等配送平台链上获取处方订单后，前往药店取药配送到用户家中。

从处方开出的那一刻起就开始"盖戳"，线上开药、线上配药、送药、签收药，都会被盖上一个"戳"。这些"戳"不可篡改、全程可相互印证及追溯，患者可以放心收药，而不必再担心处方在流转过程中被篡改；处方的唯一性也得到了保障，因为一张处方一旦被盖上已配送的"戳"后，就不能再次配药了。

该方案有如下优势：

（1）防篡改：防止处方在流转过程中被篡改，保障用药安全。

（2）防丢失：分布式存储，处方账本不易丢失，保证医疗信息安全。

（3）易追溯：账本保存写入记录易追溯，便于相关机构监管。

（4）易核销：确保处方的一次性配药效率，助力合理用药。

以华山医院电子处方为例：

2018年9月13日，复旦大学附属华山医院携手蚂蚁金服，推出全国首个区块链电子处方。患者只需点开支付宝华山医院生活号，就能线上看病，医生远程开好处方药，患者在家坐等送药上门。

据了解，该技术能实现医院处方精准无误且不可篡改，以解决复诊患者拿着处方不遵医嘱在外重复开药等问题。华山医院信息科副主任张琪表示，此次先以内分泌科为试点，试点成功后将在全院推广。

第七章 区块链+智慧城市=智能价值空间

习近平总书记在中央政治局第十八次集体学习时指出,要推动区块链底层技术服务和新型智慧城市建设相结合,探索在信息基础设施、智慧交通、能源电力等领域的推广应用,提升城市管理的智能化、精准化水平。

第一节 区块链助力智慧城市建设

一、智慧城市阻碍

2010年,IBM正式提出"智慧城市"的愿景,希望为世界和中国的城市发展贡献自己的力量。 IBM经过研究认为,城市由关系城市主要功能的不同类型的网络、基础设施和环境六个核心系统组成:组织(人)、业务或政务、交通、通信、水和能源。 这些系统不是零散的,而是以一种协作的方式相互衔接。 而城市本身,则是由这些系统所组成的宏观系统。随着移动互联网及物联网的快速发展，构建智慧城市的过程也有很多的阻碍，主要包括以下几个方面。

（一）城市规划缺乏系统性，发展路径不够清晰

我国许多城市的信息产业比较薄弱，在信息化建设上并未制定长期的城市发展规划，更没有进行相关的信息化建设、采取信息产业发展的管理措施以及制定政策法规或者标准规范等。由于智慧城市规范缺乏科学性和权威性，其最终的实施也未得到有效的监控。此外，由于大部分城市物联网建设不够完善，技术创新人才紧缺，尤其缺少高级专业技术人才和了解政府流程与企业管理的复合型人才，因而难以实现管理信息系统与政府和城市管理、经营等方面的有机结合，严重影响了信息化平台的运行效率与质量。

（二）城市治理整合难度大，数据流通共享不足

智慧城市发展应遵循以人为本，应面向自然人、法人、城市三大对象提供全方位服务。但当前，各地市仍缺乏"云、管、端"一体化协同发展的信息基础设施，导致针对不同对象、使用不同载体的信息交互协同能力薄弱。以城市管网为例，供水、排水、燃气、热力、电力、通信、广播电视、工业等地下管线已成为保障城市健康运行的重要基础设施，而随着城市快速发展，地下管线建设规模不足、管理水平不高等问题凸显。建成统一规划、统一建设、统一管理的地下综合管网运营管理系统，同样面临参与主体多、数据规模大等挑战。

随着移动互联网及物联网的快速发展，构建智慧城市的过程也有很多的阻碍。智慧城市的本质是流程重塑，目前最大的阻碍仍是数据"孤岛"。各政府部门自行开发的系统众多，系统间缺乏共同的标准规范，横向整合共享难以深入进行，政务信息的跨部门共享协作仍然存在困难。

（三）城市智能应用体验不佳，信息安全隐患频发

城市数字化发展形势下的隐私保护，成为城市数据治理不可规

避的重要问题。当前,隐私数据泄露事件频发。用户作为数据的生产者,在本质上缺少数据所有权和掌控权,其数据往往未经同意就被第三方平台采集和出售,导致用户隐私数据大规模泄露事件频频发生。此外,数据授权使用尚无明确规范,数据安全使用缺乏保障措施,潜在风险难以评估,我国在推进政务数据授权使用方面进展缓慢。利用区块链的不可篡改性、去中心化等特征,城市数据将更加共享开放、资源高效利用,整个城市乃至全国都形成分布式多中心组织,将构建智慧城市提上一个新的高度。

二、区块链＋智慧城市＝智能实体价值空间

近年来,互联网巨头纷纷瞄准了智慧城市的风口,利用大数据、区块链、人工智能等技术进行全国布局。其中就包括与人们生活息息相关的智慧城市建设。智慧城市的最终目标是提升效率、提高可持续性、推动经济发展、提高在城市生活和工作的人们的整体生活质量。由区块链驱动的智慧城市建设,达成的愿景是构造一个智能实体价值空间。价值指的是改善城市治理、推进智慧城市建设进程的价值,不是普遍意义上的价值。从底层来看,智慧城市的底层就是一个数据库,而区块链为数据库的实现、使用、安全性、开放性提供了完备解决方案,所有的信息、数据被记录在区块链上,保障了智慧的源泉——数据的安全与正常使用。在区块链的应用中,区块链充当了不同的角色,在构建智慧城市过程中,区块链担任分布式、实时共享数据库的角色,为城市的数据共享,将城市中的人或者物连成一个分布式的网络结构,增强城市的活力,为城市的居住者带来更高效便捷的生活。

区块链是一种点对点的数字化分布式账本,记录了对等网络中发生的所有交易信息并且不可篡改。利用区块链技术,将每一个点连接,不断扩大记录清单,安全地存储在多个相互关联的系统中。

区块链密码安全，特权专属不可篡改，只能通过点对点的用户协议来更新，从而最大限度地防止了信息篡改带来的风险，降低了信息安全隐患。

智能实体价值空间主要以大数据和区块链技术为核心进行建设。该价值空间通过大数据中心，利用智慧民生服务平台，应用于各类的生活场景，最终形成一个统一的可共享数据的庞大智慧城市网络空间。

图 7.1　区块链助力智慧城市建设

在国内，南京上线全国首个基于区块链的电子证照共享平台、深圳打造中国区块链电子发票首个试点城市、江苏常州设立医联体区块链试点、雄安新区已上线区块链租房平台等。同时，区块链技术在精准扶贫、智慧电网、智能制造等领域均有落地尝试。在国外，迪拜目标打造全球第一个由区块链驱动的政府，并计划到 2020 年，全部政府文件实现链上处理；维也纳使用区块链确保城市数据的安全性及使用便捷性。此外，瑞典、俄罗斯、英国、瑞士、韩国、日本、泰国、乌克兰等国都在积极探索区块链应用。

进一步讲，根据普华永道（印度）在印度商会联合会主办的智能城市峰会会议记录，区块链在智慧城市方面主要有八大应用：健康、教育、公共安全、农业、民事登记、国防、政务、能源。在健康方面，例如电子病历，可以通过将所有医疗许可证放在区块链中，防止虚假医生；在教育方面，一方面确保信息的真实性，另一方面利用区块链技术简化证书认证和验证，通过在追踪国家指标方面带来基本的统一性；在公共安全方面，区块链技术可以帮助确立这种证据的监管链的来源；在农业方面，区块链技术可以实现从农民到消费者供应链追踪；在民事登记方面，区块链技术可以帮助公民记录防篡改，有弹性、安全、私密，从而为各个主体提供广泛的便利；在国防方面，利用区块链技术可以为修改数据提供基于共识机制的访问，并在多个系统资源上分配访问权限；在政务方面，通过区块链连接部门之间的文件和数据移动可以提高流程的可视性，并确保数据、文件实时更新；在能源方面，区块链技术可以被部署于电力水力等供应市场，即构建透明、无忧、高效的智能电网。

总体来看，区块链将在提升城市运营效率、提升城市居民生活水平、保障数据安全性可信性等方面促进智慧城市的发展，从而不断促进智能实体价值空间的构建。

第二节 区块链+智慧城市

一、"痛点"

（一）信息安全

伴随着城市数字化进程的加速，身份认证的场景越来越广泛，包括互联网、物联网社会和经济生活等，但目前身份服务一直面临着隐私泄露、身份欺诈以及碎片化等问题，给用户、设备和系统均带来极大的挑战。

各地智慧城市建设往往缺少科学系统的规划设计，盲目热衷于单个项目建设，导致项目之间缺乏有机联系，在通信方面存在数据结构与流通接口不统一、标准化程度不高、互联互通程度严重不足等诸多问题，大大提高了运维的成本。单一维度的数据分析已无法实现高质量的分析与预判。"孤岛"现象还会导致各系统之间无法形成应急联动，失去原本应有的预警和防范作用。

（二）组织混乱

数据流通流程复杂，分析处理效率低下。在智慧城市的建设体系中，数据的流通方向是自下而上沿金字塔系统架构进行流通。感知数据需要经过多层的过滤清洗，再经中心化的决策分析模型做出响应，从而大大降低了系统处理效率。这一点尤其体现在智慧交通与智慧安防两大应用领域，系统只能够做到数据的存储、安全与共享，还不能做到实时、准确、高效地分析决策，所以无法彻底解决城市交通拥堵和安全应急等问题。最后，目前数据采集以被动采集为主，用户参与度不足。现阶段智慧城市感知以视频和图像为主，受限于设备覆盖面和采集数据维度，系统功能与用户需求之间往往差距较大。单一系统功能建设与用户需求联系不够紧密，公众与其他政府职能部门参与甚少，无法真正做到以人为本的建设宗旨。

二、解决方案

（一）多维度解决，保障信息安全

针对信息安全和"信息孤岛"问题，打造新型智慧城市主要围绕以大数据和区块链技术为核心建设。通过组合"一中心、四平台、多应用、聚合链"的方式构成多维度的智慧城市解决方案，所谓"一中心"是基于城市的各维度大数据中心。"四平台"即智慧政务综合信息服务平台、智慧城管综合信息服务平台、智慧民生综合信息服务平台和智慧经济综合信息服务平台。"多应用"包含了各类的智慧应用。最后"聚合链"则是基于区块链的可信智慧城市信息生态，全方位保障信息安全。

（二）优化组织结构，实现技术融合

针对组织相对混乱的情况，区块链着力于优化组织结构，达到技术融合，形成跨企业和跨系统之间的数据共享，在不改变原有系统的情况下，将各系统原始数据上链流通。

在技术融合方面，数据的共享实现区块链的身份核验，与 CA 技术的融合将原本匿名化的区块链转变成可信区块链，通过身份认证和共识权限设置来划分各系统与人员间的权利和责任。区块链能够为边缘计算保驾护航。边缘计算是提高智慧城市系统处理时效的有效手段，但边缘计算的设备安全问题、维护和建设成本问题以及准确性问题导致边缘计算无法大规模普及应用。区块链分布式的数据存储机制和点对点的网络拓扑结构能够与边缘计算较好地融合应用，区块链不可篡改的数据存储特点能够提高边缘节点的数据安全性，身份认证和权限控制能够为暴露在公共区域的设备提供准入机制，数据加密管理能够为边缘设备提供隐私保护功能。

区块链技术能够最大限度地激发市民对社会治理的积极性。传统的中心化的公共监管平台或自媒体平台不具备公信力，也无法自证其说。区块链架构中真实的身份与可信的数据为公众通过移动终端上传各类违法违规信息提供保障，真正做到以人为本，减少传统方式带来的弊端。

区块链在智慧城市建设中，主要包括四大技术功能支持——分布式储存功能、大数据技术功能、点对点传输、共识机制。综上可知，区块链技术的点对点数据传输功能具有数据共享表现，其在应用当中主要由四个部分实现，即去中心化、信任机制、共享账本以及信息可溯源，具体内容如图 7.2 所示。

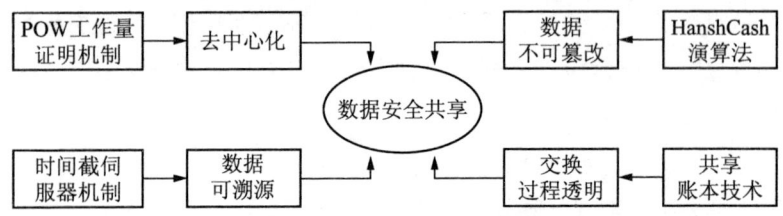

图 7.2　点对点数据传输功能的数据共享表现

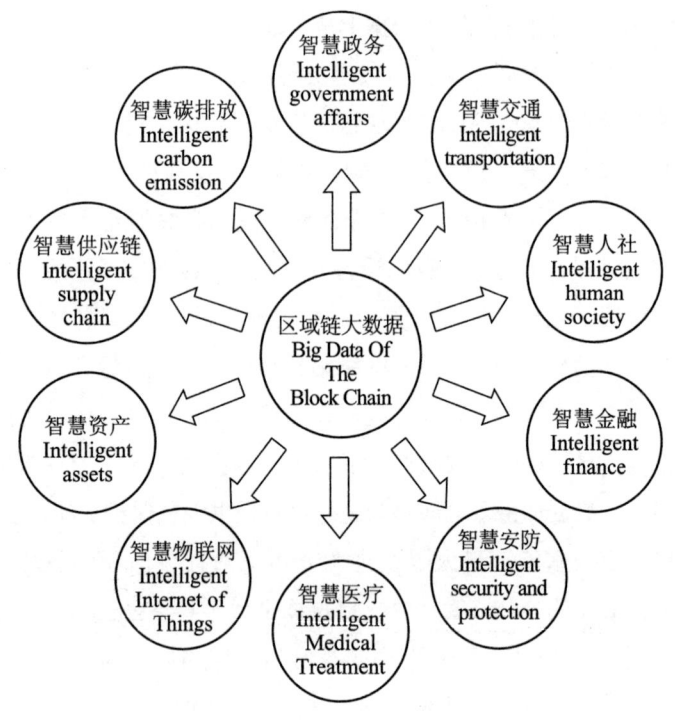

图 7.3　区块链大数据应用领域

（三）落实建设规划，确定服务对象

在开始建设智慧城市大数据平台之前，要有一个整体的规划作为指导，便于后期有计划地开展建设。在制定方案时，首先，要明确平台使用技术的应用范围，智慧城市包含多种社会领域，无论是医疗、教育、服务，还是政治、经济、农业都需要使用到区块链技术。其次,要因地制宜,不同的城市发展情况不同,城市资源也不同。因此,在设计建设方案时,要结合各地区资源占有情况,有针对性地调节城市数据侧重点,达到资源的最优分配。最后,要尽可能结合城市的文化和经济发展状况,在实现智慧城市的同时,凸显自身的文化特色。

制定好整体的规划之后,就要开始确定服务的对象,也就是智慧城市面向的群体。众所周知,智慧城市的建设,是为了通过网络技术的使用,创造更好的城市环境和城市服务,更好地服务城市居民,满足城市居民的民生需求,让居民在更好的城市中生活。因此,智慧城市的建设者,需要深入了解民众的需求,并根据采集的信息,制定相对应的模块,让民众从模块中享受到服务。这里需要提到区域链"四平台"的宗旨,即智慧民生服务平台、智慧城管信息服务平台、智慧政务信息服务平台和智慧经济信息服务平台。每个平台都有主要负责的内容,建设者就是需要将平台的作用最大化,创造更多的便民服务内容,实现智慧城市的人性化。

三、案例分析

南京是国内最早探索"智慧城市"建设的城市之一,也是最早入围全国首批"智慧城市"建设试点的城市之一。在 2019 中国欧盟绿色智慧城市峰会上,南京获得一项新的荣誉称号——"2019 中欧绿色智慧城市"综合创新城市。智慧,主要指运用信息和网络技术感测、分析、整合城市运行系统的各项关键信息,从而对民生、环保、公共安全、城市服务、经济活动等多种需求做出智能响应。

在智能管理方面,近年来,通过高科技的应用、智慧管理平台的构建、科学系统的规划统筹,城市管理正逐渐从过去的粗放型管理向智慧型管理转变,"城市痼疾"逐步得到缓解。南京市浦口区 60 多个渣土运输重要卡点,新近都装上了 AI 智能识别系统,实时抓拍识别未按规定路线运输、未密闭运输、抛洒滴漏等违规行为。2019年10月，南京共享单车监管平台上线试运行，运营企业数据全部接入该平台，管理部门通过单车上的GPS对企业乱停乱放、违规投放等难题进行监管考核，连续考核垫底的企业将被责令退出南京市场。

在智能物流方面，每年的双十一，江苏南京发件量、投递量都位居全国城市前列。传统的物流模式已经远远不能满足需求，越来越多的企业在向自动化、智能化物流转型。2020年，南京邮政新上了350台搬运机器人——"小黄人"。它采用电磁感应导引方式，底部的电磁传感器会感应到地面磁条地标，从而实现准确选择路线，让邮件准确落袋，分拣效率达每小时1.2万件至1.5万件。

在智能旅游方面，智能化旅游是全域旅游智慧景区未来的发展方向。近年来，在不少景区内都能见到智能机器人的身影。在明孝陵博物馆，可爱的智能机器人能自动感应游客的存在并进行迎宾接待，为游客讲解相关历史知识，还能和游客进行互动。在栖霞山，一批智能机器人导游在景区牌坊广场、游客服务中心等游客集散地为游客提供旅游咨询、引导等服务，让广大游客赏枫之余还可以进行智慧旅游的深度体验。

在智慧南京中心，主屏上实时滚动播放着终端设备传回的各类数据、影像，构成一幅完整的"智慧城市运行图"。通过创新运用大数据、云计算、区块链等信息技术，这个"城市大脑"在全国率先实现40多个市级政府部门、9家企事业单位的数据资源共享和重点应用整合，数据交换量每天超过一亿条：交通拥堵指数，5分钟更新一次；商品房转移登记，全程网上办理；去医院看病，网上预约在线支付等。通过对城市大数据科学分析、深度开发，南京率先建成城市智慧门户——"我的南京"App，集成政务、交通、医疗等六大领域智慧应用，向公众提供一站式精准公共服务，App平台集成度和用户数据均居全国第一。

第三节 区块链+信息基础设施

一、"痛点"

（一）防护监管

目前的信息基础设施防护技术与管理手段结合度不高，外部保护屏障构建不够完善，保护机构的职责分工不明确，以致信息基础保护政策的规范不标准，很难构建协同保护机制，导致监管力度不足。

（二）体系规划

在信息基础设施保护方面仍存在很大的探索空间。在自主可控、一体化终端管理、安全合规管理活动、态势感知等方面缺乏探索实践。在领会政策合规性要求的前提下，做好基础性防护工作和前瞻性体系规划。

（三）信息基础设施建设中数字鸿沟不断扩大

我国信息化快速发展与信息化应用水平排名呈下降趋势，其矛盾现象主要与我国信息化发展中的数字鸿沟有关。数字鸿沟是指在全球信息化进程中，不同国家、地区、行业、企业、人群之间由于对信息、网络技术发展、应用程度不同以及创新能力的差别造成的"信息落差""知识分隔""贫富分化"现象。

目前，尽管我国西部地区信息化发展速度较快，但始终低于其他地区。世界经济论坛发布的《2015年全球信息技术报告》称，世界各国在信息及通信技术发展和应用程度方面的差距仍在持续扩大。另外，国内地区间的差距也难以弥合。此外，我国城乡之间的数字鸿沟表现在城乡网民占比的差距。产业之间的数字鸿沟体现在第一产业的信息化发展远远落后于第三产业和第二产业的信息化发展水平。表7.1展示了我国信息化发展情况，其中信息基础设施指数值得关注。

表 7.1　我国信息化发展指数

年份 指数	2000	2005	2007	2008	2009	2010	2011	2012	年均增长率(%)
总指数	0.494	0.589	0.633	0.654	0.681	0.707	0.732	0.756	3.6
基础设施指数	0.179	0.309	0.354	0.359	0.389	0.417	0.450	0.479	8.5
产业技术指数	0.646	0.808	0.869	0.897	0.914	0.941	0.980	1.009	3.8
应用消费指数	0.349	0.442	0.505	0.551	0.598	0.644	0.677	0.707	6.1
知识支撑指数	0.726	0.752	0.777	0.792	0.803	0.822	0.831	0.840	1.2
发展效果指数	0.571	0.633	0.659	0.670	0.701	0.711	0.723	0.744	2.2

（四）垄断使信息基础设施发展缓慢

我国在信息基础设施建设上一直处于垄断状态。从三大电信运营商各自建设自己的网络基站，到成立铁塔公司共用基站共享资源，均未摆脱国有资产一家投资的状态。近年来，我国信息基础设施虽然快速增长，但仍无法满足社会发展对信息消费的需求。国务院国有资产监督管理委员会虽然规定从 2015 年 1 月 1 日起，三家基础电信企业原则上不再自建铁塔等基站配套设施，但这只是减少了重复建设所带来的资源浪费，至于能否提供全社会所需的质高价廉的无线基站，仍尚存疑虑。

二、解决方案

（一）保障安全，分布管理

针对信息安全问题，由于集成分布式的数据存储、点对点的数据传输，以及共识机制、加密算法等技术特性，使得区块链技术能够建立起完整的数据、信息约束机制和安全机制，让互联网行业发展得到规范。区块链技术的应用让高速率、大带宽和低时延的 5G 通信在安全性上得到保障。如此，基于 5G 信息传递所带来的交易、指令的完成效率得到了提升，帮助终端设备之间的信息、数据传递转变为价值流通。更为重要的是，5G技术支持更多的线下数据借助区块链计入网络。从以往的互联网时代，到云计算、大数据时代，再到如今的区块链时代，随着数据、信息越来越多地得到整合，一次又一次的商业模式创新、应用场景创新、服务创新都在这一过程出现，成为国民经济持续向前发展的重要动力。

（二）感知态势，规划体系

区块链从确定关键业务，确定支撑关键业务的信息系统，再到根据关键业务对新系统的依赖程度，以及信息系统发生网络安全事件后可能造成的损失认定人社系统的关键信息基础设施都体现出强大的优势。通过区块链的分布式账本，可以进行威胁信息共享、监测预警、应急处置等横向协同的安全域内容，全面加强网络安全检查，认清风险，找出漏洞。智能合约可以从技术层面持续优化主站系统和采集装置架构，接入多源安全威胁情报，进行融合处理与分析应用，包括异常流量识别、异常行为分析、风险趋势预测等，建立安全沙箱矩阵，提高恶意代码分析的准确性。

（三）公私合营，扩大信息基础设施资金来源，打破垄断

利用区块链的分布式账本，所有交易方都可以实时检测到已发布的信息，最大限度地降低信息不对称性，打破信息垄断，从根本上消除我国存在的数字鸿沟。而要做到这一点，应加快光纤宽带网络建设，加快实施光纤到户工程，加快无线基站建设，强化农村信息通信基础设施建设。其中，最重要的就是通过政府与社会资本合作的模式来建设信息基础设施，打破国有资本垄断建设可能引致的信息基础设施落后的问题。此外，政府在继续实施通信普遍服务的同时，应在城镇化、工业化与信息化并行中统筹规划我国的信息基础设施建设，使"互联网+"成为整个社会创业创新发展的基础。打破垄断后，信息基础设施建设公司间将形成良好的竞争关系，有助于市场公平化。

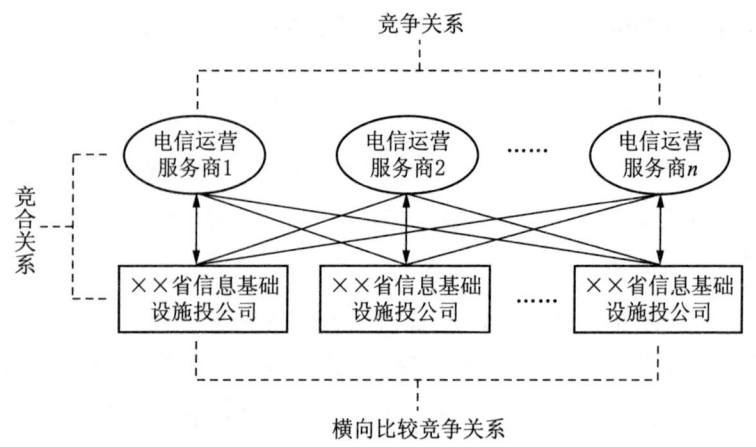

图 7.4　电信运营服务商与省信投公司关系

三、案例分析

在浙江嘉兴的养老中心正在提供智慧养老健康检测服务,通过新一代的信息基础设施,专业服务团队能为老年人提供便捷的健康管理、生活照料、文化娱乐等服务。该服务平台将整合与为老年人服务相关的养老机构、护理院、照料中心、社会组织、志愿者以及为老年人服务的品牌合作连锁餐饮、老年人康复辅助等各类资源,政府与社会联动、线上与线下互动。

智慧养老领域老人的健康与行为数据是智慧养老重要的基石。数据的存储能够影响数据的使用效率,技术的进步已经使存储设备的容量大量增加,但任何存储设备的存储容量都存在极限。区块链的分布式存储作为一种全新的存储模式可以扩展这个极限。目前,文件存储方式的主流依旧是本地存储与云存储。传统的数据储存策略存在中心承载的负荷会随着数据的增加而剧增的情况,安全隐患由此而生。区块链技术通过世界各地的闲置存储和带宽所构成的巨大节点网络实现分布式存储,其高冗余存储配合其去中心化、安全的特点使其特别适合存储和保护重要隐私数据。

例如，家中老人不慎跌倒，老人随身佩戴的智能穿戴设备"护卫宝"就会启动预警，迅速采集到跌倒时间、位置等数据，上传至物联网专网平台和养老数据中心。经过数据分析，养老数据中心将报警信息推送至综合智能化运营管理中心，并联络养老呼叫中心。由后者拨打电话询问老人身体情况以及是否需要联系就近医院。若老人电话无人接听，养老呼叫中心就会通过亲情号码联系老人的家人；若还是无法接通，养老呼叫中心的工作人员会立即启动应急方案，联络运营专员或医疗机构上门查看。此外，针对老年朋友中生活较为困难的、行动有所不便的、子女不在身边的情况，推出"主动关爱""养老顾问""助洁服务"等数十项关爱服务。通过定位手环、智能手表等提供全天候监测和应急响应服务；为有需求的老年人提供便捷实惠配送餐服务；为有需求的老年人提供陪同就诊、代为配药、预约挂号等助医服务。除了通过平台提供的养老服务外，还能实时看到养老机构的管理，对其也是一种监督，还有助于培育一支养老顾问的人才队伍，全方位提升养老服务质量。数据被篡改的风险会引发信任问题。智慧养老产业链中存在数据在不同节点之间的传递过程，诸如供应链中的各个环节。数据篡改一旦被发现便会造成恶劣的影响，而防止数据被篡改的最好方法就是从源头根治，使其不可被篡改。区块链技术的不可篡改性和去中心化，可以保证数据准确性。在公开的区块链中，数据都是不可变的，不能被修改或删除。又由于分布式存储的特点，区块链没有集中的故障点，能够更好地抵御恶意攻击。

区块链中的数据信息全部存储在带有时间戳的链式区块结构里，具有极强的可追溯性和可验证性。其中任意两个区块间都通过密码学方法相关联，可以追溯到任何一个区块的数据信息。数据一旦存储进区块链，就会通过分布式节点永久保存，对单个节点的数据修改是无用的，除非能够对 51% 或以上的节点同时进行修改。

区块链技术可以有效地解决信任问题,任何恶意欺骗系统的行为都会遭到其他节点的排斥和抑制。引入区块链技术不只可以保障智慧养老中数据的准确性,更重要的是因此可以减少对于老人健康有不利影响的相关风险。

第四节　区块链+智慧交通

一、"痛点"

(一)拥堵问题及道路效率低

目前交通拥堵已经成为全球城市化的社会问题。据哈佛大学公共卫生学院研究,交通堵塞中的通行者大多暴露在有毒的烟雾当中。另外,交通拥堵还会带来巨大的经济负担,据INRIX预测,从2013年至2030年,法国、德国、美国和英国或因交通拥堵累计成本金额将达到4.4亿美元。各国虽早已提出智能交通的概念,但目前的智能交通系统只可以做到数据的存储、安全与共享,还不能做到实时、准确、高效。

(二)交管业务的网上处理系统尚不完善

目前的交管业务的网上处理系统不够完善,例如,一辆车于上周在A城闯了红灯后,在B城却没有相应罚款和违章处罚产生,在目前的交通管理网络上还暂时无法查询和处理违章。这就是因为"信息孤岛"产生的效应,对于部分不守规矩的车主而言,逃单、信用缺失,成为常见之事。

(三)停车难问题

停车难几乎成为所有城市的"痛点",严重影响着人们的日常生活,制约着经济的发展。城市停车难问题的很大一个原因是停车信息的不对称、不及时,造成一个区域内司机停车难、停车场车位空闲两个矛盾的现象并存,由于停车场众多,有效信息及时共享、深度开发在以往一直难以有效推进。

二、解决方案

(一) 车辆信息上链

区块链和车联网技术结合,并利用区块链的半公开性质,可以把车辆和车主的身份进行绑定,进行车辆认证管理,产生一车一码的"电子车牌号"。只要所有的车都在交管局上链,人们就可以在交管所查询到所有的车辆信息内容。所有违章行为都会一丝不差地在链上进行实时显示,在一定程度上杜绝交通违章逃单行为的发生。

(二) 即时支付安全快捷

未来的汽车行业会逐步完善自动支付系统,汽车电子钱包也将会得到大幅度推广。汽车电子钱包会给予车辆自主完成数字化交易的"能力",当车辆信息上链后,汽车电子钱包用户可以获取精准的收费信息,保证信息不可篡改的真实性,降低支付风险,省去第三方的审核环节,为用户节省了中间层级的费用,提高支付过程效率,从而进行安全有效的交易,在高速无人收费站、汽车充电桩等都可以采用这项服务。

(三) 智能疏导交通

区块链可以实时记录车辆的所处位置,人们可以实时判断交通拥堵情况,从而进行交通的智能疏导。

从交通总体控制角度来看,以往道路信息数据的处理需要通过中央处理器,而在其中加入区块链技术后,就可以通过点对点直接互联的方式来传输数据,可以大大提高处理数据的效率;且区块链技术还可以打通不同区域的数据,从而方便城市整体的交通管控。另外,政府可在链上智能调整各个路段的收费标准,在不同时间和不同路况设置不同的收费模式,以最大效率缓解堵车问题,提高道路通行效率。

从个体交通优化角度来看,区块链技术联合定位系统,将交通数据进行打通,可以记录车辆所在的位置,从而可以判断交通拥堵情况,智能地去疏通交通,即时为车主调整路线规划,最大化节约车主时间以及降低道路交通的拥挤度。

(四) 无感停车

利用区块链的去中心化、共识机制、资产数字化、智能合约、信用管理等特性,综合采用高清电子图像识别、车位导航、线上支付等停车管理技术,可实现智能缴费停车、预约停车、共享停车、信用停车管理、车位资产数字化等应用场景。对于超时停车、逃费等违规行为将以扣除信用分的方式管理。例如,通过区块链技术,秒级更新附近空闲停车位,市民不再需要辛苦寻找停车位。

区块链作为最新前沿的技术科技,可以从交通应用电子、资讯、通信、控制、车辆及机械等方面对各种运输体系进行升级,使既有的以及未来可能增加的有限运输资源得以发挥最大的效用。

对于政府,通过区块链技术,政府部门根据"电子车牌号"查询交通违章,防止交通违章逃单行为的发生;也可通过链上数据智能管控交通,高效率缓解堵车问题,提高道路效率。

对于公民个体,公民可通过汽车电子钱包即时支付违章罚单或高速费等,节省中间层级的费用,提高了支付过程的效率;通过链上数据快速调整路线规划、寻找停车位,节约时间成本。

三、案例分析

ITS 智慧交通链是新西兰 ITSChain 基金会团队打造的一个基于区块链技术的智慧停车场应用系统。基于区块链溯源清晰、权益明确、信息不可篡改、资产流通自由等特征实现 ITS 资产的价值交换,旨在解决智慧停车场车位信息不准确、产业技术升级难和技术落地应用难等问题,最终实现车位共享,推动智慧停车场产业的发展和升级。目前 ITS 智慧交通链主要由共享车位、智慧停车场应用系统、ITS 数字资产以及车联网应用四个板块组成。该项目充分运用了物联网、云计算、人工智能、自动控制、移动互联网等现代科技。

目前该项目通过以下三个途径解决停车难问题。

第一，该项目修建了大型的立体车库，而且利用了物联网信息把车辆与立体车库的空间信息打通，所有车位、车辆以及停车场的状况，实时体现出来。

第二，该项目打造了一个车位流转的平台，把车位作为一个资产，加速和提升它的流转效率。

第三，停车场的每一个车位，相当于区块链上的一个节点，对于工作时间、地理位置、车流量的不同在区块链上进行均匀合理地分配，最终实现车位共享。

第五节 区块链+能源电力

一、"痛点"

（一）能源损耗大

如何创造性解决远距离、大规模、低损耗的电力输送，一直是我国重点攻克的难题。建设大量输配电基础设施的成本和送电的损耗巨大，中心化电站和终端消费者之间的电力传输损耗占比在 9% 以上。我国国土面积辽阔，偏远地区拥有较为充足的风能、水能、太阳能等清洁能源，但如何实现远距离传输是阻碍这些能源使用的瓶颈。

（二）稳定性、可靠性低与负载平衡问题

现有电网等基础设施存在由于可靠性问题而导致大量人口断电的风险，维护中心化电网的安全运行也需要相当大的成本。同时，传统中心化电网的用电负载存在明显的峰谷效应，对发电、输电、配电、储电等环节都提出了很高的要求。中心化的供电体系需要为

负载平衡付出很多额外的努力。

（三）能源交易流动性小

我国已有很多分布式的可再生能源，但仍面临一些消纳和高效发展问题。例如，安装了太阳能的用户多余的发电无法转让给其他用户，造成能源浪费；碳证与其他绿色电力认证等环境资产存在识别和认证困难。

（四）中心化管理系统难以适应当下需求

目前国内电力行业大多数采用中心化管理方法，这种传统的业务模式和盈利模式不仅耗资巨大，而且不同地域省网在试点和具体实施过程中的市场机制也存在差异，为统一规则的制定和监管带来的困难，不再适应数字化、低碳化的需求；以用户为主导的能源变革如火如荼，企业既有系统无法管理越来越复杂的交易请求，也难以满足监管方和能源用户对能源供应安全和分布式能源接入的旺盛需求。

二、解决方案

当区块链技术与能源行业传统业务和传统治理框架相结合时，可衍生出丰富的应用，帮助能源企业创造新收入并降低运营成本。

（一）公司治理

区块链内置的安全和共识基础，可以提升企业风险管控和资本管理的能力。例如降低内部信息泄露和篡改等风险，减少对外交易风险、内部管理费用和第三方介入成本，提高业务和风险的处理效率。利用智能合约构建实时的可再生能源接入体系，既能够减少可再生能源发电的波动性对主电网的影响，也可以减少人力控制成本和差错率。将区块链技术用于能源网络管理还可实现智能、自动的负载均衡，替代能源的切换，减少能源中断时间。

（二）供应链管理

能源企业供应链复杂，具有多方参与、采购的物资种类和数量繁杂、流程烦琐等特点，很多大型能源企业更是将全集团的采购业务进行集中管理。而区块链提供了更加安全和可信的交易解决方案，能够帮助能源企业降低贸易参与方的核验成本，降低交易复杂性和交易成本，促进多方的快速交易，提升了供应链的效率。同时区块链平台在连接了商品所有权和关系转移的同时，还有效连接了间接发生关联的上下游企业，使能源企业供应链生态系统更加完善。

（三）分布式能源管理

区块链分布式的网状结构恰与分布式可再生能源的市场化结构吻合。区块链技术可以用来同步电网服务的实时价格与实时相量控制系统，以平衡微电网运行、分布式发电系统接入和批发市场运作。此外，可再生能源发电的结算与支付可以不再依靠传统电力企业的参与，大量个人或企业能源产消合一者可以直接进行能源交易。

（四）共享经济

能源企业可以利用区块链解决共享经济中面临的如何建立安全高效的授信机制问题，以分享共享经济红利。例如，能源企业可以租赁分布式发电设备、家庭储能设备、电动汽车甚至是企业的备品备件。例如，利用区块链简化汽车租赁流程：潜在客户选择车型后交易便被录入区块链的公共账本，然后，客户在驾驶座上签署租赁合同和保险单，这些信息也被更新到区块链内。

当区块链技术与能源行业传统业务和传统治理框架相结合时，可衍生出丰富的应用，这对消费者和能源企业都大有裨益。

对于消费者：消费者可以不再依靠传统电力企业的参与，直接参与到能源交易中，降低交易成本；简化汽车租赁流程，提高交易效率。

对于能源企业：区块链可帮助能源企业提升风险管控能力和资本管理能力，减少对外交易风险、内部管理费用和第三方介入成本，提高业务和风险的处理效率；降低对贸易参与方的核验成本，降低交易复杂性和交易成本；普通投资者和机构投资者能够为可再生能源电网的建设提供资金,消除目前能源企业建设中的融资困难。

对于能源上下游企业:区块链有效连接了能源企业与上下游企业,使得商品所有权和转移关系的过程快速便捷,供应链生态系统更加完善。

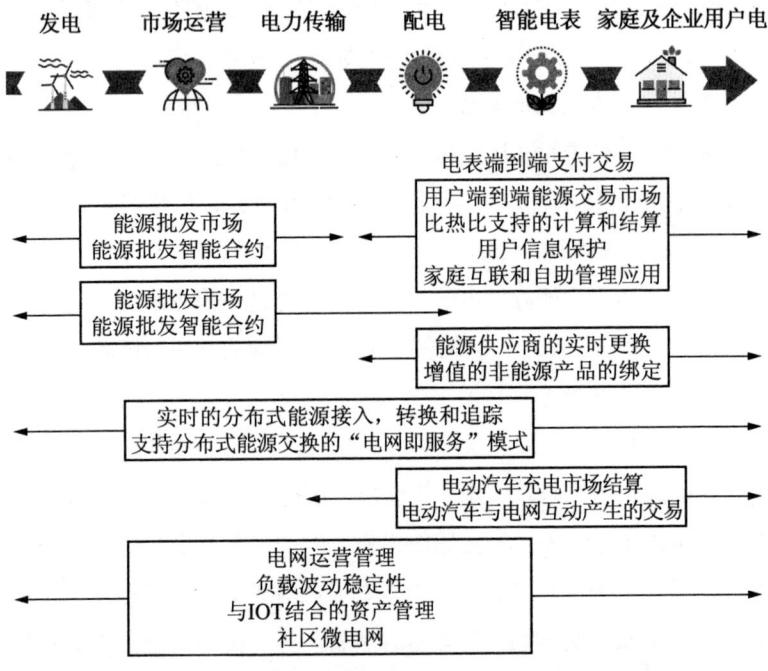

图 7.5 覆盖电力行业全产业链的区块链部分主要应用

三、案例分析

美国纽约布鲁克林社区的 Tansactive Grid 项目是世界上最早投入实践的能源区块链项目。该项目由美国新创能源公司 LO3 与区块链技术研发商 Consen Sys 共同开发。

在该项目中,共有 10 个家庭参与。其中,5 家安装了屋顶光伏发电系统,为供电家庭;另外 5 家为购电家庭。整个项目采用 P2P 的直接能源交易,无须经过第三方的电力运营商。智能电表底层应用集成了基于以太坊区块链智能合约功能,可对用户的发电、用电以及交易电量等信息进行采集,并将数据同步上传至公共区块链网络平台上。 智能电表记录的发电量数据,可以为区块链技术平台创建代币,代表供电家庭屋顶光伏的剩余电量。 这些代币就代表着屋顶光伏发出清洁电能的总量,虚拟代币可通过区块链智能钱包进行交易。

通过该项目,社区内的居民可以节省购电费用,而且配置屋顶光伏的居民用户可以将剩余电量直接出售给用户,获得收益。 布鲁克林微网项目对美国以及全球的能源区块链项目起到了示范作用,推动了相关 P2P 分布式电力交易的发展。 但是,布鲁克林微网项目的试验规模较小,总共只有 10 个参与用户,只是证明了小规模微电网进行分散电力交易的可实施性,对于较大规模的微电网还需进行下一步验证。

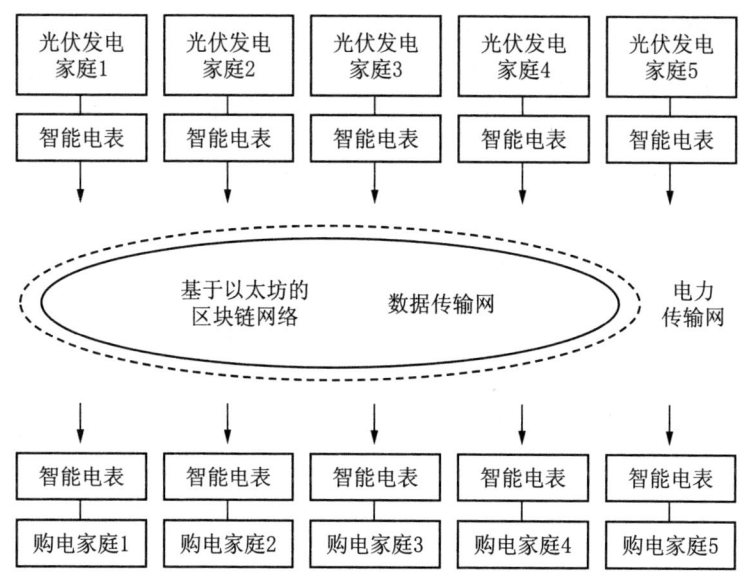

图 7.6 纽约布鲁克林 Tansactive Grid

第六节　应用实例

一、井通科技

（一）基本介绍

"井通科技"（全称：无锡井通网络科技有限公司）的注册地在无锡市新吴区，是国内首家基于自主区块链技术开发的高科技创新型底层技术平台公司。

井通科技是全球最早拥有自有知识产权的区块链底层技术的高科技公司之一。目前有落地项目93个，同时具备私链、云链、联盟链、子链等多层次、全方位、一站式服务能力，已推出多个行业应用和20余个行业解决方案，井通区块链每秒处理速度达5 000 TPS。2019年年初，井通公链落地商业应用项目真实用户数突破百万。

（二）业务场景

井通科技目前推出的产品解决方案涵盖了智慧城市、金融、物流、溯源、旅游、农业、医疗、教育、公益等领域，为多家大型企业提供了区块链底层搭建、行业调研、产品落地等一揽子技术解决方案。主要参与的应用项目包括分布式能源交易平台，员工福利、积分、供应链金融方向的区块链应用，发票方向结合区块链的应用等。

井通科技的核心产品是井通区块链（简称"井通链"），是一条公链。目前，井通链已经上线的应用如下。

（1）汇兑领域：将区块链运用于跨境支付以及跨境汇兑等汇兑类领域，解决现存系统的交易速度慢、交易周期长以及中间环节费用高等问题。

（2）商品领域：通过区块链实现对实物类资产的建模，建立实物资产电子化流通网络，为企业更加快速流转、销售商品提供帮助，促成更加快速的资金周转。

（3）消费领域：基于消费领域轻资产的优势，结合各类会员卡、预付款等消费类电子凭证，通过井通资产数字化技术，提高商家的用户消费量以及用户黏性。

（4）融资领域：针对互联网金融现存问题，通过融资通的区块链全流程解决方案，解决现有中小企业融资难、融资通成本高的问题，提供透明、可信的资金流信息、低成本的融资渠道。

（5）版权领域：基于区块链技术的版权确权方法，研发数字版权平台。

（6）慈善领域：利用区块链的去中心化，实现个人健康慈善信息的数字化、权证化、区块化。

（7）防伪通：基于区块链技术的产品认证、溯源跟踪防伪方法和分布式物流追踪方法等。

（8）互助通：上链用户可在平台进行车险互助等。

（三）典型产品：智链通、数信通

1. 智链通

2018年，井通科技与握物流合作建立了全国首创的"区块链＋智慧物流"。

该平台整合了托运人（制造商、电商等）、承运人（物流企业、司机等）和物流服务商（金融、保险、油卡等）等资源，链接前、后端服务市场，打通从订单管理、车辆调度、智能合约、电子回单、实时跟踪、信用评价、交易结算、金融保险、增值服务、积分商城等服务，提供涵盖干线、同城、零担、整车、家居、仓储等优质高效的公路运输供应链一体化解决方案。区块链和物流平台的有机融合，完成了物流、信息流、资金流，三流合一，形成自循环体系。

智链通的建立，将物流供应链中的各方参与者共建信任共识体系，化解业内积压已久的诚信"痛点"；并提供全供应链系统解决方案及完善的软硬件产品，满足不同的用户需求，让平台内的用户提升效益，节省成本，共赢互利。

2. 数信通

数信通是井通科技在 2017 年为贵阳市打造的区块链大数据平台。

该平台通过将各方数据上链登记确权，在区块链上生成数据指纹，形成完整的数据目录视图，搭建多源、共享、安全的"块数据"。同时，对数据的采集、加工、使用和流转的全过程记录上链并使用智能合约建立数据共享和价值分成的机制。

在政府数据的开放共享方面——使用区块链技术与现有政府数据平台相结合，只需要对现有系统进行一些接口改造，即可降低对数据格式的依赖，实现数据的可信记录与数据操作的全过程跟踪，从而最大化地保护现有投资，增加数据的社会价值。

在个人数据授权使用方面——通过将个人身份上链，利用私钥签名和公钥验证的密码学技术，实现个人数据的灵活授权使用，轻松证明"你就是你"；在保护个人隐私前提下，促进了全社会数据的流通开放，大大降低了数据开放的成本。

第八章　区块链＋城际互通＝分布式空间价值网络

要利用区块链技术促进城市间在信息、资金、人才、征信等方面更大规模地互联互通，保障生产要素在区域内有序高效流动。

第一节　区块链协调城际要素流动

一、城际互通痛点

（一）区域间要素资源禀赋差异显著，信息不对称导致供需严重失衡

区域拥有的劳动力、资金、技术和资源等生产要素是区域产业的基础和决定因素。区域之间生产要素的差异性决定了区域之间产业发展状况的不同。区域丰富的劳动力供给的数量和质量是产业发展，尤其是劳动力密集型产业和知识密集型产业发展的基本条件；而充足的资金供应则是产业发展，尤其是资本密集型产业发展

的必要前提。生产要素在区域产业间的配置和转移决定着区域产业发展的现状和演变方向。要素的组合与集聚即可表现为区域产业竞争力的形成与放大。

在就业方面,由于相对落后的地区资源的缺乏,人才都留在发达地区。由于信息流通效率低,人才的需求与地区的供给出现了偏差,人才与岗位的不匹配,出现就业错配、就业结构不均衡等问题,突出表现在城际互通过程中的人才资源的不均衡。

(二)协调管控效率低下,社会治理难度加大

地区与地区之间在信息、资金、人才、征信等方面都有所不同,大部分的资源都流入更发达的地区,而不发达的地区人力资源、信息资源、资金资源等越来越缺乏,城际之间的互通很难打破,具体表现为信息流通效率低和协调管控效率低。在征信方面,在一个地方有过不良信用记录的人却在另一个地方查询不到,为社会治理带来了一定的难度。同时,城市与城市之间的协调管控效率较低,比如,现金无法追溯到地域,从而为洗钱等行为创造了便利。其中,人才的管理难、调配难也是协调管控效率低的体现。所以,城际之间的互通问题不仅仅在信息方面,还在技术、人才、能源等各个方面。

二、区块链+城际互通=跨区域价值网络

如果说互联网实现了信息传递,而区块链则实现的是价值传递。区块链+城际互通将构建一个跨区域的价值互联网络。在价值网络下,人才就业结构性问题得到解决,各种生产要素充分高效流动,加快了城际之间的互通效率。区块链作为一项技术架构,其价值在于服务于行业、解决市场需求的应用。因此要从市场、政策入手寻找符合区块链特性的方向,使之成为生产力提升的加速器。

区块链赋予的是价值,在整个互通过程中,体现着价值表现、

传承及传递。区块链账本分开，不可篡改，使得每个人的交易足迹都留在了链上。此前的城际出行是规划型的交通，定班定点定线。随着网约车的发展，需求响应型的交通，即以需求方为主导的交通方式受到欢迎，更多的城际出行开始倡导和呼吁甚至要求提供定制化出行，都希望从家门口到目的地，不需要转车去客运站，再转车到目的地。"区块链+城际"使得人群的流动性加大，在一定程度上带动信息、资金的交流。

第二节 区块链+人才与生产要素

一、"痛点"

（一）招聘双方信息不对称

目前大多数企业的招聘方式都是通过个人履历以及一段简短的面谈来了解一个人，应聘者学历造假、虚增薪酬、夸大工作业绩、虚报任职背景、虚构教育培训经历等各种虚假资历让企业难辨真伪，常常造成企业筛选成本高、效率低的问题，而优秀者以往的工作经历由于没有可查的记录，在应聘新职位时也很难被知晓、相信。同样，企业信息造假问题也较为突出，这致使招聘双方信任薄弱。

在传统模式下，学历、工作经历查证困难，用人单位没法一一核实简历的真假，例如，学历数据存储机构能够篡改数据库，如果学历数据库管理人员修改或者直接新增一个假的学历证，没有人能够区分真假。

（二）信息效率低，人才与岗位不匹配

信息效率低导致人才与岗位不匹配：由于目前没有一个完善的平台将各地人才市场的人力资源信息与各地招聘信息进行归纳整合，各城市之间信息难以互通互联，使得某地的人才需求与其他地

方的人才供给难以匹配,导致就业错配问题突出。

信息效率低同样会导致征信机构与用户信息不对称:目前,征信系统信息采集不全,金融机构无法获得翔实的中小企业信用信息,导致中小企业长期受到融资难、融资贵问题的困扰。同时,各金融机构不愿将己方的数据与他方共享,宁愿将其握在手中,最终形成"数据孤岛",使得"多头借贷""骗贷"等欺诈事件和信用违约等失信事件时有发生,不良贷款率居高不下。

(三) 生产要素协调管控效率低

由于资源分配不均、生产要素和成本之间的差异、信息不透明等形成的市场利润,需要市场经济来调配,但市场经济的协调管控是滞后的,因此目前资源浪费情况严重。例如,中国幅员辽阔,冬季到来,东部地区容易发生"气荒",如何调配相关资源就成了非常重要的课题,现有的调配系统有一定的延时性,也不够经济,舍近求远调气的情况时有发生。同理,燃料、润滑剂、石油沥青等化工原料的运输调配上也存在协调管控效率低下的问题。

二、解决方案

(一) 人力资源行业的应用

区块链技术在人力资源行业的应用体现在以下几个方面。

其一,简历验证:利用区块链去中心化的、可验证的、防篡改的存储系统,将学历证书存放在区块链数据库中,使得学历验证更加有效、安全和简单。区块链技术可创建一个招聘和就业跟踪的区块链系统,该区块链可以维护并确保候选人的文凭、参考文献、出版物、考试成绩、医疗证明、犯罪记录和培训证明等信息是真实的。雇主可以使用区块链技术验证候选人的简历。

其二,职业背调:利用区块链分布式、可信任、不可篡改、智能合约来记录所有职业的相关数据,其中包括职场求职者的培训记录、技能记录、求职记录、简历记录、职场记录等,以及职场招聘方的招聘记录、用人记录等。

其三,在线招聘:简历将成为过去,成绩、证书、工作经历和经验将很容易被人力资源部门验证和查看。也可以建立起链上人才学历数据库直接对接企业市场,实现精准匹配就业。通过技术服务民生,更多人将感受到区块链的价值,继而更好探索技术的创新运用。

(二) 生产要素上链

依托区块链技术,将各地区的生产要素的需求数据和供给数据上链,将供给与需求相互匹配,促进城市间大规模地互联互通,保障生产要素在区域内有序高效流动,提高协调管控效率。例如,将各地历年天然气缺口数据上链,将天然气开发和液化天然气进口的数据与需求形成智能合约,将有效缓解"气荒"的情况。

(三) 共享征信模式

在基于区块链的去中心化的共享征信模式中,征信机构可以通过区块链平台进行征信数据和征信结果等信息的交换共享。同时,区块链以其不可篡改的可信任机制使得征信机构信用数据的真实性和评估结果的可靠性可以得到市场的检验,进而提升征信行业的服务质量。

同时,该模式也可以实现征信机构、数据提供方之间的点对点联通,有助于打破"数据孤岛"、实现各节点征信信息的共享,拓宽征信机构掌握的客户信用信息维度,提升我国征信信息的人群覆盖率。另外,区块链的去中心化分布式结构不存在中心机构,区块链的点对点互联实现了对业务流程的简化,使得共享征信模式具有更高的运行效率。

区块链技术的应用对人才和其他生产要素的流通大有裨益。

在人才流通方面,对企业来说,区块链技术可缩短招聘时间,节约大量的时间和成本，而且通过利用区块链技术做过验证的简历信息，比传统背调更值得信赖；除此之外，还可降低聘用成本，免除企业 HR 自己承担验证的责任。对于求职者来说，可加速招聘流程，增加就业机会，快速找到合适的工作。

在其他生产要素流通方面，通过处理、分析链上数据，在不同城市、不同区域间进行资源针对性调配，缓解由于资源分配不均、生产要素和成本之间的差异造成的资源浪费情况，解决供给、需求不匹配问题，使生产要素在区域内有序高效流动。

三、案例分析

App Ⅱ 成立于 2016 年 3 月，是英国伦敦的一家区块链咨询公司，是全球首个区块链简历验证平台。App Ⅱ 平台允许候选人创建"智能档案"，其中涵盖教育经历、工作经历、专业成就、认证信息、工作期望等信息。并且在分布式账本上记录专业成就或教育认证的详细信息，利用区块链的优势保证信息不可篡改，从而对这些信息进行验证。并且，利用区块链分布式存储的优点，可以有效解决存储空间不足问题，可以使这些信息被永久保存。

此外，在职业验证方面，App Ⅱ 推出的职业验证平台通过验证简历增加了求职者的就业机会，加快了企业的招聘进程，帮助求职者更加容易地找到合适的雇主，同样也使得雇主或企业更加快速找到优秀人才，减少了企业和求职者双方的交流成本。

在用户隐私方面，App Ⅱ 在确保平台不受恶意行为和数据泄露的影响方面做出了巨大的努力，该平台通过区块链公钥与私钥的单方向性，确保只有持有私钥的用户本人可以看到并增加自己的全部信息，包括决定谁能看、谁能访问和读取他们的信息，保证了用户对他们的资料有完全的控制权。

第三节　区块链+智能供应链

一、"痛点"

（一）供应链管理跨度较大，信息不对称

当前供应链上下游跨度大，所涉企业众多，核心企业对整个供应链的管理能力和影响范围有限，管理效率大幅下跌且管理成本上升。与此同时，如今产品生产周期和供应周期出现复杂化、零碎化以及地理的分散化，传统的技术和概念已不能再适应如今的商品生产和供应。一般企业最多可以管理1—2级的供应商，随着全球分工的不断细化，供应商的数量成倍增长、不断延长、遍布全球，这就导致核心企业不能对上下游的供应企业流通货物做到实时掌控。在大数据时代，信息不对称现象会使各企业处于不利地位，甚至会降低整个供应链生态系统的价值。

（二）信息追根溯源能力弱

由于供应链中各企业缺少透明度，所以买家和卖家之间缺少一种有效可靠的方法去验证所买卖的产品的真正价值，这也就意味着买方支付的价格不能真实地反映产品的成本，无形之中增加了供应链的整体成本。目前供应链仍无法去追踪供应链各环节中的假冒伪劣商品、违法劳动、洗钱等非法活动的源头。

（三）供应链全链条数据获取难度大

供应链所涉企业的信息系统分散在不同的供应商手里，采购、生产、流转、销售、物流等信息完全割裂，没有一个信息平台来存储、处理、共享和分析这些信息，限制了丰富数据和信息的潜在价值，大量信息处于无法收集或无法访问的状态。同时，这也导致这些信息核对审核困难烦琐，信息交互不畅，需要人工重复对账，这样也增加了交易支付和账期的审计成本。

二、解决方案

（一）打造信用环境

基于区块链技术的特点，在供应链链条中构建"信用环境"。

从企业层面看，各参与方提交的信息不可篡改，只能依照时间顺序追加，信息同步共享。因此，各参与方可以相互背书，显著提升供应链协同中的信用度和效率。

从消费者层面看，一方面，"信用环境"可有效降低货品的丢失、替换等情况，提升消费体验、购物安全及平台信用等。例如，在快递交接环节中，加入"双方私钥签名"机制，想查询是否交付或签收，只需查一下"区块链"即可。以此，杜绝伪造签名、未授权签收等违规签收行为，加强终端用户的信息安全。

另一方面，在物流全流程中，利用"数字签名"和"公私钥加解密"机制，充分保证个人信息安全，解决用户担心的隐私安全问题。例如，用户拥有自己的"私钥"，便可规避在签收时直观展示真实姓名。

（二）可追溯、可追责

对供应链的参与者而言，数据上链，即被全流程追踪，且任何一方都不拥有分类账的所有权，也不能按自己的意愿来随意操控数据。若某一环节出现问题，该环节便会被无争议地举证和追责。

（三）信息互通

区块链可以搭建一个包含供应商、制造商、分销商，零售商、物流等所有供应链环节的一个平台，在这个平台上所有企业结成联盟，将物流、信息流、资金流都记录在链条上，实时跟踪监管供应链所有动态，并实现协同化工作。这样使得整个供应链达到透明化、可视化，每一笔交易多个参与者，不需要第三方中介机构，便能够查看相同的交易记录，验证身份并确认交易。

（四）建立智能合约

交易过程智能执行，减少人为失误和违规操作。通过智能化、精细化管理,实现管理效率及效益的双提升。

（五）全生命周期管理

利用区块链的存储解决方案,结合大数据和车联网,对物流作业进行全生命周期管理,增强对物流各环节工作的管理与优化。例如,对货物的运输路线、日程安排进行自动优化,管理和调度物流车辆,减少企业在人工调度方面的投入,提高人员作业效率。

此外,区块链技术还具备一种"降低成本"的强大能力,能简化流程,降低一些不必要的交易成本及制度性成本。这种能力应用于供应链领域中,可以有效改善当前供应链领域存在的很多"痛点",赋能供应链转型升级与发展。

一方面,区块链可以提高透明度,并降低整个供应链的成本和风险。区块链助推供应链上的数据更加透明,供应链上的企业可以准确地使用端到端的透明数据,实现数据的实时共享,有效地降低数据信息获取的时间成本。

另一方面,区块链可以有效地解决"信息孤岛"现象,并基于供应链的大数据分析,提供更多的信息来源、提供高质量的数据信息、有效降低数据泄露风险,有效地打通供应链上的原材料采购、生产、物流、销售、监管等信息割裂情况,确保供应链上的大数据安全性、有效性、信用性。

三、案例分析

（一）区块链贸易平台 TradeLens

2018 年 1 月,丹麦集装箱航运巨头马士基（Maersk）与 IBM 成立宣布成立合资企业,联合推出区块链跨境供应链项目,旨在帮助托运商、港口、海关、银行和其他供应链中的参与方跟踪货运信息,用防篡改的数字记录方式替代纸质档案。

从运营角度来看,TradeLens 将会利用 IBM 的区块链技术来提供数字化的供应链,进一步赋能更多贸易伙伴,借助同一种交易机制达成高效交易,同时利用区块链的优势保证交易过程中的隐私和机密信息保护。这样一来,货运代理人、港口运营商、内陆交通运输供应商以及海关当局,就能更为高效地进行互动,实时获得航运文件和数据信息,包括温度控制和集装箱重量等。

(二)布比供应链云管理平台

2016年,布比(北京)网络技术有限公司基于区块链技术构建了物链,物链充分利用区块链高可信共识、低成本安全、分布式账本和高效链接多中心的特点,整合先进的物联网技术,推出了"品质驱动、价值保障、诚信链条、透明消费"的供应链生态服务体系。这个建立在区块链上的供应链云管理平台能够实现对物品、物链码、上下游、智能合约以及安全的全方位管理,还能够提供一系列的行业应用支撑服务。

物链构建于区块链之上,结合供应链的特性对区块链的接口进行应用扩展,形成一系列具备鲜明现实应用特色的供应链管理云平台,使每一个物品的固态特性等静态信息和流转、信用等动态信息都能够在生产制造企业、仓储企业、物流企业、各级分销商、零售商、电商、消费者以及政府监管机构中达成共享与共识。同时,通过整合利用传感器、射频、Mesh、Lora、ZigBee等物联网技术手段,实现供应链管理的业务流程优化和再造,从而形成全方位的、具有高公信力的供应链体系。

第四节 应用实例

一、IBM(大中华区)

(一)基本介绍

IBM中国开发中心(IBM China Development Lab,CDL),成立

于 1999 年。经过 20 年的蓬勃发展，CDL 跃居 IBM 全球规模最大的软件开发实验室，更是 IBM 众多软件开发中心中唯一同时进行 IBM 核心五大品牌软件（Websphere、Lotus、Imformation Management、Tivoli、Rational）开发的中心。

除了跨区域软件开发，CDL 还凭借雄厚的技术和人才实力，包括由众多技术专家和软件工程师组成技术服务团队，面向多层次的客户需求，提供专业的核心技术支持与服务。CDL 始终秉持"扎根中国 服务全球"的宗旨，以人才、创新和客户为核心，致力于培养出色的本土技术创新人才，交付优质的产品研发和软件服务，鼓励新兴技术市场的应用和发展，推动包括独立软件开发商、系统集成商、学术界、政府、企业和软件开发者在内的本土创新生态系统的长足发展。

IBM 从 2014 年开始就筹备区块链项目 Open Blockchain，但是直到 2015 年，IBM 才迈开步子探索区块链的商业化应用。其中非常关键的一步就是加入 Linux 基金会领头的开源区块链项目 HyperLedger（超级账本）。

HyperLedger 是 Linux 基金会于 2015 年发起的开源项目，目标是让成员共同合作，共建开放平台，加速区块链软件和系统的开发，满足来自多个不同行业的需求。该项目一经公布就受到了广泛关注。

而 IBM 作为 HyperLedger 成立初期的最重要参与者之一，成为日后 IBM 积累业内口碑的重要途径。HyperLedger 作为当下最有影响力之一的区块链开源项目，成员已超过 100 位，涵盖了全球各领域的行业领导者，其中四分之一的成员都在中国。而在 HyperLedger 中，Fabirc 这个框架主要用于运行智能合约，并用技术以及可插拔方式来实现各种商业应用场景，也逐渐成为超级账本中人气最旺、应用最广泛的区块链底层技术方案。

（二）应用场景

区块链即服务平台 Blockchain-as-a-Service（BaaS）是基于 IBM 新一代轻量级软件开发、集成、管理和运维的 IBM PaaS 云平台，致力于让开发者专注于区块链业务代码本身，提升开发和运维效率。可以快速搭建高效可用的区块链网络，同时提供区块链平台安全特性，以及配备完整的自服务运维系统屏蔽 IT 的复杂度。

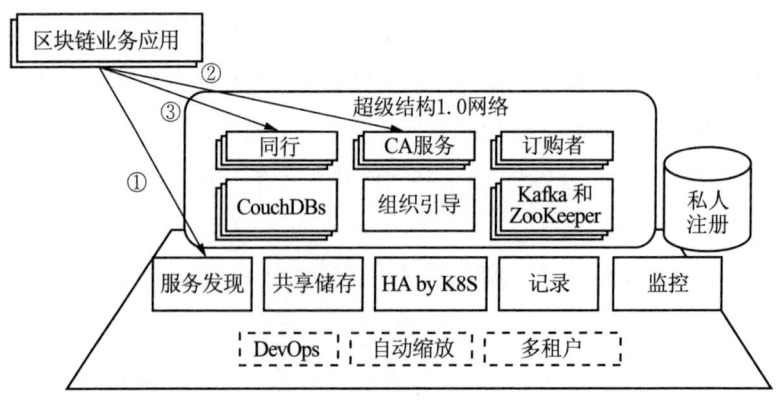

图 8.1　IBM Paas 云平台

IBM 区块链即服务 BaaS 平台应用场景包括以下方面。

（1）企业需要开箱即用的区块链平台：IBM BaaS 平台支持多租户场景，具备服务发现、共享存储、日志监控、DevOps 等企业级能力。

（2）企业需要高可用和动态扩展的区块链网络底层框架：IBM BaaS 平台集成 Kubernetes，支持 master 节点，共享存储，节点故障恢复，帮助应对高数据增长带来的挑战。

（3）企业希望集中内部开发资源于上层业务应用，而非底层架构：IBM BaaS 平台提供 SDK、CLI 样例，供企业开发团队基于 IBM PaaS 云平台灵活快速配置区块链网络。

(三) 成功案例:IGF 供应链改造

IBM 全球融资部(IGF)成立于 1981 年。作为全球最大的 IT 融资解决方案提供商,IGF 拥有近 360 亿美元的雄厚资产,目前在全球 60 多个国家和地区开展业务,客户数超过 12.5 万家。IGF 主要从事 IT 融资服务,为客户提供端到端的 IT 融资解决方案,并以此促进 IBM 在全球范围的业务发展。

IGF 启用区块链技术是为了解决供应链的追根溯源的问题。其困难之处在于产品订单从生产到交付的过程过于繁杂,难免会有人工失误。根据 IBM 统计,过去平均每年有多达 25 000 件的订单争议,每件平均需耗时 44 天处理,因争议而冻结的账款累计多达 1 亿美元,不得不延迟付款,严重影响交易各方资金流速。而利用区块链的智能合约,可以使一系列流程自动化,避免了人工失误带来的损失;并且通过区块链的可追溯性,也减少了订单争议问题,使订单交付更有效率。

将供应链上的交易资料放入区块链,在确保商业隐私的前提下可以共享信息,从而便于追根溯源是 IGF 供应链改造的重点。这些难以管理的超过 4 000 家供应商的大量交易资料,全都可以利用区块链的分散式分类账作为交易的记录账本。此项目为目前已知的最大的区块链项目。其中 IBM 采用了开源区块链专案 HyperLedger,基于私有链(Private Chain)架构,设计了许可制(Permission)来确认使用者的身份与认证,独立存取区块链上的供应链资料,只有通过准许的供应商或业务伙伴才可以到区块链上传或查看交易资料。

此系统与 IGF 现有财务应用并行,用海关代码收集交易中的关键点,比如下单时间、送货时间、付款时间等。供应链中所有东西都将有永久可搜索的记录,而且可以看到记录的来源,而且记录信息的区块链的可追踪、不可篡改特性,以及最终结果的一致性,令交易的参与方可以检视目前订单处在哪一个交易阶段,又有哪些是

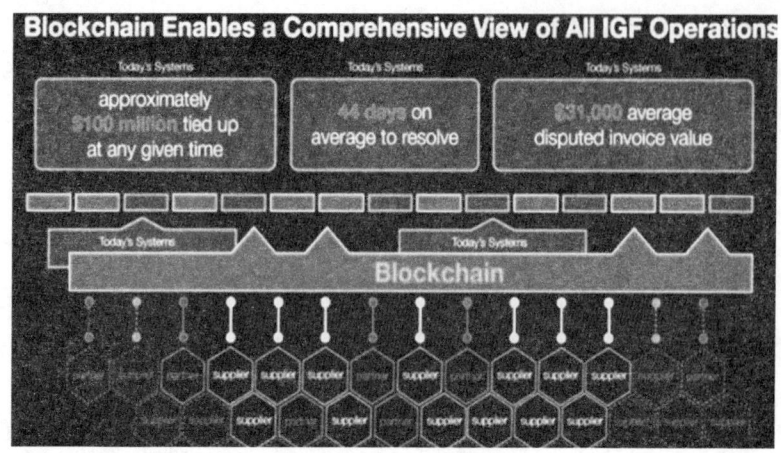

图 8.2　IGF 供应链系统

遗漏需要补齐的资料，随时跟踪订单进度。 其中内嵌在区块链系统中的智能合约更可掌握每一项工作的资金流运作。 举例来说，当一份智能合约同时接收到来自制造业者、运输业者的两份出货通知时，才会自动履行合约条件，例如，依据订单拨款给双方。 通过该项目的进行，IGF 可快速追根溯源，将争议解决时间由 44 天减少为 10 天，松绑处于争议当中的 1 亿美元，大幅提升资本的自由度。

第九章 区块链+政务服务=共享高效政务体系

"区块链+政务服务"形成的是一个共享高效的政务体系,具有三大特征:服务创新、安全高效、智能证明。

第一节 区块链提升政务服务效率

要探索利用区块链数据共享模式,实现政务数据跨部门、跨区域共同维护和利用,促进业务协同办理,深化"最多跑一次"改革,为人民群众带来更好的政务服务体验。

一、政府服务"痛点"

在生活中,我们可以深切体会到当前政府服务与治理存在信息整合力度差、办事流程繁复的弱点。由于当前无法支撑政府底层数据及业务流程的一些层面共享,缺少了大量自然人和法人的数据,线上与线下的互动桥梁未完全建立(数据流通性差、数据质量低、数据安全的运营维护机制不健全）造成了政府低效。政府服务效率低不仅增加了业务成本，同时也影响了办事居民的体验感。政府服务治理质量差、社会信用体系不健全、信息互联程度差等"痛点"都是造成政府服务效率较低的重要原因。

（一）当前政府服务及治理质量差

行政过程中常见的专项业务审批现象严重，有一些业务流程涉及多个部门之间交换的场景，仍无法做到快速高效地反应。

（二）社会信用体系不健全

当前我国的信用体制仍然依赖于政府、银行等第三方机构进行信用担保，数据的所属权不明确，只能通过第三方机构对这些信用资料进行认证。而认证的成本偏高，且企业或个人行为的记录不会永久保存，存在遗失风险，一旦遗失，个体就只能不断在政府各级部门之间进行行政审批、行政复议，社会不同个体之间没有良好的合作与互动秩序，对经济社会的和谐发展产生影响。

（三）政府部门间信息互联程度差

各级政府间、政府各部门之间的信息互联还处在传统的"人机互联阶段"，无法实现"物网联动"。这些重要的第一手信息和数据由于不足以满足现代数字政务需求的传统机制安全性、稳定性的缺失，因而无法在社会上对其需求者进行合理的公开，对信息需求者带来巨大的时间延迟，对信息资源造成巨大浪费。身为社会管理和公共服务的主要执行者，它的社会管理行为的不对外公布，极易导致广大人民群众对政府各级单位的信心不足、社会公信力下降，影响政府的公共形象的建立、经济社会的发展。

二、区块链＋政务服务＝共享高效的政务体系

在"十三五"信息规划的大环境下，构建数字政府是国家治理现代化的必然选择。2018年9月5日，报告《"区块链＋政务"：

数字政务时代"奇点"临近》的发布,指出行业发展现状,洞悉"区块链+政务"未来趋势。同时也说明了"区块链+政务"的四大趋势:去中心化、人工智能、制度创新、跨主权的全球性政务。该报告提出了数字政务的发展阶段。

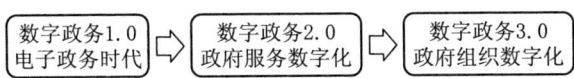

图 9.1　数字政务的发展阶段

数字政务 1.0 时代通过 Web 技术将政府信息数字化,即电子政务时代;数字政务 2.0 时代通过云计算、移动互联网技术将政府服务数字化;数字政务 3.0 时代通过大数据、物联网、人工智能等新技术将政府组织数字化。"区块链+政务服务"旨在建立一个互联、高效、智能的全国政务网络体系。

"区块链+政务服务"形成的是一个共享高效的政务体系,具有三大特征:服务创新、安全高效、智能证明。

(一)服务创新(提升政府办事效率)

目前很多部门之间存在"信息孤岛",彼此之间不能相互提供信息数据佐证。并且由于线下的行动成本一般来说相对较高,因此这种经常需要跑路的行为,给生活节奏越来越快的当代民众增添了很多麻烦。在区块链技术下,政府部门通过电子版资料提交、突破"信息孤岛"等手段,使得缩短政务办理手续流程、提高办事效率成为可能。区块链技术的发展方向是通过打造可信的政务环境,缩短政务办理手续流程,提高办事效率。

(二)安全高效(确保政府税收收入,降低政务成本)

税收流失的关键问题在于解决企业与税务部门的信息不对称问题。"区块链+数字政务"通过区块链发票来更为准确地了解资金的流向。在收益一侧,通过"一键开具发票+节点数据同步"功能,降低消费者开具发票的门槛，真实地记录了企业的销售情况，避免其通过拒开发票来避税的情况出现。而在成本一侧，则通过区块链的时间戳等功能，为电子发票增添"报销状态"指标，避免一票多开的情况出现，避免企业在销项税与进项税上存在偷税、漏税行为。此方法可行性强、实用价值高。目前数字政务比较理想的状态是让办事的企业与个人实现简化办事手续的目标，压缩社会经济体系在行政事务上所花费的时间。办事者将相关的必要信息以电子版的形式提交到相应的政务机关的数据入口，上述部门在对相关材料进行核实后，在线上和线下为对方办理相应业务。采用"区块链＋数字政务"就可以减少办事流程，从而提高政务的透明度，降低政务成本。

（三）智能证明

利用区块链技术可追溯性，可以在多个方面改进文档和公共记录管理。我们只需在区块链上注册一个事件，就可以自动证明它的真实性。每个文档都连接到一个唯一的地址，并在公共区块链上接收一个哈希值。区块链认证可以将身份盗窃的风险降到最低。有了密钥对系统（类似于用于加密货币钱包的系统），人们可以使用区块链上注册的唯一数字身份进行身份验证。智能证明可应用于司法存证。2018年9月，最高人民法院在最新司法解释中指出："当事人提交的电子数据，通过电子签名、可信时间戳、哈希值校验、区块链等证据收集、固定和防篡改的技术手段或者通过电子取证存证平台认证，能够证明其真实性的，互联网法院应当确认。"2019年6月，由最高人民法院信息中心指导，中国信息通信研究院、上海市高级人民法院牵头，中经天平、腾讯等多家单位共同发起的《区块链司法存证应用白皮书》正式发布。吉林、山东、北京、杭州等7地法院都已上线了自己的区块链电子证据平台。

电子政务系统具有的类型多样性、流程复杂性、"数据孤岛"性导致当前政务的"痛点"：流程效率低下、数据信息不共享、不公开、集中化存在的单点不可靠性，阻碍了"最多跑一次"工程的顺利实施。新时代的重要背景是技术，发展产业互联离不开人工智能、大数据、区块链等，而区块链是应对当前场景当中，解决数据安全、数据隐私最好的技术。

三、应用案例

区块链驱动的政府服务，让"最多跑一次"不再是难题。"区块链+电子票据""区块链+扶贫""区块链+公益"是当前区块链技术在政务领域的重要应用场景。

2018年年末，浙江省上线了区块链电子票据平台，让看病报销告别纸质时代。而现在，浙江省电子票据平台使用区块链票据"生成—传送—使用"。对于省内异地就医的患者，人还没回到家，所有医疗票据就已经数据共享至该平台。2018年8月，深圳开出了全国首张区块链发票。"区块链+发票"，开始逐渐被人们接受。截至2019年9月，深圳已开出近600万张区块链电子发票，累计开票金额达39亿元。"区块链+电子发票"的组合，大幅降低了税收征管成本，也丰富了税收治理手段，并将有效地打击传统电子发票模式下难以根绝的偷漏税问题。

2017年5月，国内首个由政府支持的"区块链精准扶贫"项目在贵州省贵阳市的红云社区落地。网录科技为该项目建立了一套"助困工作区块链数据存证系统"，该系统可以将贫困户的身份信息、扶贫助残服务信息以及扶贫款流向信息，以哈希值的形式记录在区块链上，以解决扶贫机构与扶贫对象之间的互信问题。2018年8月，在贵州省政府的支持下，工商银行与贵州省贵民集团合作，通过银行金融服务链和政府扶贫资金行政审批链的跨链整合与信息互信，成功将第一笔扶贫资金157万元发放到位。凭借着区块链技术的交易溯源、不可篡改属性，扶贫资金的透明使用、精准投放和高效管理问题也迎刃而解。

2016年7月,蚂蚁金服开发了第一个区块链公益应用——"听障儿童重获新声"公益善款追踪项目。该项目内的每一笔善款,都可被全额追踪,而捐赠者则可以在蚂蚁区块链公益平台上,随时查询项目筹款情况及善款使用情况。2018年6月,苏宁银行对外曝光了其自主研发的区块链黑名单共享平台。在这一平台,各家金融机构都可以将自己的黑名单数据加密存储在区块链上,并实现欺诈风险的联防联控。相比传统的征信产品,这一平台实现了黑名单的加密公开、加密存储,且各操作环节透明可追踪,并可实现秒级到达。除此之外,苏宁银行还表示,已经将平台数据接入了国内信用证信息传输系统。后者同样基于区块链技术搭建。公开资料显示,这一系统基于超级账本开源项目深度定制开发,并由中信银行与民生银行联合搭建,早在2017年即已上线。国内信用证信息传输系统上线当日,便完成了一笔1亿元人民币的国内信用证业务。而2018年年末,苏宁银行也宣布,其区块链黑名单共享平台已获得7家金融机构接入,并具备了540万黑名单数据。

第二节 区块链+政务服务

一、"痛点"

(一)信息化质量和业务协同效率低下

各级地方政府和部门在开展电子政务时往往各自为政,采用的标准各不相同,业务内容单调重复,造成新的重复建设;各应用系统单独规划,每个系统往往采用不同的数据格式,运行在不同的平台,给彼此之间的数据交换、协同应用带来了障碍。

从流程上看,政务部门的工作流程都比较复杂,很多网上审批流程可能会涉及不同系统、不同级别的多个政府部门,就公众用户而言，公众的"一站式"服务需求、按需服务需求、及时服务需求无法在现有应用系统中得到满足和实现。由于各区域、各政务部门信息不畅，公民在办理事务时往往被要求到各个部门开证明且往返多次，重复办理无疑增加了业务成本，导致服务体验极差。

（二）政务数据安全问题

由于政务服务平台涉及大量个人、企业的敏感信息，极易遭受黑客攻击导致信息泄露，所以，出于数据安全因素的考虑，目前电子政务体系内各个政府部门之间"信息孤岛"非常严重，在现实情况下，数据共享往往难以真正推进。目前，在政务数据共享领域，存在办事入口不统一、平台功能不完善、事项上网不同步、服务信息不准确等诸多"痛点"。

（三）电子证据维权难

在我国实际案件审判中，对电子证据的采用规定非常严格。个人在保留相关电子证据的同时，必须在公证机构进行公证，以确认证据的真实性。而公证这一环节，非常耗时耗力。另外，如果当事人取得证据的手段不合法，程序不正当，则证据可能无效。此外，电子证据容易被篡改。再者，由于电子证据的易耗性，当事人必须妥善保管原始电子数据并进行多份拷贝，无疑消耗了资金以及精力；一旦原始文件损坏，对于备份文件还得重新进行公证，再次增加了案件的难度。

总之，电子证据在实际的诉讼过程中存在诸多问题，如委托烦琐、取证困难、诉讼成本高周期长、司法机构线下处理能力有限等，对于当事人的存证、举证能力都有较高的要求。

二、解决方案

（一）构建政务数据共享平台

区块链具有不可篡改、可溯源、数据加密等特点，这为跨级别、跨部门数据的互联互通提供了一个安全可信任的环境，大大降低了电子政务数据共享的安全风险，同时也提高了政府部门的工作效率。

其一，可利用数据的可追溯、不可篡改，实现对数据调用行为进行记录、出现数据泄露事件时能够准确追责：由于数据是分布式存储，一个节点被攻破，并不会影响整体数据，整体节点被攻破难度较大，且可以实现对数据泄露的事件进行及时确认与追责。

其二，允许政府部门对访问方和访问数据进行自主授权，实现数据加密可控，实时共享：区块链可以帮助建立一个牢靠、透明的平台，允许政府部门对访问方、访问数据通过智能合约授权，安全地处理敏感信息。

其三，解决"数据孤岛"等问题，实现统一平台入口：通过区块链技术，将政府机构、金融机构、监管机构、其他中介机构放置到区块链生态中，通过智能合约和接口的多级权限管理，实现一定范围内的政务处理与数据共享。

其四，效率提升且便于公众监督：公众存储在区块链上的数据一般不会丢失，公众办理业务时，可以直接调用，政务效率会大幅提升。同时，便于公众对政府的工作进行监督，促进政府机构向服务型转变。

（二）构建数字发票市场

基于区块链的去中心化、不可篡改、分布式共享、隐私保护等特性，基于区块链的数字发票系统可以追溯发票的来源、真伪和报销等信息，解决发票流转过程中一票多报、真假难验等难题。

区块链技术应用于数字发票系统，具备以下几个方面优势。

其一，确权：确保电子发票信息在产生和存储过程中的唯一性，实现确权认证。

其二，真实：企业或个人电子发票上的数据信息在产生和存储过程中无法伪造、不可篡改,确保数据真实。

其三,信任:基于区块链的加密算法、共识算法等机制从技术层面上建立起不同企业、机构和个人各方之间的信任。

在政务服务创新方面,区块链技术大有可为,运用区块链技术提升政务服务水平前景可期;区块链技术为跨地区、跨部门和跨层级的数据交换和信息共享提供了可能,其技术特征有利于建立政府部门之间的信任和共识,在确保数据安全的同时促进政府数据跨界共享。

对于群众和企业而言,大大提升了政务服务的整合力度,真正实现"数据跑路"取代"人跑腿",提升群众的获得感和满意度。

对于政府而言,有效解决政府、企业、公民之间的证件查验难题,真正实现信息共享互认,推动政务服务"一网办通"。

对于社会而言,实现政府部门、市场主体、老百姓三方之间信息互通、信用融合、相互监督,提高政府的公信力和老百姓的社会信用度,促进公开透明,营造良好营商环境,助力经济社会持续健康发展。

三、案例分析

(一) 无钥签名设施 (KSI)

爱沙尼亚政府一直致力于将分布式账本技术应用于无钥签名设施(KSI),爱沙尼亚的一家本土公司 Guardtime 承担了该项目的开发工作。无钥签名设施允许公民验证政府数据库中所记录的个人信息的完整性。这样做避免了特权用户背地里篡改政府网络中所记录信息的可能性。由于这项应用确保了爱沙尼亚公民的个人信息安全并且准确,该国得以进一步推进一系列的数字化公共服务,例如电子商务注册和电子税务平台。区块链的应用大大减轻了爱沙尼亚政府对于国家和个人的行政负担,也极大地提高了爱沙尼亚政府的公务管理效率。

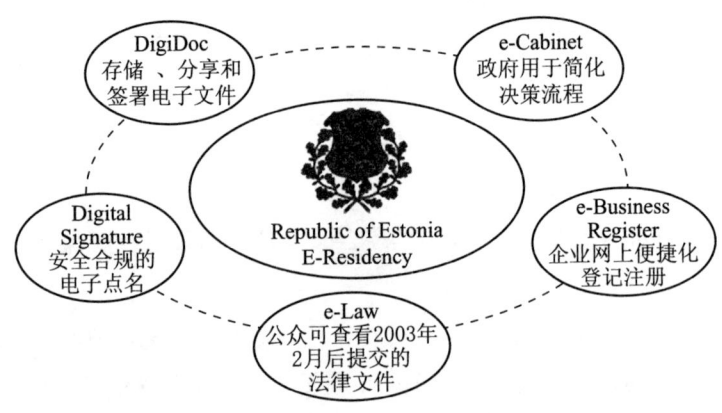

图 9.2　爱沙尼亚电子政务管理

(二) 政务链 (GACHAIN)

深圳智乾区块链科技有限公司研发出一套政务信息化建设方案——政务链（GACHAIN），首次将区块链与电子政务相结合，建设一个信息存储安全、资源共享同步、服务响应迅速的电子政务生态系统。

政务链利用区块链技术将政府机构、经济数据、金融交易等多个政务领域结合，开发了管理部门机构、智能合约和接口的多级权限管理系统。也就是说，在去中心化的区块链中，组织和个人可以创建独立的生态环境。在这个环境中，创建者拥有绝对的管理权限，可以创建各种应用程序，实现各种事务流程，创建者或授权账户对该环境中的事务可以进行变更、撤回、删除等操作。

政务链与广州市南沙区政府展开区块链政务合作，用于处理政务区块链中不同生态系统的协同流程，推动政务服务的多部门资源共享，缩短流转办事时间，提高业务审批效率，实现精细化管理。具体体现在以下几点。

其一，一网通办：统一行政审批平台入口，避免多次递交资料与多部门重复审核，大幅缩短业务办理时间。

其二，数据共享：实现政务服务的多部门资源共享，做到精细化管理。

其三，精准追责：对数据调用行为进行记录，出现数据泄露事件时能够有效精准追责，创造良好的政务生态环境。

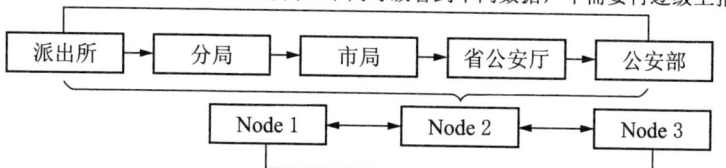

图 9.3 政务链多级权限管理系统示意（以身份管理系统为例）

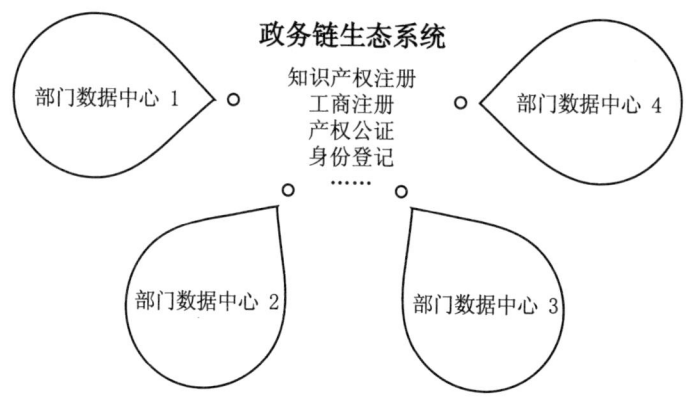

图 9.4 区块链政务系统模型

第十章　区块链升级农业生产体系

2020年2月5日,《中共中央、国务院关于抓好"三农"领域重点工作确保如期实现全面小康的意见》正式发布,该文件是21世纪以来第17个指导"三农"工作的中央一号文件。其中文件提到关于抓好"三农"领域重点工作,确保如期实现全面小康的意见。启动农产品仓储保鲜冷链物流设施建设工程。加强农产品冷链物流统筹规划、分级布局和标准制定。安排中央预算内投资,支持建设一批骨干冷链物流基地。依托现有资源建设农业农村大数据中心,加快物联网、大数据、区块链、人工智能、第五代移动通信网络、智慧气象等现代信息技术在农业领域的应用,开展国家数字乡村试点。其实,在2020年1月农业农村部印发的《数字农业农村发展规划(2019—2025年)》中亦提到,加快推进农业区块链大规模组网、链上链下数据协同等核心技术突破,加强农业区块链标准化研究,推动区块链技术在农业资源监测、质量安全溯源、农村金融保险、透明供应链等方面的创新应用。

第一节　农产业情况概述

一、当前农业发展的痛点

我国自古以来都是农业大国，农业产业在我国的份额占比很大。国家统计局数据显示，2016年，我国农作物总播种面积，达到166 650 000公顷，农产品流通市场在10万亿元左右。时至今日，农产品的流通市场日益壮大。

如此大的农业市场却没能释放出原有的能量，备受短板的限制，农业虽大，效率却低。农业市场存在很多问题，以下列举几个重点问题。

第一，信息不对称、供需不平衡，农商难互联。

目前农业发展的问题源自农产品供需不平衡。而造成供需不平衡的主要原因是在农业生产、流通、消费三大环节中，生产者和消费者过于分散、弱小，双方无法实现信息对称，无法直接对接，无法决定价格，很多好的农产品销路不畅，有产品无市场。双方只能做出理性但无奈的选择：生产者用一切降低成本的方式生产；消费者只能选择价格更低的产品；流通商只能打价格战，造成恶性循环。

第二，食品欺诈，不信任的供应链。

食品欺诈，即有意地食品掺假、替换、篡改或虚报。由于全球食品供应链的复杂性，食品欺诈行为激增，每年给全球食品行业带来大约490亿美元的成本损失。在税收流失和经济增长停滞的情况下，贿赂和成本更大，导致供应链不信任问题。以猪肉为例，很多消费者因为自身的健康问题而不能食用猪肉，有些企业就定位这个市场，提出低胆固醇猪肉，而在实际运营中因为市场定位精准，导致了很多的概念性企业入驻,加之监管不到位,导致市场上存在大量以次充好的情况。

第三,食品健康安全问题。

中国面临较为严峻的农业食品健康问题。由耕地土壤重金属污染引起的农产品重金属污染,农产品的抗生素污染,以及农药的残留问题,都是对身体健康的威胁。每年有十分之一的人因食源性问题而患病,缺乏食品安全程序导致40万人死亡。不良商超以次充好,消费者不一定知道自己口中的食物是从哪里来的,到底是否安全健康。

除以上问题外,还有许多隐形的农业"痛点"问题,困扰着农业的发展,使得农业产业效率不高。

二、解决方案

(一)消除信息不对称

区块链的本质是分布式账本技术以及建立在信任基础上的共识,建立在信任与共识基础上更加便利高效也更加扁平化的交易服务平台。分布式账本可以记录和更新作物从种植、管护到收获、储运、加工、交付的状态。这种安全、不可更改的分布式账本,可以确保农业数据不会丢失,且可实时查询。若能够将农产品供应链上各环节都加入基于区块链的溯源体系中来,将对整个农业产业的运转方式产生质的影响。从消费者端看,通过区块链技术可以满足知情权,选择自己信任的农产品;从采购商角度来讲,担心批量购买的农产品质量不好,则可以通过对种植过程以及大数据分析,选择信任的农户。而且,因为区块链技术的公开性和安全性,收购商联手压价、价格战等市场上存在的种种不正当竞争手段将毫无使用空间。每个地方的记录都是完善而且透明的,如果在里面用一些不正当的手段,会很快被拆穿,并且会留下永远的信用记录。

（二）信息透明可追溯，保证食品安全

通常，企业对于新合作的供应商需要通过大量的数据进行分析、审核，这严重浪费了公司的资源，但是，企业必须验证产品标识和相关可追溯性声明，以保证产品的安全，利用区块链的分布式记账，可以解决产品可追溯问题，更可靠的数据可以帮助优化业务决策并达到更高的标准。随着产业供应链的各环节信息的不可篡改的透明化，产品的产地、饲养环节、饲养人员、投入品信息等数据将直接向消费者公开，加上科学培育饲养流程的公开化，特定农产品需求的批量化也将成为可能。消费者通过应用程序扫描农产品包装上的二维码来跟踪商品的起源和商品在供应链中流通的每一个步骤。为了完成体现产品安全性，链条上继续加入投入品（如饲料和药品）的生产、地点，农产品具体品种、年龄、性别和任何其他技术的所有信息记录（处理日期、在途时间、到期日）以及质检认证（如卫生及产地证书）并包括供应链参与者之间的移动。这些可追溯细节的记录将提高供应链管理效率，食品安全和产品的可持续性。

三、"三位一体"应用场景

2006年，浙江省做了"三位一体"合作组织的尝试，探索建立农民专业合作、供销合作、信用合作"三位一体"的农村新型合作体系。2017年中共中央一号文件，正式载入"三位一体"综合合作的提法。

"三位一体"合作经济及其合作金融，奉行分散式的权益结构和业务网络，这与通常的工商企业、商业银行有很大不同，但是却与区块链的构造基础非常接近，其在一定社区、社群范围内透明化、民主化管理的去中心的经济金融模式，与方兴未艾的区块链技术具

有天然的耦合性。

过去多年，因为组织运行成本的约束，"三位一体"合作经济在基层的试验和推广进程始终比较缓慢。而信息技术的飞速发展，特别是移动互联网和区块链技术的突破，打破了长期的瓶颈制约，使得合作经济的组织成本显著降低，复制及推广速度显著加快。

"三位一体"可以为区块链发展提供真实有效的应用场景，区块链技术则可以帮助"三位一体"合作组织规范和改进内部管理，提高运行效率；进而通过联盟链与合作联合组织的契合，解决行业自律和外部监管的难题；还有可能促成合作经济金融运营模式的创新和升级。

比如，区块链的共识机制和智能合约系统可以强化内部管理，增加参与度，降低组织运行成本。社员大会、理事会、监事会及各种专门委员会都可以网上投票，并由智能程序进行合规性审核，投票结果无法篡改，并可自动执行。区块链系统还能提供全程可追溯的、经验证的、标准化、数字化的交易记录，为内部审计和外部监管提供有效的工具手段。

再比如，合作社的账簿天然具有共享账簿的性质和分布式特征。一般来说，合作社有两套账簿系统，一套是合作社法人财产资金的管理账簿，另一套是合作社成员的交易账簿。合作社的账簿报表应该是对社员公开的，但传统的记账过程并非每个社员都能实时参与和监管。如果运用分布式记账技术，可以让每个社员都拥有一本所有交易的实时账簿，随时了解财务状况。

此外，区块链在农村金融中的应用也有广阔前景。结合区块链的数据无法篡改以及智能合约等特点，能够发挥出传统金融机构无法替代的高效率低成本的价值传递作用。

第二节 区块链+农业物联网

一、"痛点"

目前制约农业物联网大面积推广的主要因素就是应用成本和维护成本高、性能差。而且物联网是中心化管理,随着物联网设备的暴增,数据中心的基础设施投入与维护成本难以估量。

(一)应用、维护成本高

物联网基础建设成本高造成推广困难。物联网应用首先要部署传感器,农用传感器多为土壤监测、水质监测等化学类传感器,而传感器成本较高则是难以突破的瓶颈。比如测温度、湿度、二氧化碳浓度的传感器价格昂贵,后期维护成本又高,而农作物利润率普遍较低,因此物联网应用部署投入产出比不高,使得农民部署意愿不强。

(二)性能较为落后

技术尚不成熟,设备性能低于预期。和环保等其他行业应用领域一样,传感器的可靠性、稳定性、精准度等性能指标不能满足应用需求,产品总体质量水平亟待提升。如土壤墒情监测传感器、二氧化碳浓度的传感器、叶表面分析仪等技术和设备还不成熟,且设备需要长期暴露在农田自然环境之下,经受烈日狂风暴雨,经常出现故障,严重影响使用。部分用户的口碑显示,同类传感器设备国外进口产品三年才需要进行维护,而国内产品三个月即需要维护,性能差距较大。虽然国内产品在价格上占优势,但由于严重影响应用实施的效果,因此,极大地挫伤了用户使用的积极性。

(三)生产模式制约

现有生产模式制约物联网规模化发展。目前,我国农业基本是包干到户、分散经营的小农经济,不适合物联网应用的大规模推广。个体农户要部署诸如土壤养分检测和配方施肥的应用只能自购设备，这样单体使用的方式，成本高、风险大，效益也不明显。目前，设施农业发展得较有起色，也是由于大棚或果园的小范围和可控性，易于管理，且能够在成本和效益之间找到平衡。然而真正的农业生产应用应该是面向大面积的室外田地而非大棚，而室外大田缺乏统一的大面积的规划和管理，这种生产经营方式是阻碍农业物联网应用大范围推广的根本因素。

二、解决方案

物联网和区块链的结合将使这些设备实现自我管理和维护，这就省去了以云端控制为中心的高昂的维护费用，降低互联网设备的后期维护成本，有助于提升农业物联网的智能化和规模化水平。

农业物联网目前普遍采用中心化管理方式，随着接入物联网的智能设备越来越多，数据中心的软硬件基础设施、维护成本和能源消耗都面临着前所未有的挑战。区块链技术的去中心化管理方式可以有效地降低农业物联网的投入与维护成本，通过区块链技术与农业物联网相结合使入网的监测设备实现自我管理和维护，从而节省了以云端控制为中心的高昂的基础设施建设和维护以及能源消耗费用，降低了互联网设备的后期维护成本，有助于提升农业物联网的智能化和规模化水平。

农业物联网本质上仍是物联网，其依赖于物联网技术的发展，同时因为农业相较于工业更不易标准化，那么对于物联网的需求会变得比工业更加多样化，目前低功耗、快速、准确、小型化的农业传感器仍然需要基础研究领域的技术进步。未来随着大量低成本农业传感器在农业领域的部署应用，物联网设备和通信量将会呈几何级增长，基于区块链的农业物联网将是发展的标配。目前，很多农业信息化企业都逐步建立了自己的云平台，将用户的运行数据统一存储在自己的中央服务器上来提供服务，这种做法目前是可行的，但随着未来农业物联网的普及，这种方式将出现问题。未来的农业物联网需要分布式，需要实现去中心化的控制。

三、应用实例

京蓝科技股份有限公司创立于 1993 年，1997 年在深圳证券交易所上市。京蓝科技践行生态环境＋大数据、移动互联、云计算的发展战略，以水生态为纽带，以生态环境治理和修复为基础，以物联网云科技为引擎，以生态文明与可持续发展国家战略为己任，立志成为国际领先的"生态环境领域解决方案供应商和投资运营商"。京蓝科技与旺链科技团队联手打造了基于区块链及其底层技术的解决方案，四项技术同步并进一起携手打造智慧农业、升级产业。

首先，团队选择用区块链结合物联网来实现企业系统的全自动化管理。新的解决方案将利用京蓝科技现有的物联网传感器进行耕田农作物的数据直接采集，传感器直接读取并根据数据来识别农田土壤、肥料、水分等信息并进行记录，在这个过程中完全无须人工的介入，用技术系统实现了真正的全自动化管理。与此同时，采集的物联网数据将上传存储至区块链平台。这里，利用了区块链不可篡改的特性来保证数据的百分之百真实可靠。这两个方案并行是一种完美的结合。对企业内部来说，全自动数据采集上链也可以降低人工成本以及保证数据来源可靠性。除此之外，上链方案则可以降低公众的信任成本，提升企业及其农产品的名誉和质量保证。

其次，对于证书的安全可靠性问题，方案选择了引入 PKI 体系来实现。PKI 是一种利用公钥加密技术为电子商务提供安全基础平台的技术及规范。公钥加密技术也属于区块链的底层技术之一。利用 PKI 体系可以安全可靠地管理网络中用户的密钥和证书，解决了企业十分核心的证书管理问题。

最后，方案选择通过优化企业管理系统架构及存储模式来提升运营效率。引入 Kafka 集群作为共识方法并加上 Zoo Keeper 的架构来优化管理系统，这个组合可以很好地解决业务发展过程中数据吞吐量过大的难题，同时也可以保障企业未来业务扩张时的数据处理性能；再辅以哈希函数加密方式，对所有收集来的数据进行摘要验证，以此降低高速存储的使用，从而达到降低企业运营成本的目标。

旺链科技为京蓝科技打造的综合解决方案打造出了一个可以被信赖的数据治理模型，在有效地提升了农田监管效率的同时，也给予了公众能够验证农产品质量真实性的能力。"农业物联网+区块链"的实际应用可以保证农田管理的规范秩序，确保农产品的质量，这样既能满足政府的监管要求，又可以让消费者得到有价值保证的高质量农产品。加密技术以及分布式应用的运用使企业内部管理系统的架构及储存模式得到了革新，在降低数据吞吐压力的同时提高了企业运营效率，更减缩了企业运营成本。旺链科技的区块链技术解决方案能够帮助京蓝科技解决在企业升级中遇到的实际难题，保证农产品优质质量，更好地满足"智慧农业"的市场需求，一起助力农业高效产业化发展。

第三节　区块链+农业大数据

一、"痛点"

（一）网络基础服务设施不完善

网络基础设施是实现大数据农业发展的先决条件。只有高速畅通的网络环境才能将实时采集的海量农业数据信息及时有效地汇总至农业大数据处理中心，从而为数据统计筛选与分析预测赢得宝贵时间。数据的时效性决定大数据农业精准与高效。然而由于我国农村尤其是偏远农村,地区经济发展落后、地质条件相对复杂、人口分布大多分散,这导致了网络信息基础设施建设和运行维护的成本收益比不合理,造成了一定程度的市场失灵,网络数字鸿沟呈现扩大趋势。据统计,目前我国仍有5万多个行政村未能接通宽带,这一短板极大地阻碍了大数据农业的发展进程。发展大数据农业先完善网络服务设施成为急需解决的首要问题。

(二) 农业大数据人才匮乏

大数据农业的发展离不开雄厚的人力资源保障,不仅需要精通农业的相关人才,还需要懂得大数据挖掘处理的计算机人才、农业数据网络人才和信息管理人才,这些人才集聚在一起共同构成一个有机的大数据农业技术团队。但是就目前的农村现状而言,发展大数据农业的人力资本并不乐观。一方面,随着城市化进程不断加快,大量青壮年劳动力涌入城市务工,有能力掌握技术的劳动力不断流失,造成农村空心化。另一方面,由于政治、经济、社会、自然等多方面的综合原因,导致广大农村地区难以引进到继续的专业技术人才;即使吸引到相关技术人员,往往也因为没有完善的配套激励措施等原因促使大量专业技术人才逃离农村,造成大数据农业的实践主体严重缺位。

(三) 农业大数据共享度低

大数据资源是人类社会的共同财富。大数据共享是现代科学迅速发展的重要推动力量。然而我国在大数据资源共享,尤其是农业大数据资源共享方面与国外差距较大。比如,在美国,政府大力投资建立农业大数据库共享平台,并且科研院所可以免费共享这些数据资源。这种方式有效地保障了数据资源在科研部门自由流通,显著降低了科研成本,大幅提升了科研效率。反观我国,农业大数据的开发利用水平还很低,数据标准不一、规模不大,部分数据仍然处在分散的状态,无法实现共享。即使部分研究单位拥有相关数据库，但是由于小农意识严重、部门利益冲突等原因，造成一个个数据部门割据的"信息孤岛"，致使农业大数据资源难以在大数据时代得到共享。

二、解决方式

传统数据库的三大成就——关系模型、事务处理、查询优化，数据库技术在不停发展。未来随着农业大数据采集体系的建立，如何以规模化的方式来解决数据的真实性和有效性，将是全社会面临的难题。

以区块链为代表的技术，对数据真实有效不可伪造、无法篡改的这些要求，相对于现在的数据库来讲，是一个新的起点。大数据时代通过数据的共享、处理来加强数据的有效利用是主题，区块链是一种不可篡改、全历史、强背书的数据库存储技术，通过区块链可以有效保障数据提供者的合法权益和私密性，促进数据所有者的共享动力，提升数据的流通性，可以在各相关方在确保遵循合约各项条款的情况下，自动和动态地分享数据的信息和状态。

农业作为一个有机体，始终存在保留和淘汰、保护与发展的双重考验，在农业大病蔓延的当下，将农业大数据资源布局在农业生态链中，成为解决农业发展问题的一剂良药。运用区块链技术以及人工智能和大数据分析技术建立的农业数据智能合约应用体系对农业生产有巨大的促进作用。用户通过基于平台系统的应用软件上传农业数据，将农业数据转化为智能合约并存储于区块链中，智能合约化的农业数据可高效应用于各种农业相关场景。农业大数据应用平台可以向全球用户提供便捷的移动端和 PC 端应用软件，用户可运用软件上传农业数据，软件对农业数据进行识别验证，并通过区块链技术进行加密，匿名数据将传输到 AI 和大数据分析系统进行智能分析与评估，生成服务于用户和机构的精准农业数据和分析结果，提升农业服务效率和质量。

农业大数据应用平台的农业数据经过深度分析可运用于多种应用场景。促进了农业数据处理标准化，以及农业产品价格公正化的发展，形成一个以用户需求为基础的全球化农业大数据体系。

（一）"区块链+农业大数据"实现农业行业数据共享

信息农业时代已经到来，农业系统开始收集非结构化的、实时、综合的数据，农业生态环境智能监控设备能够在许多领域发挥重要的采集作用。现在计算机已经能够运用机器学习，自然语言处理和高级文本分析程序去解析这些异构数据，从而得出各种形式的数据分析结果，给相关应用提供有效的数据依据。大数据带来的变革是突破性的，它允许将松散关联的事务处理产生新的假设。结合区块链技术，农业大数据可以将传统农业行业原始数据验证后在区块链上得到保护和共享，使农业发展更加科学、合理、低耗、绿色、安全。

（二）"区块链+农业大数据"整合分散农业

由于农户的分散经营，农民在不同的农业领域和体系中活动，调整农业结构，实现规模化农业生产之路是一大难题。"区块链+人工智能"能够提供帮助，它可创建数据系统，以大数据为基础，以人工智能和研究所研究结果为框架，直接向种植用户提供种植规划，以大局利益为驱动，调节农业生产结构，让农户的分散经营，向按照数据和研究结果规模化种植的方向发展。实际上，区块链可以成为黏合剂，将高度分散的农业记录整合在一起，选择最合适的方式合理地进行种植安排，提升农民生产效率与收入。

整个农业正处于不断转型的过程中，区块链结合农业大数据的技术价值凸显农业发展的价值，是对普通规律的客观遵循，在某种程度上看，区块链结合农业大数据牢牢地抓住了时代的机遇，成为我国破解农业发展难题的重要方向标。

第四节　区块链+质量安全追溯

一、"痛点"

目前，我国农产品经营呈"远距离、多环节、大流通"的特点，我们的食物离开农场后再经由多个中间方、多手操作后才最终走上餐桌。农业的产业化过程中，生产地和消费地距离远，而且农产品生产环节中信息采集、传递和交换的效率受到技术制约，消费者对生产者使用的农药、化肥以及运输、加工过程中使用的添加剂等信息根本无从了解，那么谁来保证质量？质量保证过程的可信度如何？出于这些担忧，消费者对生产的信任度降低。

（一）市场不规范、监管不健全

俗话说，一把钥匙开一把锁，可尽管食品溯源机制的初衷是良性的，乱贴溯源码、低价出售信息混乱溯源码等扰乱市场秩序的行为，使得溯源码成为"万能钥匙"，不仅使消费者深受其害，而且加大了监管部门查处的难度。产地等追溯信息竟然完全由定制方自行掌握。

（二）追溯成本压力尚难化解

目前，在全国范围内全面推行食品可追溯体系依旧较为困难。全面推行可追溯体系还需要解决成本、标准以及消费者认可度的可操作性问题。对大型企业来说，通过连年的完善以及成本摊销，压力尚可以化解，而对中小企业来说，"临时抱佛脚"式的对接追溯系统方式则意味着不小的成本。同时，消费者对可追溯体系的接受、认可、使用，也需要进一步通过宣传普及。

（三）追溯链条不统一，妨碍追溯

从整个追溯链看，目前还有分割。不同部门的追溯代码不一致，可能导致产品进入流通领域环节时存在需要重新整合的接口。例如蔬菜和水产品追溯起来难度就很大，因为这些商品以散装形式

售卖,很难安装可追溯系统的载体;哪些信息对消费者公开,哪些对监管部门公开,企业履行义务所提高的成本是否会转嫁给消费者,仍需要讨论。

二、解决方案

怎样在食用前对食物进行质量安全追溯呢? 区块链在此区域的应用可以使智能执行合约和透明式跟踪信息成为可能。区块链农业可以使种植和供应食品的过程变得更加简单,为所有相关方提供单向可靠的信息来源。

基于区块链技术的农产品追溯系统整个架构按照区块链系统的层次(数据层、网络层、共识层、激励层、合约层和应用层)叠加了农产品质量追溯系统的运行规则,从底层向上看,基础数据来源于农产品的种植养殖、生产加工、包装、运输、销售和消费的完整生命周期,基础数据传输到数据层,并遵循区块链格式、加解密算法和传递机制加上时间戳记形成数据记录在区块链中,区块链可以帮助提供从产品来源到零售商店的不可篡改的记录,所有的数据一旦记录到区块链账本上将不能被改动,依靠不对称加密和数学算法的先进科技从根本上消除了人为因素,使得信息更加透明。

以大米为例,应用了区块链技术,土地的环境、播种、施肥、加工等相关信息都记录在区块链之中,形成每一袋大米的真实的生命轨迹。经区块链记录的鲤鱼鱼苗的生长过程记录,通过生命履历呈现在消费者面前。从鸡苗的出生运输、养殖,再到屠宰与贮存,每一个环节的信息都被记录在它独特的区块链身份证上。一直提倡的农业信息化被区块链不断地加速,区块链分布式、不可篡改、可溯源等特性,使之在包括农产品生产等实体经济产业场景中落地的模式和逻辑也日益清晰。

食品安全溯源体系引入区块链技术，能够让互不相识、没有信任基础的人建立信任，低成本、高效率地解决食品安全领域存在的信任难题，这可以使消费者对他们购买的产品有更多的信任。同时这也是奖励那些采用良好农业实践种植产品的生产者的机会，最终将带来可持续的耕作方式和负责任的消费。其中：（1）区块链的去中心化和不可篡改的特征，可以有力地保证现有食品追溯系统的数据可靠性，避免数据在存储、传输和展示环节被内部管理人员和外部黑客篡改；（2）结合物联网和传感设备的进一步应用，食品产供销各个环节的数据完全依赖于机器采集和机器信任，而不被人为地选择性提供；（3）因为开放透明和机器自治，消费者、生产者和政府监管部门对食品追溯系统中的数据完全信任，参与普及率越来越高，整个社会的系统应用水平大幅提高；（4）因为匿名不再影响信任水平，生产者和消费者个人隐私信息可被匿名，当食品安全事件发生时，生产者和消费者个人信息被保护，可有效地避免群体性事件发生和网络暴力的过度蔓延。以区块链为代表的新技术打造绿色农产品供应链，可以打通供应端和消费端流通渠道，建立从田间到家庭餐桌的农产品监控体系，平衡供给端和消费端需求，优化供应链条，让人们的餐桌更健康，更安全。

三、应用实例

TE-FOOD 是世界上最大的可公开访问的、从农场到餐桌的食品可跟踪解决方案。每天服务 6 000 多名商务客户，处理 40 万笔商务交易。TE-FOOD 为对象识别和产品序列化等活动提供解决方案，通过接口或 B2B 移动应用程序（抑或两者共同）捕获数据，在区块链上存储数据，数据处理遵循自定义协议和工具，向消费者呈现食品的来源和生产过程。从农场到餐桌的可追溯性使供应链公司能够向 TE-FOOD 提交他们的事件数据，在区块链上注册，同时和识别码（ID）联系在一起以保持数据的完整性。区块链分类账包含不同供应链参与者输入的信息的证明。区块链技术的透明、不可修改和不可被贿赂操纵的特点确保了消费者数据不会被食品公司伪造。此外，AgriDigital 为全球粮食产业提供了一个基于云端的商品管理解决方案。它通过一个单一的平台，将种粮农民、买家、网站运营商和金融从业者联系在一起，使他们能够安全实时地签订、交割和付款。另外，意大利面食和香蒜酱制造商 Barilla 已与 IBM 合作，在其香蒜酱生产周期中提高透明度和可追溯性。从现场的种植、处理和收获到运输、存储、质量控制再到生产，再到客户，所有细节都将被跟踪并在区块链系统上提供，客户可以通过扫描香蒜酱的二维码进行验证。

第五节　区块链+农村金融

一、"痛点"

信用记录和协议缺乏透明度是小农和普惠金融之间面临的重大问题。当新型农业经营主体申请贷款时，需要提供相应的信用信息，这就需要依靠银行、保险或征信机构所记录的相应信息数据，但这存在着信息不完整、数据不准确、使用成本高等问题。农民贷款整体上比较难，主要原因是缺乏有效抵押物，归根到底就是缺乏相应的信用抵押机制。

（一）农村传统机构效率低下，线上理财平台亟须优质投资标的

传统农村金融机构审批流程冗长、放款效率低下，资金供应不足；农村典当行、互助会等自有资金不足，风险控制水平落后、无法跨区域配置资金；农村个人放贷、熟人借贷规模小、合规性差，不确定性高；互联网金融平台流量成本高，亟须拓展优质标的以满

足线上投资人需求。

（二）农村金融需求得不到满足，大量资产无法获得有效识别和合理定价

衣食住行、婚丧嫁娶等消费性金融需求在现有体系下无法有效满足；原料、农机采购、养殖种植、农产品加工等环节的生产性金融需求得不到满足；农村信用基础设施差、风控成本高，优质资产很难被有效识别和定价。

（三）农村千差万别，大量资产无法有效获取

不管是社区场景还是供应链场景或是互联网 B2B 等场景，对于农村金融体系来说，资产获取都相对困难，不易获取相应的资产资金管理体系。

二、解决方案

区块链技术公开、不可篡改的属性，为去中心化的信任机制提供了可能。面对农村信用环境建设存在的问题，区块链技术能够从数据共建共享、协同工作、降低建设成本等多个方面发挥优势，提升农村信用环境建设的速度并提高其质量。

结合区块链技术之后，个体申请贷款时不再依赖银行、征信公司等中介机构提供信用证明，贷款机构通过调取区块链的相应信息数据即可。当新型农业经营主体申请贷款时，区块链技术通过程序算法自动记录并存储在区块链网络每台电脑上的海量信息都可调出获取，信息透明、篡改难度高、使用成本低。基于区块链分布式账本体系建立的数据库不但能在共识算法的保障下使得信息在全链条贯通流转及应用，而且能使优化后的跨组织协同工作流程为业务场景渗透全产业链条奠定基础，形成信用环境建设、应用、协同创新的良性生态，为信用数据的全生命周期提供可信的承载环境。凭借区块链技术，可以提高农业信贷风险的识别、监测、预警和处置水

平,对新型农业经营主体的风控成本将大大降低。

同时,区块链的智能合约技术可以实现金融单位、新型农业主体、产品采购者等多方的智能合约签订。比如新型农业主体贷款采购生产工具,承诺农产品销售后偿还,如果把下游农产品采购商一起加入智能合约,则在农产品销售合同完成后,自动直接偿还贷款,从而大大提高资金流转效率,也简化了贷款流程,降低金融机构的风险,更多资金能够流转到农业行业,从而提升农业行业的科学技术水平,也为大规模种植、专业化农业创造了基础。结合区块链的数据无法篡改及智能合约等特点,将区块链技术应用到农业金融领域,能够发挥出传统金融机构无法替代的高效率低成本的价值传递作用,将简化农业数据的收集和共享。基于区块链的客户筛选有望改善农业企业的信用评估模型,在增加贷款发放数量的同时降低债权人的风险。

三、应用实例

FARMS 提供了门槛很低的正规金融风险管理,同时提高了农民的金融知识。FARMS 的概念是通过一个基于区块链的虚拟货币平台实现的,这个平台集成了遥感(卫星)数据和移动货币解决方案。该平台确保了透明的安全交易和资金的"指定用途"、自动支付和信息记录。实际的资金流入一个受信任的银行账户(风险池),通过完整的系统集成,所有的交易都是实时的。

另外,AgUnity 开发了一种解决方案,为世界上最贫困的农民能享受到普惠金融提供了一条途径。AgUnity 是一个简单的移动服务,是农民合作、保值、省钱、轻松购买产品和服务的一种方式,帮助小农户计划、交易和跟踪日常交易。该应用程序通过创建一个安全记录来确保每个人都能获得报酬,前提是小农户将他们的作物交给合作社或租用其他农民的设备。此外,肯尼亚农业科技初创公司 Shamba Records 建立了一个基于区块链的平台,利用人工智能和大数据来收集农民的收获记录、处理付款和发放信贷。该平台为用户提供了诸如数据收集和映射、支付聚合、智能合同和批量短信等功能,提高了农场的效率,使他们能够触及金融服务。

第六节 区块链+农业保险

一、"痛点"

农业保险品种小、覆盖范围低,经常会出现骗保事件,不同的部门之间信息数据不能实现有效对接,"数据孤岛"现象明显。并且,传统的农业保险评估流程繁杂,评估成本过高。同时,投保过程中监管的缺失,也使得保险公司难以确定事故究竟出现在哪个环节,难以有效理赔。

(一)勘察定损难

实践中,农业保险的勘察定损多数情况还是保险公司依靠现场人员完成。相比于家财险、企财险等险种,农业保险的勘察定损成本占比高出许多,这主要是因为农业保险标的所在位置偏远且价值偏低,去一个地块进行定损,勘察员要开车三四个小时才能从保险公司基层网点到达保险标的所在地。而我国农户规模较小,户均保险金额和美国等发达国家存在较大差距。如果我们仿照美国的模式,一次查勘的成本就会超过保费,对于一些地块特别小又特别偏远的标的,一次查勘的成本很可能超过赔偿金额,甚至超过保险金额。

(二)保险定价难

许多农业保险标的位处偏远,且价值较低,而出险频率又相对较高。若按照承保风险和预期费用市场定价,农户很有可能无法接受。因为农户能够出让的风险溢价不可能覆盖预期的定损费用。为此，2006年国务院发布保险创新指导意见，即"国十条"，提出对农业保险经营管理费用进行补偿。这样，理论上就能让农户用可以接受的价格买到农业保险了。但实践中，因为经营管理费补贴操作较为复杂，不仅经营农业保险的保险公司需要对农险相关费用独立核算，财政、农业农村、银保监等多个管理部门也需要协同配合，政策实施上也缺乏灵活性。所以现在保费补贴成为政府支持农业保险的主流方式，在助推农业保险发展的同时却也一定程度上影响了保险定价。

二、解决方案

将区块链与农业保险结合之后，农业保险在农业知识产权保护和农业产权交易方面将有很大的提升空间，而且会极大地简化农业保险流程。区块链的去中心化、公开性、保密性能够让各个机构共享信息数据，从而形成共赢互惠的效果，普惠大众。运用区块链的去中心化与共识机制，客户可以轻松地在平台上自己的入口处下订单，保险公司不再需要雇用大量销售人员进行离线促销，智能合约可将纸质合同转变为可编程代码，不需再对纸质合同进行客户管理，后期数据都会实现自动更新，无须投入大量人力物力对数据进行维护，这极大节省了人力与材料成本。

区块链技术能够对牲畜养殖的各个环节进行监控，记录在饲养、屠宰、运输等各个环节的数据会被实时上传到区块链进行分布式存储。只要通过区块链上的数据，即可实时了解相关信息，降低了保险和信贷的风控风险以及评估成本，增加了保险公司对农户和养殖资产的承保热情。同时，区块链不可篡改的特点也拓展了农村金融的边界。除了农业保险，利用区块链上的资产数据，银行可对养殖户放贷进行风险评估，也促进了农业养殖贷款问题的解决，让创业农民获得金融服务的门槛大大降低，推动农村创业发展。

另外，将区块链中的智能合约概念用到农业保险领域，会让农业保险赔付更加智能化。以前如果发生大的农业自然灾害，相应的理赔周期会比较长。将智能合约用到区块链之后，一旦检测到农业灾害，就会自动启动赔付流程，这样赔付效率更高。

三、应用模式案例探讨

（一）"DAI+"模式简介

"DAI+"又称 Decentralized Agricultural Insurance，即去中心化农业保险。该模式以区块链技术为支撑，结合河北省农业保险的现状，针对解决河北省农业保险存在的"痛点"，为促进农业经济健康快速发展提出了一种新型农业保险经营模式。

（二）"DAI+"运行模式

第一阶段：保险公司入链。农业保险是一个覆盖面大、关联性广的保险领域，涉及众多的农业部门以及银行等金融机构，然而目前的状况是，不同的部门之间信息数据不能实现有效对接，"数据孤岛"现象明显。保险公司从自身利益出发，更是不愿意将信息资源分享给相关机构，由此就极大地阻断了信息资源的流通渠道，限制了数据共享的空间。但是，区块链的去中心化、公开性、保密性能够让各个机构共享信息数据，从而形成共赢互惠的效果，普惠大众。在这一阶段，运用区块链的去中心化与共识机制，客户可以轻松地在平台上的自己的入口处下订单，保险公司不再需要雇用大量销售人员进行离线促销，智能合约可将纸质合同转变为可编程代码，不需再对纸质合同进行客户管理，后期数据都会实现自动更新，无须投入大量人力物力对数据进行维护，这极大地节省了人力与材料成本。根据相关机构估计，区块链技术可以为保险业节省

15%—20%的运营费用。

第二阶段：农户选择投保。在这一阶段中，区块链可以刺激保险公司产品研发创新，进而促使保险公司能够更为有效地满足投保人的保险需求。近年来，保险创新从未停止，但更多的是关注渠道创新，如当下的互联网保险，投保人依旧是在被动地接受保险条款，很难找到符合自身需求的保险产品，供给严重不能满足需求。但是，区块链技术能将用户信息、保险标的等信息收集起来，通过区块链的计算技术探索数据价值，开发新型农业保险产品。同时，区块链技术保证了各行业的数据信息的公开共享，由此便可以依据买方需求创新出更多定制化产品，实现有效供给。

第三阶段：保险阶段。以养殖保险来说，传统的养殖保险在投保人投保之后就不再与投保人有任何的联系，直至发生保险事故，被保险人请求保险赔偿。养殖过程监管的缺失，使得保险公司难以确定事故究竟出现在哪个环节。区块链技术能够对牲畜养殖的各个环节进行监控，记录在饲养、屠宰、运输等各个环节的数据会被实时上传到区块链进行分布式存储。保险公司可以对这些环节实时进行监控，减少道德风险的发生，提高理赔效率。

第四阶段：保险定损理赔阶段。智能合约能够将保险条款编成代码，当保险事故发生时，就会触发智能保险合约，进而自动进行理赔。智能合约技术提升了理赔效率，节省了保险公司的人力成本。同时，区块链技术能够解决保险标的和保险期间认定的问题，减少道德风险的发生。区块链通过哈希算法保证每个区块依次顺序相连，通过时间戳使得每一笔数据都具有时间标记。共识机制可以防止任何人篡改区块链上的数据。这也就从技术的层面确保了保单信息不可篡改，不可伪造。

第七节　区块链+农业供应链

一、"痛点"

在农业供应链中，产业上游的生产单体往往规模小而散，信用水平不足，交易成本偏高，买卖双方也时常出现人为毁约现象。交易中的信息不对称性严重，信息交流及沟通无法有效进行，导致供应链管理效率低下。如果出现食品安全问题，也无法有效地溯源追责。

（一）征信数据缺失，风控面临较大的难题

在供应链融资模式下，虽然各金融机构已不再局限于企业财务报表等硬信息，借助供应链中核心企业的力量和供应链的综合实力，广大中小企业的融资压力有所缓和。但是，我国目前还未建立完善的中小企业信用评价体系，供应链融资能在一定程度上有效地规避单一企业的信用风险，但却不能消除信用风险。与城市相比，农村征信数据缺失的问题更加严重，农户缺少抵押、征信记录缺失、农业风险较大等问题并未因普惠金融的介入而消失，农村金融的可持续性和社会效益之间的平衡问题其实一直是大家讨论的一个话题，这也是涉足任何农村金融领域的金融机构面临的一个大问题。

（二）中小企业融资难，资金成本高

一方面，供应链金融依赖的是核心企业的控货能力和调节销售能力，出于风控的考虑，资金端一般只愿意对核心企业上下游的一级供应商和经销商提供金融服务，这就导致了有巨大融资需求的二级、三级等供应商/经销商的需求得不到满足，供应链金融的业务量受到限制，而中小企业得不到及时的融资易导致产品质量问题，会损害整个供应链体系。

另一方面，因为农业本身生产投入周期长，而且每一个生产周期，不管是种植业还是养殖业，能产生的价值增值是相对稳定的。所以在这种情况之下借贷成本和获益水平之间需要有一个平衡，如

果借贷成本明显高于生产投入后的获益水平,显然是不可持续的。而这个不可持续不仅仅是借款人的借款不可持续,机构也是不可持续的。这也是真正面向农业去做普惠金融成为比较大难题的原因,正因为它的收益率和利息成本之间的挂钩性更强一些,资金周转次数被限定了。

二、 解决方案

区块链以其分布式记账、智能合约等技术,以及其去中心化、公开透明、信息不可篡改、可溯源等特点而备受关注。区块链技术最有价值,最值得落地的应用之一即是产品溯源,京东、阿里巴巴和沃尔玛也纷纷加入了区块链食品安全溯源的行列。我们可以把区块链看作一种"大数据信息"的传递。以食品安全为例,区块链可以将原材料的生产过程、销售过程、运输过程等所有节点的信息全部写入区块链。通过创建区块链产品农商链,保证数据的不可篡改性,打通农产品的信任通道,从农产品生产数据、供应商交易数据、产品流通数据、消费者数据四个数据库方面着手,打通农产品供应链,从源头上对农产品进行追溯,为企业提供真实可靠的供应链数据,也为消费者提供安全可靠的食品,实现企业与消费者的共赢。

(一) 区块链可以连接农业供应链中的各方,完整真实地记录农产品从源头上的所有信息以及买卖双方之间的应收、应付账款信息等

由于区块链是分布式账本,农产品相关信息可以在生产方、供应方、消费方之间实时更新,这样就减少了第三方介入带来的交易成本。利用区块链分布式记账技术的不可篡改性,交易双方的信息向上下游各方以及相关第三方公开透明化,这样,违约者将会被行业抛弃,有助于提高交易各方的信用度。此外,使用智能合约作为执行工具,也可以有效控制产业上游的生产单体的履约风险。

（二）区块链技术有助于提升供应链管理效率

由于数据在交易各方之间公开透明，从而在整个供应链条上形成一个完整且流畅的信息流，这可确保参与各方及时发现供应链系统运行过程中存在的问题，并针对性地找到解决问题的方法，进而提升供应链管理的整体效率。

（三）区块链技术可以避免供应链纠纷

区块链所具有的数据不可篡改和时间戳的存在性证明的特质能很好地运用于解决供应链体系内各参与主体之间的纠纷，实现轻松举证与追责。区块链技术可以用于产品防伪。数据不可篡改与交易可追溯两大特性相结合，可根除供应链内产品流转过程中的假冒伪劣问题。通过互相上链，有助于建立起正向的信誉生态，促进农业产业的规模化发展。

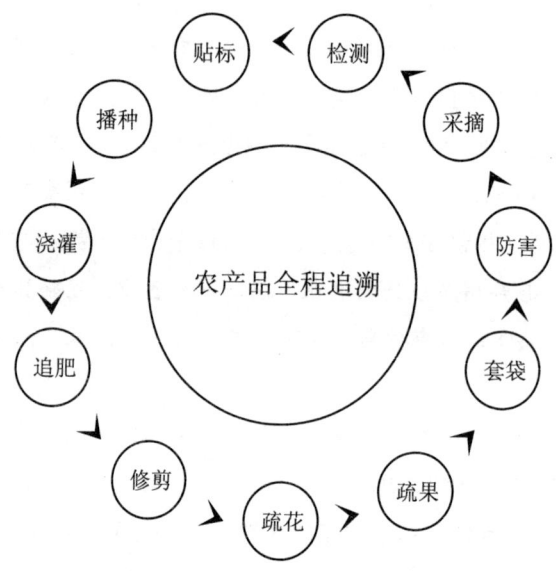

图10.1 农产品全程追溯示意

第十一章 "区块链+"新一代信息技术

区块链在新一代技术革命中发挥着基础设施的作用,将对物联网、大数据、云计算、人工智能、5G产生深远影响。

第一节 区块链+物联网=多维升级智能网络

一、物联网发展遇到瓶颈

根据预测,2020年全球的物联网设备数量将达到数百亿台。随着物联网中设备数量的急剧上升,服务需求不断增加,传统物联网服务模式面临巨大挑战,主要体现在数据中心基础设施建设与维护投入成本的大幅提升,以及相关物联网服务平台存在安全隐患和性能瓶颈问题。

（一）设备安全

我们对十大物联网恶意软件（Mirai、BrickerBot、Persirai、

Hajime、http81、Stantinko、WireX、Rowdy、Linux.ProxyM、IOTroop）的攻击事件记忆犹新。随着物联网在制造业、交通、能源、电力、家居、医疗等领域的普及，不同类型的设备和数据数量都在快速增长，因此物联网面临的安全挑战日趋严峻。

（二）个人隐私

2017 年年底的"水滴直播"事件，让物联网从业者重新思考数据的归属问题、数据变现的边界以及智能安防产品的良性生长模式问题。在 B2C 应用中，从数据变现角度来看，数据由消费者产生，价值分流向物联网产业各层，数据归属权的斗争将越来越激烈。近期，号称史上最严的数据监管条例 GDPR（通用数据保护条例）正式生效，意味着隐私权作为基本人权越发受到关注和保护。

（三）架构僵化

部分物联网方案的架构采用中心化的服务器模式，随着设备量的几何级数增长，达到了前所未有的水平，成本与规模的矛盾逐渐凸显，中心化的服务成本难以负担。同时，对于采集到的数据，往往缺乏深入分析与决策提炼的步骤，很难与实际价值挂钩。

（四）多主体协同

越来越多的物联网应用场景，需要跳出单一公司或组织内部，涉及跨主体、多个对等实体之间的协作，有可能包含供应商、制造商、经销商、平台方、服务商、最终用户、金融保险机构等众多角色，这使得建立信任的时间成本与沟通成本高昂。此外，在通信兼容方面，物联网设备往往兼容多种通信协议，既要涵盖 Zigbee、Wi-Fi、蓝牙等近距离通信，又要兼顾 NB-IoT、LoRa 等远距离传输，针对不同的应用场景，数据模型、接口规范、网络协议等各类标准众多，造成互联互通较为困难，难免形成"信息孤岛"，降低了通信效率。

二、区块链技术构建分布式物联网服务平台

由于区块链技术支持设备扩展，可用于构建高效、安全的分布式物联网网络，以及部署海量设备网络中运行的数据密集型应用；可为物联网提供信任机制，保证所有权、交易等记录的可信性、可靠性及透明性，同时，还可为用户隐私提供保障机制，从而有效解决物联网发展面临的大数据管理、信任、安全和隐私等问题，推进物联网向更加灵活化、智能化的高级形态演进。

使用区块链技术构建物联网服务平台（见图11.1），可"去中心化"地将各类物联网相关的设备、网关、能力系统、应用及服务等有效连接融合，促进其相互协作，打通物理与虚拟世界，降低成本的同时，最大限度地满足信任建立、交易加速、海量连接等需求。

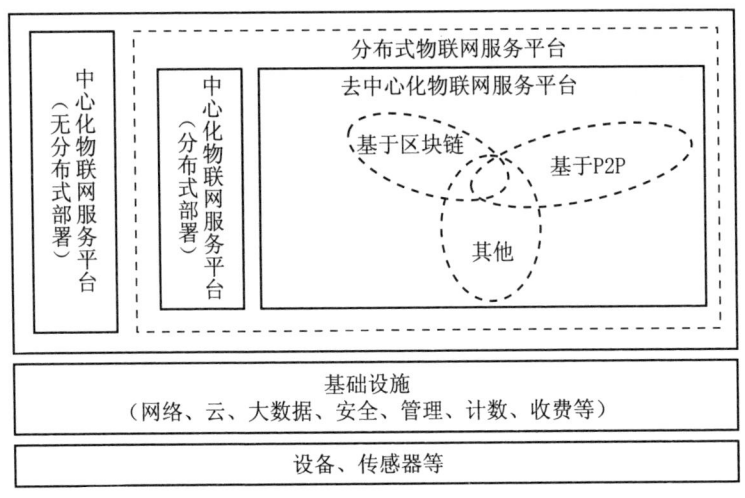

图 11.1　物联网服务平台的多种服务模式

（一）降低成本

物联网中的基础设施中使用的服务器是专用的。在专业方面，产品价格相对昂贵。使用分布式账本系统去除了中央服务器的使

用,这反过来将降低系统的总体成本。更重要的是,这些服务器,因为它们独特的设计方式和专业的执行功能,维护价格非常高。如果使用分布式系统将会省下一大笔资金。从环保角度而言,物联网在区块链中的运行是绿色环保的,由于传统的中央服务器非常耗电,有时需要额外的设备来冷却它。

(二)隐私保护

区块链网络扬长避短,在网络中对所有数据加密保存,只有参与这个网络的节点才能够访问。而且网络验证的节点必须一致,使得数据无法篡改。另外,区块链中数据的存储方式采用分布式存储,这样即使服务器滞后,设备也会正常运行。在没有区块链之前,这一切几乎都不可能实现,但正是因为区块链,物联网设备不需要通过第三方连接。它们可以直接生成点对点连接以建立信任。

(三)跨主体协作

区块链的分布式对等结构和公开透明的算法,能够以低成本建立互信,打破"信息孤岛"的桎梏,促进信息横向流动和多方协作。

(四)身份鉴权

区块链的验证和共识机制有助于避免非法甚至是恶意的节点接入物联网。

(五)可证可溯

数据只要经过共识写入区块链,就难以篡改,还能依托链式结构追本溯源。

三、优势分析

(一)解决安全隐患、保护用户隐私

在物联网领域,目前的中心化服务构架决定了所有的监测数据和控制信号都由中央服务器存储和转发。这些中央服务器收集所有摄像头传输回来的视频信号、麦克风录制的通话记录,甚至用户

的奔跑节奏、心跳和血压，这些信息都汇总到中央服务器，并且通过中央服务器转发的信号还可以控制家庭中门窗、电灯和空调等设备的开启，直接地影响着用户的日常生活。不法分子则可以通过攻击联网家用设备这些薄弱环节来侵入家用网络，进而侵入计算机盗取个人数据。

更重要的是，查出问题节点对于物联网来说也是很大的挑战。以前对于中心化的数据库来说，由于一个网络里的节点较少，因此中心能够很容易地区别一个出问题的节点。而对于一个数以亿计的网络而言，这是很大的工程量，几乎不可能不出错。

与此同时，用户隐私问题也是很大的挑战。政府安全部门可以通过未经授权的方式对存储在中央服务器中的数据内容进行审查，而运营商也很有可能出于商业利益的考虑将用户的隐私数据出售给广告公司进行大数据分析，以实现针对用户行为和喜好的个性化推荐，而这些行为其实已经危害到物联网设备使用者的基本权利。

其实物联网安全性的核心缺陷，就是缺乏设备与设备之间相互的信任机制，所有的设备都需要和物联网中心的数据进行核对，一旦数据库崩塌，会对整个物联网造成很大的破坏。而区块链分布式的网络结构提供一种机制，使得设备之间保持共识，无须与中心进行验证，这样即使一个或多个节点被攻破，整体网络体系的数据依然是可靠、安全的。

（二）降低物联网的运营成本

如上文所述，记录和存储物联网的信息都会汇总到中央服务器，而目前数以亿计的节点将产生大量的数据，且未来这些信息将越来越多，这将导致中心不堪重负，难以进行计算和有效存储，运营成本极高。

另外，智能设备的消费频次太低，一般来讲，物联网设备如同门锁、LED 灯泡、智能插板等可能要数年才换一次，这对设备制造商来说是个难题。 大量物联网设备的管理和维护将会给运营商和服务商带来巨大的成本压力。

而结合区块链技术可以为物联网提供点对点直接互联的方式来传输数据,而不是通过中央处理器,这样分布式的计算就可以处理数以亿计的交易了。 同时,还可以充分利用分布在不同位置的数以亿计闲置设备的计算力、存储容量和带宽,用于交易处理,大幅度降低计算和储存的成本。

另外,区块链技术叠加智能合约可将每个智能设备变成可以自我维护调节的独立的网络节点,这些节点可在事先规定或植入的规则基础上执行与其他节点交换信息或核实身份等功能。 这样无论设备生命周期有多长,物联网产品都不会过时,节省了大量的设备维护成本。

四、实践案例

(一) Slock.it 公司致力于通过区块链实现闲置资源的共享

Slock.it 公司成立于 2015 年,这是一家总部位于德国的区块链初创公司。 该公司的目标是将以太坊智能合约平台嵌入多个物联网设备和应用程序之中,让任何人都可以不通过中间商,直接出租、出售或共享任何物品,以此来构建共享经济未来的基础设施。

作为全球首个 DAO(Decentralized Autonomous Organization,意为去中心化的自治组织)架构平台,Slock.it 具有透明、完整、简单、高效的特性。 在 DAO 架构中,智能合约可以保证用户在移动应用上随时随地追踪、控制出租或使用连入物联网的各个物品。 在每次共享完结时,还可以准确、实时地收取费用,分配收入,给予分享者回报。

目前,Slock.it 正在研发以太坊计算机,这种微型设备可视为一个为用户预装和配置好的迷你家庭服务器，能够运行优化过的以太坊节点以及各种去中心化应用，如 Web3 身份仓库、通向物联网的 Slock 网关、允许用户出租闲置硬盘空间换取以太币的 IPFS 服务器等实验性软件。以太坊计算机的第一个版本将会是一个由密码学保证安全的平台，该平台允许用户完全掌握自己的身份、资金以及其他个人信息，因此具有很强的加密功能，可以确保用户的隐私与数据安全。

2015 年 6 月，Slock.it 创始人克里斯托夫·吉安特斯克（Christoph Jentzsch）在伦敦举行的以太坊开发者大会上为与会者演示了如何通过区块链技术出租和打开一把智能门锁。在对于未来世界的构想中，以太坊计算机绝不仅仅用来执行开锁这样简单的功能。Slock.it 在物联网领域的下一步计划是创建一个能够实现小额支付和智能合约应用的自动化设备。

任何地方都存在未充分利用的资产，如停放的车辆、停车位或暂时空置的公寓。以太坊计算机希望将智能合约技术带入千千万万个家庭和企业，使用户把闲置资产转化为收入。今后，用户只需打开桌面电脑甚至家庭娱乐系统，就可以安全地与任何去中心化应用（包括以太坊钱包 Mist）交互。以太坊计算机还可以被用于查找、出租和使用物品。用户可以在全世界的任何一个角落，轻松控制自己出租的、拥有的或者共享的任何物品。至此，物联网网络中的智能设备将为用户提供强大的服务体验。

（二）Visa 与 DocuSign 联合推出区块链汽车租赁项目

2015 年 10 月，支付巨头 Visa 公司的 Visa 创新实验室和数字交易管理公司 DocuSign 旗下的电子签名实验室在拉斯维加斯举行的 Money20/20 会议上联合推出了一个新的概念型证明项目，使用区块链技术来记录、保管租车数据，推动了汽车租赁过程的数字化。基于区块链的汽车租赁如图 11.2 所示。

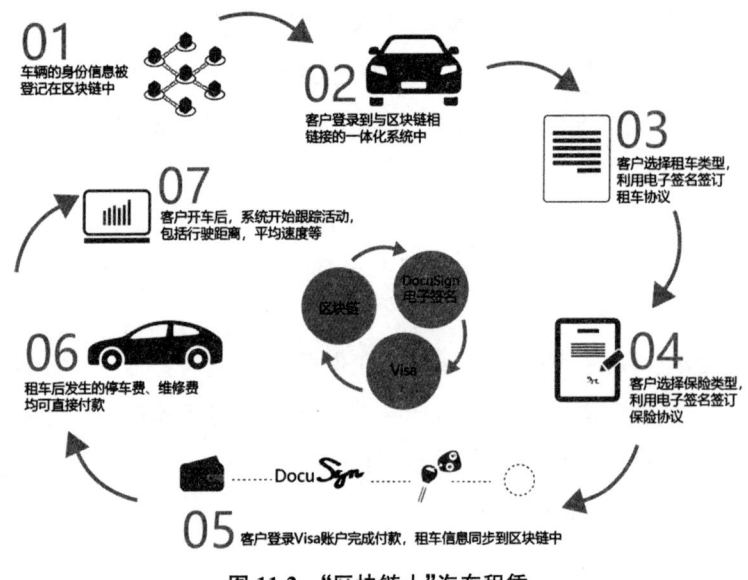

图 11.2 "区块链＋"汽车租赁

作为数字签名概念的初创者，DocuSign 现在已经取得了 ISO 27001、SSAE 16 的认证——这是目前世界上最高的信息安全认证标准，每年接受世界上最严格的第三方审计。DocuSign 采用用户加密认证，并且可以绑定特定的 IP 地址登录账号，保证用户数据的安全。而 Visa 则贡献了安全支付技术，为这种新兴的租车模式提供了方便可行的支付方式。此外，Visa 也是 DocuSign 的战略投资方。

在传统的租车行业中，冗长的销售周期、复杂的保险程序、烦琐的贷款申请使用户体验大打折扣。在车站、机场等业务繁忙的租车网点，用户往往需要等待很长的时间才能提到租赁的汽车。并且在签署合同的过程中，用户需要与租车公司签署大量的纸质文件，这些纸质文件耗费资源、难以保存管理，且不利于环保。而 Visa 和 DocuSign 联合推出的区块链租车项目则可以彻底改变这种现状，解决传统租车模式的种种弊端，简化汽车租赁过程中的烦琐步骤，打造一个高度安全的电子租车环境，为用户带来更便捷舒适的租车体验。

区块链租车项目的概念是利用区块链来保存签名验证记录。用于租车服务的区块链可以为每一位用户和每一辆汽车创建独一无二的数字指纹,为其在区块链上进行登记,并通过广泛的分布式计算网络来记录交易。用户可以完全按照自己的需求来选择合适的车,随后 DocuSign 会显示各种租车协定。用户可以综合保险范围、免赔额和其他因素,按照自己熟悉的方式选择保险类型。所有这些内容都可以通过电子签名在区块链中实时更新。同时,由于区块链技术的高度安全性和隐私性,用户的个人信息将得到完美保护。一旦用户开始驾驶汽车,汽车上的传感器将获取一系列数据,跟踪用户的驾驶活动,实时监控汽车的行驶状态,记录汽车的行驶距离、平均速度、突发事件等。

这种数字验证模式一旦得到推广,租车过程将大大简化,用户可以在几分钟之内就完成汽车租赁的过程。这将为传统租车行业带来巨大冲击。

第二节 区块链+大数据:从信息互联网到价值互联网

一、痛点

(一)"数据孤岛"

目前,政府、银行、券商、互联网企业和第三方征信公司掌握的信息难以在短时间内互联互通,从而形成一个个"信息孤岛"。当交易在不同金融机构之间进行时,"数据孤岛"导致了信息的不对称、不透明,带来了大量的多头债务风险和欺诈风险。金融信贷行业若想利用大数据风控技术提升风控水平,就必须打破"数据孤岛",解决信息不对称和信息获取不及时的问题。

(二)数据低质

数据低质的问题也从一定程度上影响了大数据风控的质量。

特别是来源于互联网的半结构化和非结构化数据,其真实性和利用价值很低。举例来说,在美国,Lendingclub 和脸书曾经合作获取并利用社交数据;在中国,宜信也曾大费周章地采集借款人的社交数据,以期实现对借款人信用的全面评定。但是两者得出的结论如出一辙,由于社交网络中的数据主观随意性很强,这些在网上提取的社交数据根本不具有利用价值或者利用价值十分低,错误率高达 50%。电商平台上的交易数据也由于一些刷单现象而失真。这些信息的收集与利用就如同垃圾的运进运出,几乎没有任何意义。基于这些低质数据的风控效果也会大打折扣。

(三) 数据泄露

近年来,数据泄露风险事件屡见报端。2015 年 2 月 12 日,汇丰银行大量秘密银行账户文件被曝光,显示其瑞士分支帮助富有客户逃税,隐瞒数百万美元资产,提取难以追踪的现金,并向客户提供如何在本国避税的建议等。这些文件覆盖的时间为 2005 年至 2007 年,涉及约 3 万个账户,这些账户总计持有约 1 200 亿美元资产,堪称史上最大规模银行泄密。Verizon 发布的全球调研报告"Data Breach Investigations Report 2015"显示,2015 年网络安全事件共有 79 790 起,确认的数据泄露事件超过 2 000 个(2 122 个)。这些都大大降低了大数据风控的有效性和应用价值。

二、解决方案

(一) 去中心化、开放自治的特征可有效解决大数据风控的"数据孤岛"问题

去中心化和开放自治使信息公开透明地传递给所有金融市场参与者。设想以下情况:一位客户同时向 A 银行和 B 银行各申请 100 万元的房屋抵押贷款,但其房屋价值只有 100 万元。如果两家银行加入了同一区块链,就能及时辨别出客户的交易行为和风险,避免

放贷总额超过抵押值。除了交易主体外,监管部门也可以作为一个用户节点加入区块链,实时监控其他用户节点的交易信息,防范风险事件的发生,无须再等到事后申报。利用区块链中全部数据链条进行预测和分析,监管部门可以及时发现和预防可能存在的系统性风险,从而更好地维护金融市场秩序和提高金融市场效率。可见,区块链去中心化的特征,可以消除大数据风控中的"信息孤岛",通过信息共享完善风险控制。

(二)分布式数据库可改善大数据风控数据质量不佳的问题

分布式数据库使得数据格式多样化、数据形式碎片化、有效数据缺失和数据内容不完整等问题得到解决。在区块链中,数据由每个交易节点共同记录和存储,每个节点都可以参与数据检查并共同为数据做证,这提高了数据的真实性。而由于没有中心机构,单个节点不能随意进行数据增减或更改,从而降低了单一节点制造错误数据的可能性。举例来说,在银行或交易平台内部建立私有链,一位客户构成一个节点,一方面,可以避免大量数据由单一信息中心集中录入和存储,降低操作风险;另一方面,卖方单方面的刷单行为可以通过买方的验证得到遏制,从而保证数据的真实有效。伪造的数据若想通过区块链网络的验证,必须掌握该私有链中超过50%的计算能力,当节点足够多的时候,该私有链的控制成本急剧上升。另外,区块链中每个节点都有完整的数据副本,只有当整个区块链系统发生宕机时数据才会丢失,并且数据记录一旦写入就不能修改。因此,区块链具备公开、透明和安全的特点,可以从源头上提高数据质量,增强数据的检验能力。

(三)防范数据泄露

由于区块链数据库是一个去中心化的数据库,任何节点对数据的操作都会被其他节点发现,从而加强了对数据泄露的监控。另外,区块链中节点的关键身份信息以私钥形式存在,用于交易过程中的签名确认。私钥只有信息拥有者才知道，就算其他信息被泄露出去，只要私钥没有泄露，这些被泄露的信息就无法与节点身份进行匹配，从而失去利用价值。对于来自数据库外部的攻击，黑客必须掌握50%以上的算力才能攻破区块链，节点数量越多，所需的算力也就越大，当节点数达到一定规模时，进行一次这样的攻击所花费的成本是巨大的。因此，通过区块链对信息存储进行加密，保证数据安全，防范大数据风控中可能出现的数据泄露问题，是区块链的重要应用之一。

三、优势分析

区块链网络在节点足够多的情况下，是不可篡改的，区块链技术让数据的可追溯质量获得了前所未有的信用背书。而通过区块链脱敏的数据交易流通，结合大数据存储技术和高效灵活的分析技术，极大地提升了区块链数据的价值和使用空间。区块链技术可以说是大数据数据安全、脱敏、合法、正确的保证。因此区块链技术与大数据的结合有以下几个优势。

（一）实现实时分析

到目前为止，实时欺诈检测只是一个白日梦，银行机构一直依赖于使用技术来回顾性地识别欺诈性交易。由于区块链每个交易都有一个数据库记录，因此它可在需要时为机构提供一种实时挖掘模式的方法。但所有这些可能性也引发了对隐私的质疑，这与区块链和比特币首先变得流行的原因直接矛盾。一些行业专家表示担心，能够提供每笔交易记录的技术可用于"从客户分析到其他不太良性的原因"的所有事情。

然而，从另一个角度来看，区块链极大地提高了数据分析的透明度。与以前的算法不同，区块链被设计为拒绝任何无法验证且被认为可疑的输入。因此，零售等行业的分析师只处理完全透明的数据。换句话说，区块链系统识别的客户行为模式可能比现在更加准确。

（二）发现交易数据

区块链中的数据预计价值数万亿美元，因为它可以继续进入银行，小额支付，汇款和其他金融服务。事实上，到 2030 年，区块链分类账的价值可能高达整个大数据市场的 20%，年收入高达 1 000 亿美元。从这个角度来看，这种潜在的收入超过了维萨、万事达和贝宝目前产生的收入。大数据分析对于跟踪这些活动以及帮助使用区块链的组织作出更明智的决策至关重要。

数据情报服务正在兴起，以帮助金融机构、政府和各种组织深入研究他们可能在区块链上与谁进行互动并发现"隐藏"模式。

（三）揭开社交数据

随着比特币在 2014 年和 2015 年的普及，由于现实世界事件和公众对该技术的看法，虚拟货币开始大幅波动。这些波动证明虚拟货币具有几个特征，使其成为社交数据预测的理想选择。

根据 Freshminds 的瑞克·伯吉斯（Rick Burgess）的说法："使用社交数据预测消费者行为并不是什么新鲜事，许多交易者一直在寻求将社交指标纳入其交易算法。但是，由于大多数金融工具的定价涉及很多因素，因此预测市场将如何变化可能非常困难。"幸运的是，比特币用户和社交媒体用户倾向于一种很好的协调状态，并且他们处于相同的人群中，因此他们对比特币的态度、意见和情绪都有很好的记录。

比特币和其他加密货币的价格几乎完全由市场需求决定，因为市场上的货币数量是可预测的，并且与任何实物商品无关。比特币主要由个人而非大型机构进行交易，影响比特币价格的事件首先会在社交媒体上传播。目前数据分析师正在挖掘社交数据，以深入了解关键的加密货币趋势。反过来，这可以帮助组织发现强大的人口统计信息,并将比特币的表现与世界事件联系起来。

(四) 新形式的数据货币化

根据戴尔 EMC 服务公司首席技术官比尔·施玛泽(Bill Schmarzo)的说法,区块链技术"还有可能通过消除中间人促进交易来实现数据和分析的共享以及货币的民主化。"在商业领域,这为消费者提供了更强大的谈判权力。它允许消费者通过区块链控制谁有权访问他们的数据。然后,他们可以要求定价折扣,以换取他们个人消费公司产品或服务的数据。

施玛泽还解释了区块链如何导致新形式的数据货币化,因为它具有以下大数据分支:参与交易的所有各方都可以访问相同的数据。这加速了数据采集、共享和数据质量分析。所有交易的详细记录保存在单个"文件"或区块链中。这提供了从头到尾的完整事务概述,消除了对多个系统的需求。个人可以管理和控制他们的个人数据,而不需要第三方中介或集中存储库。最终,区块链可以成为数据货币化的关键推动因素,通过创建新的市场,公司和个人可以直接相互分享,销售和提供他们的数据和分析见解。

在大规模采用比特币的带领下,区块链技术在整个商业和金融领域都在不断发展。它促成的快速安全交易可能会彻底改变传统数据系统。根据毕马威和 Forrester Consulting 的调查,三分之一的决策者信任他们公司的数据。但是使用区块链技术,这种信任可以大大加强,真正的应用程序将变得更加普遍。

四、实践案例

BigchainDB 是由企业可用的数据库节点(如 MongoDB 实例)联合构建的,这些节点以同步的方式存储关于资产的不可更改信息。通过执行 Tendermint 的 BFT 共识算法,将网络中存储的数据在所有节点之间进行传播和同步,保证了网络的完整性。总之,

BigchainDB 是一个 MongoDB 数据库，它使用 Tendermint 来获得它的区块链特性。

根据实体对系统的访问权限，BigchainDB 网络可以是公共的也可以是私有的。在公共 BigchainDB 中，任何参与者都应该能够访问网络或部署自己的 MongoDB+ Tendermint 节点，并将其连接到数据库上；获得许可的 BigchainDB 可以由财团或治理实体管理，其中财团的每个成员都管理自己在网络中的节点，没有人可以在未经许可的情况下加入（类似于其他获得许可的区块链技术所发生的情况）。

BigchainDB 中的基本信息结构是资产。资产在 MobgoDB 中"物理上"表示为 JSON 文档。这些资产属于系统中的用户，他是唯一有权对其进行更改的人。为了创建、传输或修改资产，必须将事务发送到 BigchainDB 网络。这将触发 Tendermint 的共识算法，该算法负责处理事务、验证事务、同步所有节点，并在网络的每个 MongoDB 节点上存储对资产的相应更改。

BigchainDB 的交易模型与比特币的交易模型类似，在某种意义上，资产交易接收资产输入，然后将资产输入转换为资产输出，在未来可能用作新交易的输入。资产输出只能作为事务的输入使用一次。BigchainDB 中有两种类型的事务：一是资产信息，它是不可变的，一旦创建资产就不能修改；二是元数据，它们可以通过后续的传输事务进行修改。

由此可见，BigChainDB 项目是一个开源的分布式存储系统，结合了区块链和大数据两者的技术优势，特别是支持了超大规模的企业级别的区块链数据库，这样就使得大数据中的数据不能随意地被更改，而且大数据庞大的数据体量可以突破区块链单位时间里的交易限制，这对于线上的交易来说无疑具有重要推动作用。从大数据的定义来看，其本质上具有一定的资产属性，利用区块链技术可以实现对相关数据权益的保障，明确了大数据资产的来源、用益物权等权属,这对于促进数据资产交易保障交易方的权益非常重要。此外,与大数据的不加密的全开放性不同,区块链技术的加密运算对数据的私密性及其安全性的保障更为强大,就目前对全网数据交换节点的掌握来看,没有任何用户可以任意篡改数据,二者之间的融合在任何领域内的应用都可以在提供最大化的数据体量的同时实现对数据安全性的保护。

第三节 区块链+云计算:分布式计算

区块链+云计算是利用区块链实现分布式云计算(Decentralized Cloud Computing, DCC)的技术手段。

一、当前行业"痛点"

(一)云计算垄断

现有云计算市场极度中心化,Google、Amazon(AWS)、MicrosotAzure、阿里云和腾讯云等几个科技巨头依靠自身高度集中化的服务器资源垄断了整个云计算市场,借助市场力量享受高额利润,进而导致算力服务价格居高不下。

(二)无激励措施

BONIC(Berkeley Open Infrastructure for Network Computing)是目前最为主流的分布式计算平台,为众多的数学物理等学科类别的项目所使用,但是由于这是基于分布在世界各地的志愿者的计算资源而形成的分布式计算平台,缺乏足够的志愿者来贡献算力。

(三)计算资源不足

虽然我们看到了未来DApps的繁荣,但是目前一般的区块链运行DApps的计算能力非常有限,现有的云计算基础设施无法满足DApps的需求,后者需要完全分散的基础设施来运行;存储容量不足和协议的读取延迟高,这些都需要通过额外的计算资源来满足更高要求的应用程序。

（四）成本过高

云计算的基础设施和高性能计算的操作过于复杂和成本高昂。创新型小企业通常没有业内专业知识获取的渠道，也无法操作高性能计算平台，而且像 AmazonEC2 这样的云供应商对于高要求的应用程序（如 GPU 渲染）定价仍然非常昂贵。此外，数据处理中心常常消耗大量能量来运行服务器和冷却系统，这样成本会非常大，而且对环境也造成负面影响。

二、区块链技术弥补分布式云计算的缺陷

分布式计算目前方兴未艾，还有极大的空间有待挖掘。不同于传统的中心化数据，它可以直接将中心化算力当作商品在 B 端的甲方乙方之间进行交易买卖，分布式的计算存在多个算力提供方，需要有一套体系来计量和计价分布式算力，如此才能有效地整合利用资源；此外，现行互联网经济大多是中心式、集团式发展，没有给分布式计算带来很好的应用场景，没有开发合适的商业模式，也就不能让分布式计算做到有的放矢。

区块链的出现从某种程度上解决了以上两个问题：区块链的分布式账本系统，可以围绕分布式算力设计有效可行的激励体系，将闲置的算力资源组织起来参与市场运行，使得闲置资源参与挖矿服务、节点服务，以产生市场价值并获得相应奖励。此外，由区块链构成的去中心价值网络，将激发大量去中心的点对点价值交换场景，结合 AI、5G、物联网、边缘计算等多种技术，分布式计算将会找到越来越多的发挥空间。

三、DCC 应用模式的优势分析

第一，除了自有的服务器、带宽等资源外，还将计算需求分布

到系统中的众多节点中去，把用户的闲置资源利用起来，创造价值。

第二，通过整合社会闲置的计算资源，来为企业或个人提供去中心化算力服务，基于 Token 经济，构建计算机算力买卖方市场。

第三，相比传统的云计算服务，降低了云计算服务的门槛和使用费用，有利于云计算的普及。

四、现有的应用模式分析

（一）Token 经济模型

请求节点：这个节点一般由一些有计算需求的商家或是科学研究所来充当，一般实验室或是自有的计算机数量已经不太符合他们目前的计算需求了，需要通过超算或是其他性价比较高的计算资源如全球分布式算力来达到目的。请求节点可能会被按照要求先将自己的需求文件（数据）按照规格 model 好再进入网络（ELastic），或是由其他节点来做这个简单归类的工作。

归类节点：这个节点由 CPU 算力贡献用户来参与，通过分布式算力平台针对某种计算目的项目进行分类，来设定一些比较简单的分类算法，从而达到将数据归类和 model 的效果。这样的目的是将这些原本不规则的数据更好地处理的同时传输到专门处理该类数据的处理节点去。

处理节点：这个节点专门用于特定类别数据的处理。由于从归类节点或请求节点过来的数据类别有千百种，对于特定的数据应该处理的方式或者说应该使用的 model 也不同，对于一些较为复杂的项目，对于能参与到这个项目中的机器和人要求较高。

验证节点：这个节点对从多个处理节点传输过来的对于相同数据的处理结果进行判断和筛选，一般只需要设备 CPU 贡献即可。一般会将同一份数据处理任务下达到多个数据处理节点，这样就可以在之后进行投票做判断哪个数据才是符合要求的。这样做虽然会造成数据冗余，但为最后结果的正确性提供了极高的保障，同时配合荣誉机制等可以有效地解决数据造假问题。

（二）荣誉系统

由于这个平台将不再是通过志愿的形式进行分布式贡献算力，那么如何衡量每个人的算力贡献便是一个新的问题。积分制和成员的段位可以衡量一个用户的贡献多少，是一个较好的方法。

有一种可能是按照完成的任务单元的数量来进行积分，但是因为在未来可以在分布式算力平台上运行的项目在目标或是运行方面的差异会很大，如当某一个数据包在某台机器需要大概一个小时的时间完成，而另外一种数据包在同台机器上运行则需要 20 倍的时间才能完成，这样便会造成同一个任务单元所得到的奖励相同但是工作量却不一样的事情发生，因此用完成的任务数目来计量用户的贡献计算量显然是不可行的。同样，用完成处理一个任务所需要用到的 CPU 时间来衡量贡献也是不可行的。既然通过一些特定的参数来概括一个用户所产生的贡献是不可行的，那么就需要使用一些算法来达到准确记录每个用户所实际完成的计算量以期达到公平准确的分发奖励。因此，对于贡献量的考量便应该从多个角度来参考。

（三）积分系统

比较可行的积分系统应该综合考量以下几个方面来对一个节点的贡献进行计算。

设备的性能指数：不同性能的设备在运行处理同一个数据包时所造成的资源使用以及成本不同，应当针对不同的设备进行一个标准化的性能测试来得到一个合理的性能分数来进行加权。

提交结果的正确次数：在一个分布式算力平台中需求方最在意的便是获得结果的质量如何，如果设备得到的结果是不符合要求或是由恶意用户产生的无效结果，这样平台的名誉损失是巨大的。 为解决这个问题，应当按照提交正确结果的次数来进行评级，正确的应该进行奖励升级，而错误的结果则应该给予惩罚降级。

五、实践案例

（一）ARPA 项目简介

ARPA 项目主要通过 MPC 技术路径来构建一个可验证的链下多方安全计算网络，打破数据分散在各企业和机构间的"数据孤岛"现象，允许不同数据提供者在不透露自己数据、无须信任第三方的情况下，以较低成本协同计算得到可靠结果。

在技术设计上，ARPA 所采用的安全多方计算不是特指某个特定算法，而是融合了部分同态加密、秘密分享、混淆电路等技术实现的。 与此同时，作为一个 Layer2 的架构，ARPA 可以接入不同的公链，以满足各公链上不同节点的隐私安全计算需求，这也极大地拓展了 ARPA 的应用范围。

（二）ARPA 系统设计

作为一个 Layer 2 的解决方案，ARPA 网络的计算任务来自各个区块链网络。 ARPA 将在各个主要区块链网络上部署代理智能合约，每次计算发起之前，ARPA 计算网络将随机选取一定数量的节点，被选中且有参与意愿的节点需抵押部分 ARPA 通证来正式参与计算。 随机选择从一定程度上遏制了节点间计算前合谋的可能性；抵押机制则提高参与计算节点的作恶成本，减少蓄意窃取数据，不执行计算任务等行为。

根据 ARPA 的实验结果，在有 100 个计算节点的情况下，需要串通 95% 的节点才能有不到 1% 的机会成功攻击。 ARPA 的密码学设计结合经济层面的设计，能充分打消潜在的攻击意图。 当计算开始后，各参与方的数据将以密文碎片的形式在 ARPA 网络中传输计算。结束后，计算结果与相应证明将传回发起请求的智能合约，整个计算过程中，各参与方只会接触到计算结果与自身所拥有的数据。ARPA 的具体计算过程，可以大体分为两个部分——预处理阶段与计算阶段。

（三）ARPA 项目进展

ARPA 测试网 1.0 版本 ASTRAEA 已于 2019 年 3 月正式发布，该版本测试网是基于以太坊的 Layer 2 隐私解决方案。同时，ARPA 也与国内顶尖公链项目进行合作，在链上成功实现了隐私计算。在未来，ARPA 团队计划在 2019 年 Q2 上线 Testnet 2.0（ATLAS），2019 年 Q3 上线主网，并在企业客户端持续发力。在应用落地上，根据 ARPA 官方公布的合作信息，ARPA 已经与中化集团、孔明科技、启明股份、云象区块链等企业达成合作，并积极推进与大型金融、保险机构的战略合作。

ARPA 将为金融、保险、大宗商品等领域提供基于特定场景需求定制多方联合风控、黑名单共享、联合模型分析等行业的解决方案，目前已经有落地案例。此外，ARPA 还参与安全多方计算的数据流通产品标准制定，作为核心参与企业，ARPA 参与了多项密码学协议层面的内容编写。目前该标准已于 2019 年 6 月由中国信息通信研究院、云计算与大数据研究院联合发布。

第四节 区块链+人工智能

人工智能是技术进步的各个子集的总称，它们被记录在与能更独立有效地行动的机器有关的领域。当前，大多数以人工智能为基础的项目需要将数据储存在中心化的服务器或云上。然而，这种存储方式过于单一，安全性低，易遭受黑客的攻击。这对人工智能在数据密集行业的应用造成了不小的障碍。

一、应用模式

作为一个去中心的系统，区块链能够完美地解决这一问题。以人工智能为基础的项目能够通过区块链技术，将数据存储在多个系统中并实现无缝隙的访问。区块链的加密技术也能对数据起到更好的保护作用。因此，无论是从数据分布还是安全性来讲，区块链技术能更好地实现人工智能在金融或医疗行业的应用。

人工智能和区块链共享以下三个主要特征，这些特征将确保在不久的将来两个技术实现无缝交互。

一是人工智能和区块链需要数据共享。

分布式数据库强调了特定网络上多个客户端之间数据共享的重要性。同样，AI非常依赖大数据，特别是数据共享。随着更多开放数据的分析，机器的预测和评估会被认为更加正确，生成的算法更可靠。

二是安全。

在处理区块链网络上的高价值交易时，非常需要安全性，这是通过现有协议强制执行的。对于人工智能而言，机器的自主特性还需要高水平的安全性保证，以降低发生灾难性事故的可能性。

三是信任。

任何被广泛接受的技术进步都没有比缺乏信任更大的威胁，包括人工智能和区块链。为了促进机器到机器的通信，存在预期的信任级别。要在区块链网络上执行某些交易，还需要信任。

在不久的将来，区块链技术将在以下四个方面改变人工智能。

第一，开放数据市场。

如前所述，人工智能技术的进步取决于来自无数来源的数据的可用性。尽管谷歌、脸书、亚马逊等公司可以访问大量数据源，这些数据可以证明对许多人工智能流程有用，但市场上无法访问这些数据。区块链技术旨在通过引入点对点连接的概念来解决这个问题。它是一个开放的分布式注册表,因此网络上的每个人都可以访问这些数据。现有的数据寡头垄断即将结束,开放和免费数据的时代即将迎来。

第二,大规模数据管理机制。

即使在数据可用之后,管理它仍是另一个可扩展的障碍。目前可用的数据量估计为 1.3 Zettabytes。人工智能可以建模为反馈控制系统,此功能可帮助自治代理更好地与物理环境交互。由于大量数据存储在分散式系统中,与传统的中央存储集线器相比,有几个优点。在发生危机和自然灾害时,数据不会存储在一个位置,因此会被保留。此外,这样还消除了黑客攻击,这使得数据集不易受到破坏。

第三,更值得信赖的建模和预测。

计算机系统的一个基本原则是 GIGO(垃圾运进运出)。人工智能领域严重依赖于大量数据流。但垃圾数据可能因为一些个人或公司故意篡改而产生,也可能是由传感器和其他数据源的意外故障引起。通过创建已验证数据库的片段,可以仅在已经验证的数据集上成功构建和实施模型。这将检测数据供应链中的任何故障或不规则。同时,因为数据流在段中可用,它还有助于减少故障排除和查找异常数据集的压力。最后,区块链技术是不变性的同义词,这意味着数据是可追溯和可审计的。

第四,控制数据和模型的使用。

这是整合区块链技术和人工智能的一个非常重要的方面。例如,当登录脸书和推特时,用户默认放弃对上传到其平台的任何内容的权利。当歌手签署唱片合约时也会发生同样的事情。相同的概念可以应用于 AI 数据和模型。为模型构建创建数据时,可以指定导致限制或权限的许可证。区块链技术使这一过程变得相对容易。

总而言之,尽管每种技术都有其各自的复杂程度,但人工智能和区块链可以相互受益、相互帮助。这两种技术都能够以不同的方式对数据进行影响和实施，因此它们的结合是有意义的，而且可以将数据的利用效率提升到新的水平。 同时，将机器学习和人工智能集成到区块链中，可以增强区块链的基础架构，提升人工智能的潜力。 此外，区块链还可以使人工智能更加连贯和易于理解，便于追踪和确定机器学习中做出决策的原因，因为区块链及其分类账可以记录机器学习做出决策的所有数据和变量。

二、实践案例

SingularityNET 的人工智能市场，这是一个开源协议和智能合约的集合，用于分散的协调 AI 服务市场。 该团队表示，由于具有交易和簿记优势，区块链技术为 SingularityNet 上的网络交易提供了理想的工具。 该平台允许添加人工智能服务以供网络使用，并接收网络支付令牌作为交换。 但是，在此之前首先必须设计基于区块链的框架，以允许人工智能代理与对方和外部客户进行交互。 图 11.3 是它的高级网络架构图。

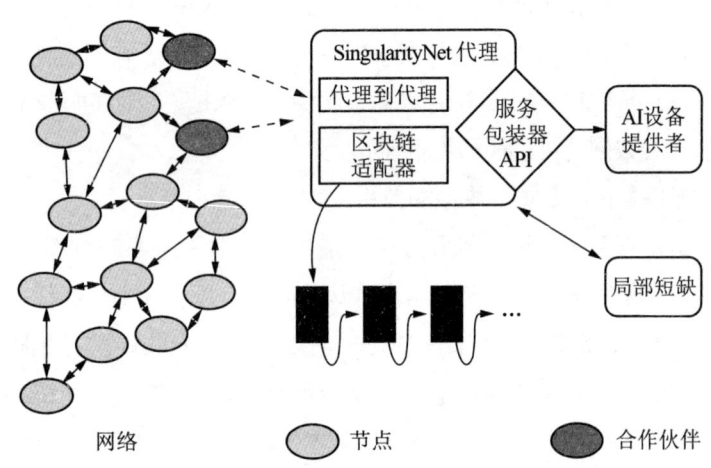

图 11.3　SingularityNet 的人工智能市场高级网络架构

有了这个，就可以控制数据在拥有的任何数据集中被如何利用。对于需要隐私的行业，这项技术将派上用场。由于这两种技术目前几乎在所有可用行业中都有波动，这两个领域的协同作用将带来更大的好处。技术的未来不可避免地是一个分散的运作系统，通过这种系统，机器可以更好地互动，并且可以更好地模拟对人类活动的理解。

第五节　区块链+5G

一、技术融合特征

5G与区块链技术的融合，将可以提供高效、安全和快速的服务体验。5G技术和区块链技术呈现出相辅相成的关系，5G技术为实现高效率的数字化经济提供支撑，而区块链技术为数字化经济提供安全和信任保障。

（一）5G高速网络，提升区块链交易速度

区块链节点与节点间的通信效率一直是一个难以解决的技术问题。受限于网络传输速度等限制，区块链项目的交易处理速度较低，阻碍了区块链在金融、供应链等领域的发展；并且为确定真实性在区块链上进行的交易往往会有较大的延时，进一步降低了区块链的交易速度。

5G落地后，可使硬件端到端之间的网络通信速度大幅提升，在保持区块链去中心化程度的同时，实现更快的交易处理速度。

（二）区块链分布式架构，保证网络设备安全

5G技术使得设备与设备间的通信成为可能，区块链分布式架构意味着数据特性可以被保护和确保，这解决了当前物联网设备数据容易被窃取或复制的安全风险。通过利用区块链的非对称加密、"5G+区块链"融合发展与应用白皮书和哈希算法，可以防止数据

篡改,从而保护这些数据的安全与隐私。

(三) 区块链去中心化本质,为网络资源共享提供新的解决思路

区块链分布式记账的本质及上层智能合约具有智能结算、价值转移、资源共享的天然优势,很适合与网络资源共享相结合。例如,"授权频谱"之间的相互共享、频谱拥有者之间的相互信任、频谱价值转移、资源共享等。随着未来网络的密集化,基于区块链的动态频谱共享将成为未来网络的发展趋势。

(四) 区块链高可信特性,为业务运营提供高效解决方案

区块链系统可信度高和防篡改的特性,为通信运营商业务运营提供高效的解决方案。例如,在国际漫游结算方面,通信运营商及其漫游伙伴之间可以共享一套可信、互认的漫游协作与结算区块链,所有的漫游记录上链,实现可查可追溯,安全透明,从而提升结算工作效率,减少复杂的争端处理和仲裁机制。

二、技术结合优势分析

5G 与区块链拥有各自的优势和劣势。5G 的优势在于网络覆盖广、数据信息传输的速率高、通信时延低及支持海量连接,有利于构建数字化的社会经济体系,然而,作为一项底层网络通信技术,5G 存在一些亟待解决的问题。在用户隐私信息安全、线上交易信任确立、虚拟知识产权保护等领域,5G 仍存在短板。

区块链技术旨在打破当前依赖中心机构信任背书的交易模式,用密码学的手段为交易去中心化、交易信息隐私保护、历史记录防篡改、可追溯等提供技术支持,其缺点包括业务延时高、交易速率慢、基础设备要求高等。

5G 和区块链技术结合有利于数字化社会经济的安全健康发展。5G 是通信基础设施,为传递庞大数据量和信息量提供了可能性,同

时,快速的传输速度大大地提升了数据传输的效率。而区块链提出业务开展的新模式和新框架。区块链作为去中心化、隐私保护的技术工具,协助 5G 解决底层通信协议的部分短板,比如隐私、安全、信任等问题,在 5G 时代发挥重要作用,以提升网络信息安全,优化业务模式。

下面将列举一些 5G 技术和区块链应用的结合,并对场景进行描述。

三、应用场景

(一)与物联网结合

在物联网领域,5G 的万物互联可以实现实时并快速地传输硬件数据,同时区块链技术能为物联网中的设备与设备间大规模协作提供去中心化的解决思路。同样,5G 技术高传输速率与区块链不可篡改、安全、可溯源、零知识证明的特点在大数据与人工智能、车联网、无人驾驶、工业控制、智慧城市等领域也发挥重要作用。

无论是车联网、智能家居还是智慧城市,5G 可以加速端与端之间的连接,从而推动大规模应用的落地,但关键是要思考"硬件是否有通过区块链技术进行分布式链接的需求",难点在于物联网设备多样性所带来的计算性能、网络性能和开发平台上区块链协议实现的不同。据了解,区块链物联网项目优物链(UOTC)正在利用 5G 技术提前布局,除了为物联网打造新共识协议(UxBFT)以外,还针对 NB-IoT 所需的 UDP 协议对区块链的协议进行了改造,从而实现溯源追踪设备的跨境追溯。

(二)与大数据与人工智能结合

云端传输:目前手机等设备的计算能力有限,在大数据、人工智能方面的应用中,设备的存储和运算能力不足。5G 技术全面推广后,在设备端获取的大量数据,可快速传输至云服务器,由云端的服务器进行存储、运算，并把运算结果快速反馈至设备端。数据传输速度的提升可大大地减轻手机端的硬件压力，并使如画面、视频等数据量巨大的相关智能应用在日常生活中实现全面铺开。

数据运营：区块链可为 5G 时代人工智能的运营服务提供支持。使用区块链中如零知识证明等技术，可在保护用户隐私的同时，使数据交易、数据租借等成为可能。与此同时，人工智能技术关键的模型数据在区块链上流转使用，可以在扩大使用范围、使更多人获益的同时，保护创作者权益。在 5G 技术使大数据、人工智能使用更广泛的情形下，基于区块链的数据交易市场预计将迎来进一步发展。

（三）新媒体领域

5G 网络具有比 4G 网络快上百倍的传输速度，为高清视频直播中的高清视频上传和任何终端无卡顿的收看提供了可能性。虚拟现实（VR）和增强现实（AR）即将成为新的媒体传播方式，当下 VR 和 AR 的普及一直存在很大问题。例如，只能观看而无法交互、图像分辨率低使模拟不够逼真、延时过长使观看者头晕等。然而 5G 网络的"高速率、低时延"特性恰好适配了 VR 和 AR 对网络的敏感性特征，虚拟场景和现实场景可以得到完美融合。可以预见的是，在 5G 技术支撑下，以虚拟现实为代表的全新的媒体业务将迎来爆发式增长。5G 和区块链技术结合，实现传统媒体和新兴媒体在内容、渠道、平台、经营和管理等方面深度融合，形成平台化、开放式、高度互联的新型媒体架构。

四、发展困境

（一）当前 5G 标准还不完善，5G 技术本身还处于初步阶段，网络部署还不全面

当前，5G 标准分成 R15、R16 两大阶段，第一版国际标准

(Rel-15)已全部完成,第二版增强标准(Rel-16)正在制定中,预计 2020 年 3 月完成。同时,5G 技术还处于初步阶段,其与产业的结合还处于实验阶段。目前,全球 5G 商用国家不多,各运营商的 5G 网络建设刚刚起步,离完备的覆盖还有一定距离。

(二)"5G+区块链"融合发展模式,大多数仍处于实验阶段,还没有成熟产品的出现

区块链应用的落地和广泛推广一直备受理论界和产业界的关注,但由于其底层技术体系建设和评价标准设计始终未能达成共识,区块链技术陷入"雷声大雨点小""愿景好落地少"的困境。目前大多数应用还处于研究或实验阶段,离规模化应用还有一段距离。

(三)技术融合不足,缺乏杀手级应用

"5G+区块链"融合发展与应用白皮书指出,区块链与其他技术结合才能成为更成熟适用的解决方案,否则离真正的落地还有一定的距离。任何新技术,其最大发展瓶颈是商业化问题,找到适合垂直行业的商业模式,与行业深度结合,找到行业的"痛点",才能做出"杀手级"应用。但目前,5G 与区块链融合尚处于发展初期,其商业模式尚在摸索阶段,当前还没有"杀手级"应用出现。

五、发展趋势

(一)利用区块链技术构建网络基础设施

利用区块链技术构建去中心化网络基础设施,促进通信运营商间的基站共享、频谱动态管理和共享,同时调动用户将身边的电子产品打造成可以进行传输的微基站,实现宏、微基站的协作。在当前通信运营商网络建设资金的压力下,利用区块链去中心化、安全、智能合约的特点,实现运营商间及运营商与用户间网络基础设施、资源的共享,帮助通信运营商广泛建立 5G 相关基础设施,推

动 5G 的快速落地和发展。

（二）5G 与区块链结合加速应用发展

"5G+ 区块链"融合发展与应用白皮书涉及物联网、车联网、无人驾驶、工业控制、智慧城市等领域，5G 的万物互联可以实现实时并快速地传输硬件数据，区块链的不可篡改、安全、可溯源、零知识证明技术能为设备与设备间大规模协作提供去中心化的解决思路。5G 与区块链结合，将加速应用场景的落地。

（三）区块链技术助力网络演进

随着 5G 网络的建设和技术的更新，下一代 6G 网络通信技术也提上日程。6G 愿景是使人类进入泛智能化社会。但 6G 也面临诸多挑战，例如，提升网络容量、频谱效率、系统覆盖、能量效率等。传统专用频谱分配方式，使频谱资源分配已满且利用率低下，导致移动通信系统面临频谱需求高但频谱资源严重短缺的矛盾。6G 将通过智能化灵活频谱共享技术，解决频谱分配专用造成的利用率低下难题。在安全方面，6G 引入具有内生安全的网络可信机制。因此，区块链技术在解决频谱共享技术及网络安全方面，将带来新的技术突破。

第三部分
数字资产助力数字经济

第十二章 数字货币与法定数字货币

第一节 伟大的尝试：比特币

比特币是迄今为止最为成功的区块链应用场景。预计到 2027 年，全球 10% 的 GDP 将通过区块链技术存储。

一、比特币的概念及特征

（一）起源

比特币是当下互联网通信技术进步背景和密码学融合的产物，它是在加密基础上设计的去中心化的点对点数字货币。它可以在没有授信的第三方平台存在的情况下，使用互联网和密码学技术保证资金在交易双方间迅速且安全地转移。比特币不由任何政府或组织决定，也不受到其信用背书，具有完全的"去中心化"的特点。比特币之所以能够被主流消费者和商家作为理想的货币，是因为它的系统框架具有高流动性、低交易成本的特点，并可以通过互联网快速连接到世界上任何地方的用户。

比特币区块链的第一个区块（称为创世区块）诞生于2009年1月4日，由创始人中本聪持有。一周后，中本聪发送了10个比特币给密码学专家哈尔芬尼，形成了比特币史上第一次交易。2010年5月，佛罗里达程序员用1万个比特币购买价值为25美元的比萨优惠券，从而诞生了比特币的第一个公允汇率。预计到2140年，所有的比特币将会被开采，比特币的总量将不再增加。

（二）特征

1. 安全性和匿名性

每一个比特币账户都是匿名的，它只能由一长串随机的字母和数字进行识别。因此，只要用户不泄露他的账户和名字，比特币就和现金一样是私人的。所有通过比特币网络进行的金融交易，都使用公共密钥加密。该系统产生两个在数学上以某种方式彼此相关的密钥，但加密密钥不能用来解密信息，反之亦然。

2. 去中心化

比特币这种数字货币，不需要任何中介机构或银行的存在来处理金融交易。在本质上，比特币社区可以被看作一个银行，所有用户在比特币系统中贡献他们的工作和努力，这一系统允许快速、廉价和基于互联网的匿名的金融交易。这使得所有的交易通过技术在用户的全网进行集中处理成为可能，所有的交易通过已存在的比特币程序处理。这可以让任何人看到，交易可以影响网站上的任何一个账户。

二、比特币的工作原理

比特币作为无中心化的数字货币，其工作原理包含数据存储和共识机制两个方面。

（一）比特币的数据存储

在比特币系统中，采用了一种链式结构存储用户转账记录。与传统的链式数据结构略有不同,比特币系统中用哈希指针(Hash Pointer)实现数据块之间的逻辑连接,即当前数据块的头部记录着上一数据块的哈希值。这种结构在很大程度上加大了篡改数据的难度,因为某一数据块中数据发生变化,将造成其直接后继数据块头部的哈希值变化,从而引起所有后续数据块的连锁反应。此外,由于后续数据块中隐含了前面数据块的信息,从而保证了数据块之间的时序关系。

(二)比特币的共识机制

无中心的货币系统必定需要共识机制。比特币系统采用了一种被称为"挖矿"的方法来保证共识。这里的"挖矿"与现实中的挖金矿具有本质类似性。黄金虽然有自身的自然价值,但作为货币时事实上却可以忽略它的自然价值。它是稀缺的,且通过一定的劳动量才能(概率地)获得。在比特币系统中,"矿工"付出工作量"挖出"的是符合某种条件的随机数,它与黄金一样是稀缺的、概率产生的。

比特币系统具体共识过程如下。

(1)矿工根据当前区块链末端的数据块计算新数据块的头部 prev_hash。

(2)矿工生成随机数 nonce,并将新数据块的头部 prev_hash、收集到的若干转账记录 Data、随机数 nonce 作为挑战哈希函数H()的输入,计算 H(prev_hash||Data||nonce)。若 H()的函数值小于某一个预设的阈值,则 nonce 合法;否则,重新生成 nonce,继续计算。

(3)矿工找到合法的 nonce 后迅速进行 P2P 广播,其他矿工在收到该消息后停止挖矿并进行验证,验证通过后,认为新的区块已产生(达成共识)。

(4)新区块产生的同时,找到 nonce 的矿工从系统得到一定数量的比特币作为奖励。

（5）矿工基于新产生的区块继续挖矿。比特币系统中使用的这种共识机制称为工作量证明。挖到矿的矿工获得一定奖金，可视为其挖到的"黄金"，代表了一定抽象的工作量。此外，在比特币系统中，工作量证明既是共识机制，也是发行机制。在对矿工奖励的同时，整个系统中的货币也在增加。

三、区块链技术解决的难题

区块链技术为比特币系统解决了数字加密货币领域长期以来所必须面对的两个重要问题，即双重支付问题和拜占庭将军问题。

双重支付问题又称为"双花"，即利用货币的数字特性两次或多次使用"同一笔钱"完成支付。在传统金融和货币体系中，现金（法币）是物理实体，能够自然地避免双重支付；其他数字形式的货币则需要可信的第三方中心机构（如银行）来保证。区块链技术的贡献是在没有第三方机构的情况下，通过分布式节点的验证和共识机制解决了去中心化系统的双重支付问题，在信息传输的过程同时完成了价值转移。

"拜占庭将军"问题是分布式系统交互过程普遍面临的难题，即在缺少可信任的中央节点的情况下，分布式节点如何达成共识和建立互信。区块链通过数字加密技术和分布式共识算法，实现了在无须信任单个节点的情况下构建一个去中心化的可信任系统。与传统中心机构（如中央银行）的信用背书机制不同的是，比特币区块链形成的是软件定义的信用，这标志着中心化的国家信用向去中心化的算法信用的根本性变革。

四、比特币的应用场景及优势

（一）支付

比特币经发行进入流通环节后，持币人可以通过特定的软件平台（如比特币钱包）向商家支付比特币来购买商品或服务。通过使用比特币，人们在支付方面可以安全快捷地进行交易，在一定程度上解决人们在交易中出现的安全隐患问题。比特币安全性高，保护用户隐私。比特币采用已被理论和实践证明安全的现代密码技术，能有效地防止比特币的伪造和重复花费，并保护用户交易的身份隐私。而在传统货币中，假币难以识别，几乎所有传统货币下都有大量用户蒙受过假币造成的损失，打击假币耗费了大量的人力、物力和财力。

（二）借贷

借贷交易模式的产生和正常运行，除却双方资金的充足外，另一部分原因是比特币能够给用户提供信任机制。基于信任下的借贷，能够促进比特币的长远发展。比特币是一种可编程的数字代码，它一旦成为可自动交易的货币后，会按照时序以不可抵赖的方式记录，从而保证交易可公开验证和审计，使得实现密码学家设计的智能合约成为可能，高效解决维系社会运行的传统合约系统中合约签署与执行中的高昂成本，并在很大程度上消除信用违约风险以及由此造成的社会经济问题。

（三）跨境转账

相比其他方式的跨境转账，手续费问题是交易的一大困扰。比特币在跨境转账上的广泛应用有交易成本低、速度快的优势。比特币使用便捷，发行和交易完全采用电子方式，交易安全由密码算法保证，社会信用成本极低。与此相对，传统货币发行中制版、印刷、押运需要高昂成本。比特币采用去中心化结构，所有交易不需要中介，支持用户到用户的直接交易，可以在全球/网范围内用假名实时转账；与此相对比，传统货币转账需要中介/银行的参与，涉及复杂的清结算手续和高昂的交易成本，尤其是跨国转账极为复杂且存在隔夜汇差风险。

(四) 投资

同时，比特币价格的涨跌机制使其完全具备金融衍生品的所有属性，因此出现了比特币交易平台以方便持币人投资或者投机比特币。

第二节　改进升级：以太坊、EOS

一、以太坊的概念及特征

以太坊是加拿大籍人维塔利克·布特林（Vitalik Buterin）提出的概念，其发行的代币称为 ETH。以太坊是一个去中心化应用的开发平台，将区块链和智能合约结合，被称为"区块链 2.0"。

以太坊希望通过通用技术来构建可以基于任何合约交易的，并且能够传递可信加密信息的状态机制，解决不信任的对等体之间的合约交易中可能存在的不确定或不统一的行为。不同于现实世界，以太坊虚拟机（EVM）上的交易合约摒弃了自然语言合约中存在的二义性，并且由机器保障了天然的判断公正性，从而提供使用者可信赖的交易执行过程和结果。

二、以太坊的工作原理

首先，为了执行交易，所有交易必须满足最基本的一组要求。

交易必须正确格式化 RLP。RLP 是一种用于编码的二进制数据嵌套数组的数据格式。以太坊使用 RLP 格式序列化对象。

有效的交易序列号。账户中的 nonce 是该账户发出的交易数。如果有效，交易号必须等于发送账户中的 nonce。

交易的 gas limit 必须多于交易中使用的固有 gas。

外部账户必须有足够的以太币来支付 gas 费用。

为了计算符合上面所说的所有要求，需要进行下面步骤。

第一步，从发送者的余额中减去前期 gas 费用，计算出剩余的 gas，再将交易的总 gas 量减去已经被消耗的 intrinsic gas。

第二步，执行交易。在整个交易执行过程中，跟踪"以太坊的状态"。子状态是在交易信息中生成记录的一种方式，交易完成时将立即用到这些信息。具体地说，它包括自毁集合，即在交易完成后无用的账户集合；日志，即用于虚拟机执行代码的存档点和检查点；退款所剩余额，即交易完成后需要将以太币返还到发送账户的总金额。

第三步，开始处理交易所需要的各种计算。当交易所需的步骤完成并没有无效状态时，通过确定返回给发送方的未使用 gas 的数量来确定最终状态。除未使用的 gas 外，发件人可获得"退还余款"中退还的部分津贴。一旦发件人收到退款，用于交易的 gas 被添加到区块的 gas 计数中（计数记录当前块中用于所有交易的总 gas，这对于验证块非常有用），所有自毁集中的账号地址将被删除。最后，得到了一个新的状态和交易创建的日志。

三、以太坊的应用场景

（一）去中心化应用程序 DApp

通过支持去中心化应用程序实现供求双方的点对点交易，用户无须与以太坊或任何第三方分享收益，也无须担心自身数据被挪用他处等问题，从而实现数字经济时代下个人数据自主的权利。这一模式由全网节点基于事前确定并达成共识的算法规则遵守并执行，无人可以（技术难度极大而不可能）豁免，因而极大地激发了用户的使用信心和参与积极性。

以太坊建立在一套基本的共识算法上来维持运行。用户可以借鉴以太坊的算法开发平行的平台程序，但无法对以太坊母体（Matrix）进行根本重建，这样就保证了系统运行的稳定性，使用户放心使用以太坊并在其上开发应用程序，这是以太坊突破传统开源经济的约束之处：着眼于最广泛的用户群体，充分发挥平台经济主要的匹配功能，并提供最基本的支持环境，同时以共识算法为基准方向，最小化人为因素影响，尽可能地保持系统运行稳定。从某种程度上讲，以太坊更像一个存在于互联网世界中的操作界面，只要遵循其共识算法，任何用户都可以使用其基本功能，开发者也可以在其上建立自己的专属程序并吸引用户。

（二）交易支付

以太坊交易具有快捷性和安全性的优势。在主链上，以太坊每秒可以处理 20 笔交易。"状态通道"（state channels，以太坊第二层扩容方案）在这里进行组织和完成交易，每秒可以处理数万笔的交易，但不是在区块链系统上完成。也就是说，可以通过建立第二层的应用来实现每秒超过 2 万笔交易的速度。另外，采用 Plasma 技术把第二层应用连接到以太坊主链，也会比中心化的技术更安全。

（三）众筹

智能合约是定位于以太坊其中一个特定地址上的代码（其功能）和数据（其状态）的集合，是一段计算机程序，可以通过调用智能合约，依照合约内部规则执行交易，访问合约状态数据。把以太坊应用到众筹领域，将会使得众筹更加简单、方便，使得中小企业更加容易筹集资金。在以太坊区块链上，如果创业公司众筹成功，智能合约就会自动将资金转移给创业公司，并且不收取费用。而 ICO 作为代币发行方式，则成为以太坊饱受诟病的"痛处"。

四、EOS

（一）EOS 和 EOS 代币

EOS（Enterprise Operation System）是由 Block.one 公司主导开发

的一种全新的基于区块链智能合约的平台，旨在为高性能分布式应用提供底层区块链平台服务。其目标是实现一个类似操作系统的支撑分布式应用程序的区块链架构。该架构可以提供账户、身份认证、数据库和异步通信服务，可在数以万计的 CPU/GPU 群集上进行程序调度和并行运算。EOS 最终可以支持每秒执行数百万个交易，同时普通用户执行智能合约无须支付使用费用。

目前市面上流通的 EOS 代币是基于以太坊发行的 ERC20 代币，代号为 EOS，后期主网上线后可以兑换成主网的真正 EOS Token。跟其他 Token 不同，EOS 代币代表的是 EOS 主网资源的拥有权，只要持有部分 EOS，EOS 主网的部分资源理论上就永远属于持有者。EOS 是一个为 DApp 而生的超高性能公链，越往后发展上面的应用也就会越多，当 EOS 网络上的应用越多时，EOS 的主网资源就会越宝贵，这时候 EOS 代币就会越值钱。

（二）EOS 技术架构

1. 应用层

cloes：客户端命令行交互模块，用于解析用户命令，根据具体命令请求调用相应的接口，如查看区块信息、操作钱包等。

nodeos：服务器端，也就是区块生产节点，用于接受客户端的远端请求，并打包区块，主要包含四个插件，chain_plugin、http_plugin、net_plugin、producer_plugin。

keosd：钱包管理模块，主要包括三个插件，wallet_plugin、wallet_api_plugin、http_plugin。

2. 插件层

插件层支持动态加载相关组件，实现了应用层的业务逻辑和区块链底层实现的解耦，同时为应用开发者提供友好的 API 接口。

3. 库函数层

库函数层为应用层和插件层提供基础能力，实现了区块链的底层关键技术，例如，交易处理、生产区块、加密功能、文件 IO 操作、网络通信能力，等等。

4. 智能合约层

智能合约层主要包含一些智能合约的示例代码。

（三）EOS 的应用场景

EOS 代币目前是 EOS 区块链基础设施发布的基于以太坊的代币，主要有三大应用场景：带宽和日志存储（硬盘）、计算和计算储备（CPU）、状态存储（RAM）。EOS 主网上线后会将 ERC20 代币 EOS 转换为其主链上的代币。

1. 接收方支付

客户从该业务中购买特定产品，而这些产品的销售收入将用于支付业务成本，避免客户直接为使用区块链支付费用，也不会限制或阻止企业确定其产品的货币化策略。

2. 授权能力

如果一个区块链是基于 EOS 软件系统的，而其代币是由一个代币持有者所持有的，他可能不需要立即消耗全部或部分可用带宽，这样的代币持有者可以选择将未消耗的带宽给予或租给他人。

3. 将交易成本与代币价值分开

如果应用程序所有者持有相应数量的代币，那么应用程序可以在固定的状态和带宽使用中持续运行。开发人员和用户不会受到代币市场价格波动的影响，因此不会依赖于价格。

4. 区块奖励

每次生成一个区块时，EOS 都会奖励该区块生产者新的代币用于支付其运维成本。目前 EOS 设定限制了区块生产者所得奖励上限，目前的奖励上限为每年最多 5%，即代币新增供应的年总增长不超过 5%。

第三节　面向应用：Bakkt、Ripple

一、Bakkt

Bakkt 是一个提供购买、销售、存储和使用数字货币的平台，由纽约证券交易所母公司 ICE（洲际交易所）于 2018 年 8 月所创建。

它将为机构投资者提供一个安全、受到良好监控的交易场所，用来交易世界上使用最广泛的加密货币——比特币。这同时可以帮助缓解比特币波动性和可信赖性的问题，Bakkt 交易所大大提高了比特币作为资产的合法性。这意味着国际主流金融界在涉足加密货币业务上迈出重要一步，并被认为极有可能吸引更多投资者与资金进入加密货币行业，推动比特币等主流加密货币的价格上涨。

（一）应用场景：金融

Bakkt 的妙招是创建了一种期货合约，其交易方式类似于现货合约。通过购买每日期货，购买者的账户将在当天收到比特币实物。Bakkt 产品具有 CFTC 监管下严格的交易和清算能力，同时具有使用保证金加杠杆的突出优势。

有了 Bakkt 期货，交易这些合约的捐赠基金或证券公司不仅能够通过 ICE 清算体系的支付渠道付款，还能通过 ICE 清算体系确保购买的比特币能够交付。这套 ICE 清算体系已经在为全球石油巨头交易石油合约提供清算服务。他们新购买的代币将存储在一个超级安全仓库中，这个代币安全仓库和纽约证券交易所股票保管体系一样，有着同样的网络安全保护措施。

（二）应用场景：商业支付

如果 Bakkt 成功地释放了比特币的机构交易量，这些代币可能成为一种流动性很高的替代货币。手机上装有 Bakkt 应用程序的人可以很容易地使用比特币从商家那里购买商品。Bakkt 负责将比特币转换成美元，这样商户就永远不会接触到比特币，只会看到传统货币。专家比较了通过比特币和信用卡支付的交易成本后发现，前者可以将目前的交易费用降低 75% 左右。商家可以利用这些节省下的交易费来降低价格，或者设计自己的奖励方案。

二、Ripple

Ripple 是为世界范围内的转账和支付而设计的一种用以进行金融交易的互联网协议，该协议可以用来即时免费地以任何币种向世界的任何角落转账。瑞波币是基于 Ripple 协议的一种虚拟货币。Ripple 总共发行 1 000 亿单位的 XRP，XRP 目前可精确到 6 位小数；最小的单位称为一滴，即 100 万滴等于 1 个 XRP。按照设计，XRP 的数量不但不会增加，反而会随着交易的进行而逐渐递减。

（一）Ripple 协议的运行原理

Ripple 运行所依赖的两个核心要素是瑞波币（XRP）和网关。作为 Ripple 网络的原生货币，XRP 可以实时发送到任何一个拥有 Ripple 账户的使用者那里；为了支持其他币种的发送，Ripple 网络则利用网关和路径来实现。

网关的目的是让现实中的货币资金进入网络。就像通过银行网点把钱存到银行系统，通过 Ripple 网关可以把钱存到 Ripple 网络。比如，用户支付 100 元人民币给 Ripple 网关，然后网关就会发放 100 元人民币到用户的 Ripple 账户；接下来，用户就可以通过 Ripple 网络进行支付。

Ripple 协议为支付体系提供了一种标准，基于 Ripple 的支付就像是收发电子邮件一样。举例来说，如果支付双方用户来自同一家银行，那么支付就会快速并且费用低（或者零费用）；若两个用户来自不同的银行，那么彼此之间的支付不仅费用高而且缓慢。Ripple 协议恰好解决了这个问题，不同的用户可以通过 Ripple 协议免费进行实时支付。

（二）Ripple 的应用场景

1. 跨境支付

Ripple 允许实时跨币种支付：使用者支付某一种货币，收款者可以收到另外一种货币。货币兑换在 Ripple 协议内部是以实时汇率进行自动处理的，没有手续费和额外的保证金。如果所有人都接入 Ripple 网络，那么诸如国际汇款等活动就会变得十分便捷。

Ripple 的诞生，使得路径（一条连接网关、金融机构和用户，并允许货币在三者之间传送的通道，所有的传送都需要利用路径）变得更加开放、快捷、方便。对用户来说，他的账户只能由自己控制，这意味着在理论上用户的账户不会被冻结，不存在任何限制，不需要任何先决条件或使用条款。使用 Ripple 时，在某些方面感觉像是网上银行，但它并不是某家实体银行的网上延伸，其便利性远远超过传统的网上银行。

2. 企业机构

无论客户身在何处，瑞波币都能让小型企业在几秒钟内收到客户的汇款。Ripple 可以在短短三天内将钱从消费者的信用卡转移到小型企业银行账户。这种快进功能有助于管理公司的日常现金流。

由于 Ripple 的转让费可以忽略不计，为了具有竞争力，信用卡公司很有可能降低转让费用，这将导致小公司在这一领域的支出减少幅度较小。信用卡交易费对于今天的小企业来说非常不合理。大公司可以获得更多的利益，但小企业不能享受同样的利益。Ripple 的交易确认时间仅为 3—5 秒，外汇手续费非常少，甚至为零。

在与国际铁路联盟合作的研讨会上，与国际铁路联盟的合作，可以让铁路交易快速、便捷、准确，使数字化之旅绿色环保，RXPS 也成为 UIC 铁盟网路的基础通证，可以流通互转，解决铁盟内部庞大的数据处理问题和结算速度问题,加速了整个 RXP 的流通。

(三) Ripple 的盈利模式

Ripple Labs 的盈利模式是销售和持有 XRP。XRP 在 Ripple 系统中承担着主要桥梁货币和保障安全的功能,其中尤为重要的是保障安全的功能,它要求参与这个协议的网关都必须持有少量 XRP。由于 Ripple 协议的开源性,恶意攻击者可以制造大量的"垃圾账户",导致网络瘫痪。为了避免这种情况,Ripple Labs 要求每个 Ripple 账户都至少有 20 个 XRP,每进行一次交易,就会销毁十万分之一个 XRP。这一费用对于正常交易者来说,其成本几乎可以忽略不计,但对于那些制造海量虚假账户和交易信息的恶意攻击者来说,所销毁的 XRP 会呈几何级数增长,其成本将是巨大的——正是基于这种设计,Ripple 能够遏制可能存在的恶意攻击。

实践操作中,网关们需要购买的 XRP 并不多,而且价格也非常便宜,目前 1 个 XRP 仅为 0.4 美分。与比特币一样,XRP 的数量也是不能"超发"的(总量为 1 000 亿个),但由于每次交易都将销毁少量 XRP,这就意味着 XRP 的数量会逐渐减少。

第四节 CBDC 的代表:DECP、Libra 与其他

一、央行数字货币(CBDC)

央行数字货币是一种电子化、由国家央行发行、面向一定人群或者机构的现金替代品或补充品。其可以通过区块链发行,也可以基于其他的数据结构。

各国央行对央行数字货币界定的共同之处是,央行数字货币由中央银行发行,是中央银行负债,为法定货币的一种。其本质是主权信用货币,价值来自国家信用背书。无论哪种 CBDC,发行的目的都是提高经济运行效率,在现金交易日益减少的环境下增强法币

流动性。

二、中国央行数字货币（DCEP）

中国央行数字货币的英文全称是"Digital Currency Electronic Payment"，简称是"DC/EP"。按照规范的定义解释，中国央行数字货币的本质是由中国央行发行的法定货币，是中央银行的负债，由中央银行进行信用担保，具有无限法偿性，是现有货币体系的有效补充。

从性质和功能上，它和现在的人民币一样，但以数字货币的形式呈现，是 M0（指的是流通于银行体系之外的现金）的替代品。并且，它由央行发行，有央行的信用担保，所以资产具有高度安全性。而无限法偿性指的就是不论支付数额多大，对方都不能拒绝接受。

（一）DCEP 的运行逻辑

DCEP 的发行机制选择的是一种"双层框架结构"。上一层是央行对商业银行发行，下一层是商业银行对老百姓。商业银行在中央银行开户，按照 100% 全额缴纳准备金，个人或者企业通过商业银行或者商业机构开设数字货币钱包。该结构结合了中央银行体系和商业银行体系，即将原有的银行账户系统与基于数字货币钱包的账户系统相结合。在比特币加密货币体系中，货币是独立于法定货币系统和银行账户系统的，这种分离在某种程度上会加大用户的管理难度。为了解决这个问题，央行在设计 CBDC 时以原有的商业银行传统账户体系为基础，引入了数字货币的钱包属性，实现了支持一个账户同时管理现有电子货币和数字货币的双层框架结构。

根据 IMF 的分类，央行数字货币一般分为账户版和 Token 版。账户版指的是账户要开在央行而不是商业银行，这就是中国人民银行否定掉的"单层结构"，因为这样会增加商业银行的融资成本，也会导致金融脱媒等问题。Token 版的央行数字货币对交易双方的鉴别真伪则会复杂和困难一些，因此交易中往往需要引入外部的认证机制来验证真伪，也导致了交易可能无法像现金一样实现百分百的匿名性，它的匿名程度取决于数字钱包注册信息的披露情况。

（二）监管情况

CBDC 是基于区块链的国家法定货币版本，有与纸币、硬币一起流通的可能，它们接受国家的完全监管。CBDC 并不是去中心化的，相反，它们只是法定货币的数字形式。因此，发行 CBDC 的中央银行不仅成为这些货币的监管机构，同时也成为其客户的账户持有人。每个 CBDC 单位，都类似于分布式账本技术（DLT）下纸钞的安全数字形式。

（三）DCEP 的影响和意义

1. DCEP 改写个人支付方式，开启下一个支付新时代

过去，在移动手机的影响下，我们已经由纸钞、储蓄卡、信用卡支付转变到"无现金"的手机移动支付，颠覆了传统支付方式。当下，随着区块链技术在金融领域的逐步渗透，DCEP 的诞生或许又将带我们重新改写个人支付方式，仅携带移动端，不需要联网和额外手续，直接与另一终端进行交易，全效替代纸币，提高效率、便捷性、安全性，开启下一个支付新时代。

2. DCEP 将颠覆贸易结算体系，促进金融科技创新

区块链技术的特点决定了它在结算方面有着透明、安全、可信的天然优势。借助区块链核心技术，DCEP 不仅改变个人支付方式，还将重塑企业间、国家间的支付结算方式，构建一个高效的结算网络也已经成为当前许多国家的共识。DCEP 的支付功能在跨境结算上将发挥积极作用，促进国际金融业务的发展。

3. DCEP 是维护主权货币体系稳定和防范金融风险的重要工具

在现阶段各类虚拟货币纷纷发展、人民币依旧受美元政策周期影响、人们日常交易把持于少数私有电子交易体系的情况下，中国

的货币体系仍一直受到威胁和冲击。政府希望通过法定数字货币来稳定国内现有货币体系，将其作为现有法币体系的补充，确保央行对国内货币和支付体系的控制权。

三、Libra

2019 年 6 月 18 日，脸书发布 Libra 白皮书，提出建立一套简单的、无国界的、服务于数十亿人的金融基础设施。Libra 是由脸书主导发行的、建立在区块链技术基础上的、由专门协会负责管理的加密数字货币。其不追求对美元汇率稳定，而追求实际购买力相对稳定的加密数字货币。最初锚定由美元、英镑、欧元和日元这四种法币计价的一篮子低波动性资产作为抵押物。Libra 价格与这一篮子货币的加权平均汇率挂钩，不锚定任何单一货币。

（一）Libra 组成部分

Libra 具体由三个部分组成：（1）建立在安全、可扩展和可靠的区块链基础上；（2）以赋予其内在价值的资产储备为后盾，百分之百挂钩一篮子货币；（3）由独立的 Libra 协会治理，该协会的任务是促进此金融生态系统的发展。通过上述三者共同作用，Libra 旨在创造一个更加普惠的金融体系。

1. Libra 区块链

Libra 区块链的愿景是从许可型区块链的形式起步，兼顾隐私保护、实用性、可扩展性和监管影响，逐渐实现真正的去中心化。其具有三项重要决策：设计和使用 Move 编程语言，用于在 Libra 区块链中实现自定义交易逻辑和"智能合约"；使用拜占庭容错（BFT）共识机制，来实现所有验证者节点就将要执行的交易及其执行顺序达成一致；采用和迭代改善已广泛采用的区块链数据结构。

2. Libra 货币和储备

Libra 作为基于一篮子货币的合成货币单位，与 IMF 特别提款权（SDR）一样，属于超主权货币。在发行环节，Libra 是基于百分之百法币储备的，由于代表一篮子已经存在的货币，Libra 没有货币创造功能，扩大 Libra 发行的唯一办法是增加法币储备。Libra 的目标是成为一种稳定的数字加密货币，将全部使用真实资产储备作为担保，并由买卖 Libra 并存在竞争关系的交易平台网络提供支持。

从货币功能来看，Libra 有价值储藏功能；由于货币支付的网络效应以及现实中尚无以 Libra 计价的商品或服务，Libra 的交易媒介和计价单位功能在 Libra 发展前期将受限制。但其集世界上最佳货币的特征于一体（稳定性、低通货膨胀率、全球普遍接受和可互换性），普及后的能力即使是部分法币也无法比拟。

从服务能力来看，Libra 能推动金融普惠。根据 Libra 协会的介绍，用户只要在手机上装一个 Calibra 数字钱包，就具备拥有和使用 Libra 的物理条件。Libra 的交易手续费低廉，同时 Libra 联盟成员有丰富的行业背景，对用户需求有更深了解，如能将 Libra 灵活嵌入用户生活的多个方面，将会提高用户使用 Libra 的便利性。

（二）Libra 运作机制

Libra 基于 100% 的法币储备，这些法币储备将由分布在全球各地且具有投资资质的托管机构持有，并投资于银行存款和短期政府债券。法币储备的投资收益将用于覆盖系统运行成本、维持低廉的交易手续费和向早期投资者（"Libra 联盟"）分红等。Libra 用户不分享法币储备的投资收益。

Libra 联盟将选择一定数量的授权经销商（主要是合规的银行和支付机构），授权他们直接与法币储备池交易。Libra 联盟、授权经销商和法币储备池通过 Libra 与法币之间的双向兑换，使 Libra 价格与一篮子货币的加权平均汇率挂钩。

类似第三方支付商的储备金利息，Libra 白皮书中明确说明了吸收的资金会用于投资低风险的银行存款与短期政府债券，其利息将不会分发给 Libra 持有者，而是用于维持日常运营开支。早期 Libra 的投资和支持者（Libra 投资代币持有者）将会获得 Libra 的收益分红。

四、其他 CBDC

（一）英国央行数字货币 RSCoin

英国央行在 2015 年率先提出 CBDC 的理念、构想和模型，英国央行和伦敦大学学院的研究人员展开合作开发了央行数字货币模型 RSCoin，并对其进行了初步测试。RSCoin 依赖多个被授权的商业机构（如商业银行）来验证交易，称之为 mintette，以防止"双花"问题。

RSCoin 不仅创建了一种独立的加密货币，而且提供了一个加密货币平台，供用户整合各种已存在的加密货币，以实现多种用途。RSCoin 并不基于传统区块链的模型，它使用一个中心的节点来维护所有数据，mintette 只维护部分数据。

针对现有加密货币系统的很多不足，RSCoin 致力于解决以下三个问题：一是可扩展性，随着 mintette 数量的增多，整个系统处理交易的吞吐量越高。二是货币发行可控性，系统将货币供应和账本维护分离，央行负责控制货币的发行，账本由 mintette 和央行共同维护，mintette 维护部分子账本，央行维护总账本。三是通用性，不同央行均可使用 RSCoin 平台发行各自的数字货币。

（二）美国的数字货币 Fedcoin

Fedcoin 是一种基于区块链的中央银行加密货币，科宁（Koning，2016）给出了中央银行加密货币的概念模型，并在区块链中模拟实现用户交易。Fedcoin 是在 RSCcoin 基础上的改进，采用联盟链，系统保持了 KYC（充分了解你的客户）规则，并采用零知识证明提供匿名性。共识机制不采用 PoW，而是采用两阶段承诺，中央银行依赖去中心化的授权节点来验证交易并阻止双重支付。在联邦共识中，交易量和处理延迟分别比比特币高和低两个数量级。

作为中央银行加密货币，Fedcoin 系统由中央银行维护区块链，公共机构维护账本的备份，也可以由私有部门代理处理。其所提出的概念模型具有快速、稳定、可扩展和安全性的特征，具体而言，Fedcoin 能够提高点对点的处理速度和资产的可用性，减少不同账本之间对账的需求，增加透明性和交易记录的不可篡改性，改善网络的弹性，降低操作风险和金融风险。

Fedcoin 具有以下属性：防止双重消费、不可抵赖封装、可审计性、暴露不活动状态、不可逆的交易、用户隐私、安全性，以及可替代性，即所有币都是等同的。与英国的 RSCcoin 类似，Fedcoin 重新引入了一个中心节点。来控制货币系统，赋予中央银行 Fedcoin 区块链中发行货币的权力。这将使中央银行保证 Fedcoin 币数量和纸币一比一对等。虽然 Fedcoin 恢复了"银行"这一节点来控制货币，但比特币的其他去中心化特征将继续适用于 Fedcoin。所以，Fedcoin 可以继承比特币和一些实体货币的特征。这些特征包括匿名、反审查和代币的重复利用。Fedcoin 还为中央银行提供了实体货币无法实现的特点，如负利率。

第五节 CBDC 成功的关键要素

一、技术架构

CBDC 系统主要遵循"中央银行—商业银行"的二元模式，由中央银行发行货币到商业银行的银行库，再由商业银行直接面向全社会提供数字货币服务。并且针对中央银行到商业银行这一层的发行、转移和回笼的闭环运行机制进行了整体规划设计。其范围还包括：选取数字票据交易平台作为 CBDC 转移的原型实验场景，并与原型系统进行对接；由中央银行与参与原型实验的商业银行共同组建分布式账本体系，在 CBDC 网上确权查询中探索分布式账本技术的应用。

CBDC 体系的核心要素为"一币、两库、三中心"。一币指的是 CBDC，两库指的是中央银行发行库与商业银行的银行库，包括流通市场上的 CBDC 用户数字货币钱包；三中心是指认证中心、登记中心和大数据分析中心。

认证中心：央行对央行数字货币机构及用户身份信息进行集中管理，它是系统安全的基础组件，也是可控匿名设计的重要环节。

登记中心：记录央行数字货币及对应用户身份，完成权属登记；记录流水，完成央行数字货币产生、流通、清点核对及消亡全过程登记。

大数据分析中心：反洗钱、支付行为分析、监管调控指标分析等。

结合分布式账本技术，CBDC 会提高证券和衍生品相关交易的结算效率。目前提出的用于定向支付的实施方案，旨在符合与容量、效率、稳健性有关的现有中央银行系统要求，明显优于现有基础设施。CBDC 有多种形式，包括定向型与通用型。对支付系统，货币政策传导以及金融体系的结构和稳定性都有不同的影响。定向型会限制对预定义用户组的访问，而通用型则可以被用户广泛使用。

二、治理模式

央行数字货币的治理模式有两种选择。一是由中央银行直接面向公众发行数字货币，二是遵循传统的中央银行—商业银行二元模式。

在第一种模式下，央行直接面对全社会提供法定数字货币的发行、流通、维护服务；第二种仍采用现行纸币发行流通模式，即由中央银行将数字货币发行至商业银行业务库，商业银行受央行委托向公众提供法定数字货币存取等服务，并与中央银行一起维护数字货币发行、流通体系的正常运行。

第二种模式更加受人青睐，原因如下：一是更容易在现有货币运行框架下让法定数字货币逐步取代纸币，而不颠覆现有货币发行流通体系；二是可以调动商业银行积极性，共同参与法定数字货币发行流通，适当分散风险，加快服务创新。在二元模式下，中央银行负责数字货币的发行与验证监测，商业银行从中央银行申请到数字货币后，直接面向社会，负责提供数字货币流通服务与应用生态体系构建服务。

三、资产储备与锚定

CBDC 的锚定与资产储备对象均为法币。由国家央行发行的 CBDC 多锚定本国法币，而如 Libra 类的非国家发行的法币则锚定多国法币。

CBDC 的储备入金时均为法币，而随着时间的推移，一部分法币被用于投资低风险证券。因此最终的资产储备将是一个法币储蓄和低风险证券的资产组合。其储备金是全额抵押的，以保持用户对价格的信心。其价格只会在其储备资产价值上下很小的一个价格区间内浮动。

与其他加密货币不同，CBDC 储备资产的规模是由用户持有度和分散度决定的。其货币的供给不受到外部因素的限制，这对于整个生态中货币发行的规模随需求的增减而调整是极为重要的。CBDC 是 100% 由等额资产储备和充分的交易所支持的，因此不管流通量有多少，CBDC 都与法币等价，可任意兑换。

CBDC 有价值锚定,能够有效发挥货币功能。 相比交易媒介功能,货币作为计价手段的功能是第一位的,而作为计价功能,货币价值的稳定性至关重要,对于货币的价值储藏功能更是如此。 货币需要有价值锚定,如此才能有效发挥货币功能。

回顾历史,各种货币形态均有价值锚定。 商品货币、金属货币的价值锚定来源于物品本身的内在价值。 金本位制度下,各国法定货币以黄金为价值锚定。 布雷顿森林体系瓦解以后,各国法定货币虽不再与黄金挂钩,但是以主权信用为价值担保。 到了法定数字货币时代,这一最高价值信任将继续得到保留和传承。

反观以比特币为代表的去中心化类私人数字货币,其价值来源主要产生于投机因素。 从公共经济学视角看,比特币等私人类数字货币不具备提供"清偿服务"和"核算单位价值稳定化服务"等公共产品服务的能力,在交易费用上亦不具有明显优势,这些缺陷决定了其难以成为真正的货币。

央行数字货币有信用创造功能,从而对经济有实质作用。 在信用货币时代,货币本身就是信用,实质上是发行主体信用的证券化,具有金融属性,货币创造过程即是一种信用创造过程。

四、流动性

流动性是反映资产变现能力的指标。 而货币流动性,即 M1/M2,反映的是货币在市场上的投放量。 对于 CBDC 而言,每一枚 CBDC 背后都有稳定和具有流动性的资产背书,只要和竞争力强的流动性提供者和交易所合作,用户就可以对 CBDC 的流动性和价值稳定性有信心,也就是可以在任何时候出售任何数量的 CBDC,还保持价格稳定。

对比非中央发行的其他虚拟货币,其价值不受各国央行承认,没有政府信用背书,甚至可能被禁止交易,流动性难以保障。 中央银行具有国家信用支持，具有发行中心化的数字货币天然优势。 私营机构发行数字货币更容易引发通货膨胀，也无法在系统出现流动性短缺时承担最终贷款人的角色，且发行多种货币可能造成社会资源浪费和公众财产流失。 相比之下，央行单独发行数字货币具有开源节流、提高流动性、保护用户隐私以及维护社会秩序稳定等优势。 首先，数字货币的发行成本大大低于纸币，而且数字货币不会损毁，没有回收的需要。 其次，数字货币发行后，便捷程度的提高可能会使交易总量上升，从而提高整个经济体系的流动性、降低交易成本。 最后，中央银行发行数字货币可以兼顾保护隐私与打击违法犯罪行为（如洗钱、恐怖融资等）。

相比于以往的纸质法币而言，CBDC 可以让央行更好地管理货币创造和供给，赋予了政府对本国货币体系更强的宏观管控能力。在现金使用日益减少的数字世界中，CBDC 可以为公众提供一种安全的、流动性强的、政府支持的支付方式，甚至不需要个人持有银行账户，金融包容性极高，可以有效减少流动性过剩，以及其后引发的通货膨胀的危机。 且 CBDC 可以增强支付体系弹性，打破支付系统日益集中在少数几家大型公司手中，可以有效保证支付系统的稳定性。 这对于保证本国法币的流动性无疑是有巨大帮助的。而 CBDC 具有的支持跨境支付、支持不同抵押品、支持任何个人和机构开户等特性，将极大解放现有固定资产，同时也意味着其高流动性。

第十三章　通证：治理与激励的新型模式

第一节　通证

通证是可流通的加密数字权益证明，简称通证。上文所提到的所有加密数字货币，本质都是一种特殊的通证。

一、通证三要素："值""证""通"

"值"，即数字权益证明。它代表经济激励作用，具有经济激励性。通证必须是以数字形式存在的权益凭证，它必须代表一种权利，一种固有和内在的价值。其价值属性来源于社会对其价值背书信用的认可，即社会共识。

"证"，即加密。通证拥有真实性、防篡改性、保护隐私等特点，由密码学予以保障。每一个通证，就是由密码学保护的一份权利。

"通"，即可流通。通证能够在一个网络中流动，每一个节点都可以验证。其中一部分通证可交易兑换。

从通证的价值属性来说，通证具有价格、收益、权利三个维度的属性。这三种属性既相对独立，又相互依赖密不可分。一种通证可能具备一个或者多个价值属性，几种属性之间可能相关，例如，收益和价格。不同属性之间的通证兑换模型可能不确定，或者随环境变化而变化而无法形成兑换关系。多维价值尺度实际上是通证发行方的一种表现和传播，而非单纯的经济活动。通证可以代表一切权益证明。从身份证到学历文凭，从货币到票据，从钥匙、门票到积分、卡券，从股票到债券，人类社会的全部权益证明，都可以用通证来代表。如果用通证将权益证明全部数字化、电子化，并且以密码学来保护和验证其真实性、完整性、隐私性，将成为人类文明的一个巨大翻新。

二、通证的分类

从广义角度，按照属性维度，通证可以分为：价值型、收益型、权利型、标识型。

价值型：作为价值载体，直接对应价值，如储值卡、兑换券等。

收益型：持有人在应用场景中获得权利，如优惠卡、贵宾卡等。

权利型：具有收益权可以持续产生收益的，如债券、股票等。

标识型：本身并不具备价值特征，但是某种有价证券或者客观事实的标识，如房产证、老年证。

从狭义的角度看，通证即数字货币，token 即代币。按照资产属性不同可以分为：币、平台、应用、实物资产代币化。

币：指基于区块链技术开发的，不对应于特定使用场景且主要功能仅为交易标的的一类资产，其资产价值主要通过流动性体现。

平台：指与区块链底层技术开发相关联，且以该类平台使用权或参与权为支撑的一类资产。

应用：指与特定应用场景相关联，且以一定的使用权、参与权或分红权为支撑的一类资产。

实物资产代币化：指与实际资产如黄金、美元等挂钩，以实物资产价值为支撑的一类资产。

三、通证的作用

通证在被引入之后扮演了两种角色：一是价值互联网的价值载体，二是作为大规模群体协作的激励媒介，可以诱发参与式经济。

（一）通证是价值互联网的价值载体

价值互联网是在现有信息互联网之上，用区块链技术进行升级和构造，使它能够安全地传递价值。它用于保证价值的单向传输，使得价值不能在两端之间复制。而通证的角色则是在其上传递的、安全可靠的价值载体。

（二）通证是大规模群体协作的新媒介

"通证"是区块链中实现经济激励的主要方式。作为诞生于区块链上的、最具特色且独立发展经济形态，通证作为所有加密数字币种的上维形态，具有天然的激励属性。

现代社会中通常有两种奖励形式，一种是在单一领域或社区可用的兑换奖励，比如积分或者票券。这种奖励的本身信用程度不高，与现有货币的兑换率较低或者为零，这意味着它在社会金钱一元化衡量的价值尺度下没有实际收益。这使得这种奖励制度的结果并不理想，对于用户活跃和协同的贡献也不高。另一种奖励形式便是公司与企业工作中分配的货币利益。但在分配的过程中，即使再精明的制度也很难保证把利益按照实际的创造比例去分配给个体。这使得体系中难以避免浑水摸鱼和代领功劳的现象，对个体积极度是极大的打击。

但通证的引入可以很好地解决这一弊端。首先，通证本身便是奖励，这便是一种多维的价值定义。用通证作为激励机制，所有利益方都可以创造价值，创造价值的各方可以得到利益的分配。通证自身具有的价值可以使得领域内的用户自发地活跃起来，试图去拥有它，从而依照制度的引导形成大规模的团体协作。而对于公司和企业项目而言，通证通过其背后的技术链，将数目管理精确到了可信的程度。这使每一个创造价值的个体都能被分配到相应的奖励，从而激发了个体积极性，有望实现真正的按劳分配。而一旦这种机制成型，其制度内的个体自然能看到这种分配的好处，从而逐渐信任，最终达成集体共识。这是一种良性的正循环，它能引起人们自发地协同协作，从而参与到通证经济中来。

第二节 通证经济

通证经济是一种新的金融和治理模式，其运行本质就是对通证的运用。通证经济让每个个体、每个组织都能够基于自己的劳动力、生产力发行通证，从而形成自金融范式；其基于通证进行大规模群体协作，让每个创造价值的角色都能够公平地分享价值，充分调动参与动力，形成自组织形态。

所有通证经济模型的基本假设都基于激励驱动行为。在通证经济中，激励就是系统中流通的数字货币，它们被用于激励网络内的参与者做出有益于整个网络的事情。

一、通证经济的内涵

通证经济包含两层含义：基于通证激励性的协作新方式出现、万物通证化带来的社会价值观重塑。

（一）经济激励性

通证的经济激励性可以让人们为了某一个特定的目标，在短时间之内组织大规模的协同强协作。这种协作的边界是模糊的，由个人决定随时加入或退出。进入协作的人们为了获得经济激励，便会自发地完成这种协作。

在这种协作模式下，单一协作体成员的身份角色可能是模糊的。在身为用户的同时，也可以是这个通证经济体的所有人，即股东。身份的转变，使用户更好融入到通证体系当中，从而减少交易摩擦与交易成本，由此改造社会协作。

（二）价值观重塑

通证可以重构社会价值观。它把以往一些难以用法定货币来衡量的东西通证化，并赋予它应有的价值。一旦这种价值被描绘出来，人类的价值观将从单一价值维度变成多维价值观，从而终结金钱对于人类社会的一元化统治。用不同的通证代表不同的价值观，让每个人可以在多维价值观的世界中自由选择。

二、通证经济的优势

相比以往的经济模式，通证经济具有以下几个重要优势。

供给侧变革。通证的供给充分市场化，高度自由。任何人、任何组织、任何机构都可以基于自己的资源和服务能力发行权益证明。

流通速度快。区块链上的通证流转比以往任何交易形式都要快几百、几千倍，而且由于密码学的应用，这种流转和交易极其可靠，纠纷和摩擦将几百、几千倍地降低。

价格发现快。由于通证高速流转和交易，每一个通证的价格都将在市场上获得迅速的确定。这种不可见的确认比今天的市场价格讯号要灵敏和精细几百、几千倍，它将把有效市场甚至完美市场推到每一个微观领域中。

三、通证经济的作用影响

通证经济一旦落地普及，将会给商业模式、治理模式及社会认识带来重大影响。

（一）通证经济改变商业模式

通证经济基于区块链，依托社群共识，可以实现原有互联网和商业不够重视或无法落地的需求，如全球分布式协作。它通过改变利益分配模式来变革生产关系，重构了原有的商业模式。

通证经济将权利、利益和责任分散化，通过分布式协作形成一种去中心化的资本模式。通证经济下的项目没有管理者与集权者，取而代之的是星罗棋布的节点和开源代码。每一份通证的持有者都相当于项目的股东，大家为了同一个目标——"推动项目发展把它做成功"，都是项目的一分子，为项目做贡献，推进所持的通证增值，大家一同获利。

通证经济将以往的协议代码化，也将交易过程中的管理和监察代码化。契约是现代文明的基础，契约精神已经成为市场经济和文明社会的灵魂。现实中契约从口头协议到书面合同，再到电子合同，从纸质化，到数据化，再到代码化，一直都在强调合约的履约能力和执行能力。而通过区块链将合约写在公开透明的共享账本上之后，能够极大地降低履约成本，提高合约质量。这是区块链时代的特点：算法经济学，即利用算法进行资源的高效调度和分配。在通证经济时代，通过智能合约设立分配、协作机制，可以比传统企业的效率更高，更准确。

通证经济形成共识思维。互联网中的用户思维是用户至上，从用户的角度设计产品及服务满足用户需求，本质上是与用户需求达成共识。通证经济的共识性思维，在融资中即为众筹的模式；在营销中,这是一种提前锁定用户的策略;在管理中,让用户参与到监管环节中;在商业模式中,是将用户纳入产业链之中。 通证生态体是以社群共识为基石进行建构的,其出发点和落脚点都是共识。 通证思维从共识出发,只有共识才能开启社群、交易与协作。 如果共识破裂,公链就可能分叉,其价值就会降低,甚至归零,产生难以挽救的危机。

(二) 通证经济激励推进新的治理模式

通证经济激励推进新的治理模式,优良的治理模式再反过来起到激励作用,形成良性的经济正循环。

在商业领域里人们正在迎来这样一个时刻,就是包容性的制度正在进入商业中去,然后改变甚至颠覆现有的商业模式,甚至把商业变成一种治理模型。 基于通证和未来公链共同体的出现和支撑而出现的全新的商业生态,可能会推进一种新型的经济体治理模式。

通证经济落地后,将会在短时间内出现以通证为基础的大量的新型商业和经济治理实践。 通证经济体、公链经济体建立完以后,公司的整个思想就不是传统的盈利思想,而是治理的思路,叫共同繁荣。 未来的模式就是共治、共享、共有。 而这种共有又反过来促进群体协作,起到激励作用,形成良性的经济正循环。

(三) 通证经济促进多价值尺度形成

通证经济有助于发展多价值尺度的现代社会。 其通过万物通证化的多价值尺度,打破以往只以货币为单一尺度的价值衡量。 这可以使很多以往难以规范管制的行为得到直接的价值尺度衡量,从而制定新的社会标准,对社会管理和发展产生深远影响。

(四) 通证经济利于国家监管和微观社会管理

通证经济以区块链为后台,将全部数据存档,无法篡改,无法抵赖,易于追溯。 再结合人工智能和大数据分析技术,极其便于主管当局实施监管。 通证经济结合区块链可以发挥"代码即法律"（Codeis Law）的能力，将很多规范直接写到智能合约里。 国家管理意志将由密码学、智能合约以及与之相配套的一系列制度安排和基础设施来确保实施，任何组织和个人都无法"上有政策、下有对策"。

第三节 典型案例

　　Bizkey 是一家数字货币移动支付解决方案提供商，其前身是考拉先生，是一家致力于为不同行业的实体店铺提供智能解决方案的平台。 目前已经入驻 40 万家实体店铺，并在 2017 年 5 月完成 B 轮融资。 Bizkey 通过智能区块链 POS 机（Biz-POS）以及线下数字货币支付标准，并采用全局分布账本、Token 激励等手段，为商户及个人用户提供数字货币线下零售支付解决方案，满足用户支付及交易需求。

　　白皮书表示，Bizkey 现阶段主要从事区块链智能 POS 机业务，希望通过将原有业务通证化，利用区块链技术重塑去中心化的实体零售生态：使交易数据上链，把数据的资产价值通过通证激励，归还给商户和顾客。 与此同时，区块链智能 POS 机为零售实体商户提供数字货币支付功能，打造数字货币线下支付入口。

　　Bizkey 中设计了双通证模型，分别是 Time 和 Bzky。 Bizkey token（简称"Bzky"）是商户有效交易记账的数据资产通证，鼓励商户越来越多地把交易行为记录在链上，记录越多，数据资产就越多，因此获得的价值回报也越多。 另外，Time token（简称"Time"）代表了 Bizkey 生态中的通用积分，是一种可以抵扣消费或换取服务特权的流通凭证，顾客可以从 Bizkey Network 生态中多个商户获 Time，并在其他商家处使用，为自己赢取更多的消费实惠。 通俗来说，Time 与法币挂钩，只能单项法币购买，不可兑换成法币；而 Bzky 是真正的 Token，用于上交易所交易。

更详细的对比如表 13.1 所示。

表 13.1 Bzky 与 Time 对比表

	Bzky	Time
定 义	一种商户有效交易记账的数据资产通证	生态中的通用积分，一种可以抵扣消费或者换取消费特权的流通凭证
对 象	商户	顾客
价 格	受市场供需影响	稳定，由社区共同设定共识
需 求	商户使用 Biz-POS 须抵押 Bzky；商户设定任务给顾客营销推广需要支付 Bzky；商户购买 Bzky 以折扣价格兑换 Time；顾客购买 Bzky 以折扣价格兑换 Time	顾客购买 Time 到商户换取特权或折扣；商户购买 Time 奖励给顾客
供 给	商户交易记账获得 Bzky 奖励；商户完成 Bizkey 指定任务获取 Bzky 奖励	顾客交易记账获得 Time 奖励；顾客完成指定任务获得 Time 奖励
发行总量	100 亿	100 亿
用于激励的总量	30 亿	10 亿
最大单日释放量	300 万	100 万
释放期	1 000 天	1 000 天

以上是双通证激励机制的基本设计，这还不够，如果没形成完整的经济系统闭环，通证的供需无法平衡。在 Time 的设计中，顾客可以通过交易、完成商户制定任务、完成 Bizkey 指定任务获取奖励，Time 可以用于换取特权或折扣。

在 Bizkey 的生态中，需求部分，由传统业务中的 POS 机抵押金额支撑，对于推广任务这类激活生态的动作，也都使用 Bzky 来激活；在供给端，商户交易即挖矿，获得 Bzky 奖励，通过完成任务也将获得 Bzky 奖励。

表 13.2 Bzky 与 Bzky 的需求与供给

Bzky 需求	Bzky 供给
商户使用 Biz-POS 须抵押 Bzky 商户设定任务给顾客营销推广需要支付 Bzky	商户交易记账获得 Bzky 奖励 商户完成 Bizkey 指定任务获取 Bzky 奖励
Time 需求	**Time 供给**
顾客购买 Time 到商户换取特权或者折扣 商户购买 Time 奖励给顾客	顾客交易记账获取 Time 奖励 顾客完成商户指定任务获取 Time 奖励 顾客完成 Bizkey 指定任务获取 Time 奖励

第四部分
区块链与监管

第十四章 区块链+监管

第一节 监管区块链

一、区块链行业"痛点"

由于区块链技术创造了一种新的交易互信模式,以信用为基础的金融业最先受到影响。区块链技术和比特币的支持者认为,比特币只是区块链技术应用的最初形式,在今天的高速发展之下,还可能衍生出多种应用,例如,数字货币、支付清算、数字票据、智能合约、权益证明以及征信系统,等等。但是,更多的研究者则认为,比特币数年来的发展已经证明,非主权背书的数字货币体系还远远不到成熟的时候,相反,这种缺乏足够监管的数字货币反而可能孕育庞氏骗局、洗钱、诈骗等金融犯罪行为。

区块链的真正价值在于它可以促进更有效的数字资产转移,包括更有效的信用验证、所有权验证、所有权转让和合同执行。梅兰妮·斯万（Melanie Swan）在《区块链——新经济的蓝图》中对区块链的应用前景提出了三个阶段的构想：区块链 1.0 的应用是数字货币，如支付、转账、汇款等；区块链 2.0 的应用是智能合约，如股票、债券、贷款、金融衍生品等更广泛的非货币应用；最后将进化到 3.0 阶段，DAO、DAC（区块链自治组织、区块链自治公司）。近年来，围绕区块链 1.0 即数字货币的监管已经开始形成，但处于初级阶段，而对区块链 2.0 应用的监管则还没有成型。

二、监管现状

区块链的应用范围非常广，到现在为止落地的应用还不是很多，现在大概有 90% 的应用都是落地在金融领域里面。2018 年 6 月 30 日，中国金融科技发展论坛上，央行数字货币研究所研发部负责人蒋国庆表示，法定数字货币与区块链无直接关系。这一表述可以看作对当前虚拟币捆绑区块链技术以及法定数字货币炒作乱象的正本清源。蒋国庆表示，法定数字货币是一个电子货币加上现金的综合体，其本身目标是逐步取代现金，其本身就是货币。蒋国庆明确指出，法定数字货币和区块链其实并没有直接关系，甚至并没有技术上的必然联系。区块链只是法定数字货币将来流通的一个可选手段。法定数字货币还是二元体系，通过中央银行和商业银行这一方式进行发行流通，不是额外增发出来的。法定数字货币也不与现有货币竞争而是和现有货币和支付方式共同发展。

第一，严格监管区块链技术在电子加密货币方面的应用。

2017 年，人民银行、中国互联网金融协会等多家机构先后发布《关于防范代币发行融资风险的公告》《关于防范比特币等所谓"虚拟货币"风险的提示》，明确代币发行实质是非法融资行为，禁止任何组织和个人从事代币发行活动，禁止金融业机构、非银支付机构开展与代币发行相关业务。监管机构果断叫停比特币、代币发行等融资行为，并清退比特币、ICO等各个交易场所，最大限度降低数字资产的市场风险。

第二，严厉打击利用区块链进行概念炒作的行为。

2018年深交所对涉及区块链概念的17家上市公司采取了问询、停牌核查等措施，要求这些公司就涉及区块链的相关业务、投入产出和盈利模式，以及对公司业绩的影响进行核实、澄清，并做出风险提示，对于利用区块链概念炒作、误导投资者的违规行为，将采取严厉措施进行处分，同时，对广大投资者进行提示。

第三，监管机构在金融领域不断探索尝试监管"沙盒"制度。

我国监管机构积极在贵阳、赣州等地开展区块链监管制度创新尝试。2018年在北京正式启动赣州区块链金融产业"沙盒"园项目，并在贵阳召开区块链生态体系建设研讨会，发布《区块链ICO贵阳共识》，提出将建立标准"沙盒"计划，在各领域试行"沙盒"子计划，以形成符合我国实情的监管体制。

第四，整体性、系统化的区块链金融监管尚未形成。

我国现行对区块链的监管措施是局部性、暂时性的，尚未形成整体性、系统化的监管局面。一是标准、专利储备不足，缺少底层、核心技术。二是可用的监管措施较少，尚未形成由区块链技术引发的系统性金融风险整体应对措施。三是现行的分业监管体制会对监管"沙盒"造成一定阻碍，易产生监管空白或监管套利。四是针对区块链的法律研究相对滞后，存在着法律真空地带和盲点区域。

表 14.1　有关国家对区块链金融监管的法律规定

国家/地区	法　治　现　状
美　国	将比特币归类为"商品"，主动推动研究发展。2015年1月，批准比特币交易所成立，比特币监管立法初步完成；2015年6月，数字货币公司监管框架最终版本BitLicense发布，多家监管机构表明支持区块链技术发展；2017年，特拉华州修改《公司法》，允许区块链技术的应用

续表

国家/地区	法 治 现 状
英国	鼓励对区块链技术深入研究。2016年1月，发布白皮书《分布式账本技术：超越区块链》，第一次从国家层面对区块链技术的未来发展应用进行全面分析并给出研究建议；2016年6月，进行区块链试点，跟踪福利基金的分配以及使用情况
欧盟	对新技术持开放态度，推动各方进行研究。2016年2月，加密数字货币被纳入欧盟委员会快速发展目标，鼓励各机构展开相关研究；欧央行还计划对区块链在银行、证券等领域的应用进行评估
德国	首个承认比特币合法地位的国家，纳入国家监管体系。2016年，联邦金融监管局（BaFin）对分布式分类账的潜在应用价值进行探索，包括在跨境支付中的使用、银行之间和交易中数据的储存
日本	定义比特币为资产。2016年5月，日本首次批准数字货币监管法案，并定义为财产；成立首个区块链行业组织——区块链合作联盟（BCCC）
加拿大	承认比特币合法货币地位。2016年6月，央行展示利用区块链技术开发的CAD—Coin，即电子版加元
澳大利亚	多领域探索区块链技术。2015年年底，澳大利亚交易所宣布开始研究考察区块链技术作为其清算和结算系统的可行性；2016年3月，澳大利亚邮政开始探索区块链技术在身份识别中的应用
韩国	由拒绝承认比特币货币地位到自上而下地进行区块链创新。2015年年底，新韩银行参与区块链企业融资；2016年2月，韩国央行在报告中提出鼓励探索区块链技术；同月，韩交易所宣布正在开发基于区块链技术的交易平台
俄罗斯	2014年，俄财政部建议禁止比特币及加密电子货币的操作；2016年年初，央行考虑比特币合法化和交易监管，尤其是P2P交易及个人业务托管；2017年1月，关于"合法化"区块链技术的发展路线图提交总统批准

三、监管重要法规政策

2013年12月3日中国人民银行等五部委发布《关于防范比特币风险的通知》。

明确强调比特币虚拟商品的属性及其投资风险，禁止金融、支付机构从事比特币业务。此后比特币在我国的发展陷入低潮。

中国人民银行等七部委于2017年9月4日发布《关于防范代币发行融资风险的公告》（以下简称《公告》）。

《公告》向社会警示相关风险，包括代币发行融资与交易中可能存在的虚假资产风险、经营失败风险、投资炒作风险。规定代币融资交易平台不得从事法定货币与代币、"虚拟货币"相互之间的兑换业务，不得买卖或作为中央对手方买卖代币或"虚拟货币"，不得为代币或"虚拟货币"提供定价、信息中介等服务。

2018年8月8日，中国银保监会等五部委联合发布《关于防范以"虚拟货币""区块链"名义进行非法集资的风险提示》（以下简称《风险提示》）。

《风险提示》指出，一些不法分子打着"金融创新""区块链"的旗号，通过发行所谓"虚拟货币""虚拟资产"等方式吸收资金，侵害公众合法权益。

四、监管影响

（一）中国互联网金融协会提示风险，区块链脱虚入实或许才是方向

中国互联网金融协会指出以迅雷"链克"为代表的"以矿机为核心发行虚拟数字资产"（IMO）的模式值得警惕。监管趋严是趋势，是否存在代币交易投机，是否涉嫌非法集资是核心判断依据。区块链技术具有革命性意义，如果能赋能实体经济建立生态圈是有实实在在商业价值的。但如果带来代币投机的话，将面临非常大的政策风险，另外，在某些场景下实名制也是重要的选择手段。整体而言，在监管趋严的大环境下，区块链脱虚入实或许才是方向。

（二）区块链信息服务备案发布，监管规范助力行业发展

《区块链信息服务管理规定》明确表示，区块链信息服务的提供者是指向社会公众提供区块链信息服务的主体或者节点，以及为区块链信息服务的主体提供技术支持的机构或组织。截至目前，国家互联网信息办公室已正式发布两批境内共506个区块链信息服务备案编号，涉及多行业领域、多家上市公司，区块链行业逐步进入规范轨道。公布的名单中包括百度、腾讯、爱奇艺等互联网公司，还有金融或其他实体领域公司包括陆金所、浙商银潮集团、海尔集团、中国平安、众安保险、微众银行、顺丰、华大基因。上市公司方面，易见股份全资子公司易见天树和榕时代科技，安妮股份旗下版全家科技，展鑫科技旗下竞斗云以及华大基因也进入首批名单。此次备案体现了监管对区块链行业发展的鼓励态度，区块链行业逐步进入规范渠道。

（三）工信部三大措施推动区块链行业发展，规划、标准指定和应用落地并重

工信部网站2019年11月4日发布的《对十三届全国人大二次会议第1394号建议的答复》，披露了工信部答复人大代表提出的相关建议。工信部在答复中指出："我部高度重视区块链、工业互联网等新一代信息技术发展，联合银保监会等有关部门积极采取措施推动相关产业研究、技术研发和应用推广等工作。"工信部将积极推动区块链健康有序发展，具体包括：一是加强区块链规划引导；二是建立健全区块链标准体系；三是加快推动行业应用落地。市场此前担心区块链偏主题、概念，但我们判断，在政策明朗之后，"正规军"将加速进场，各类对原有场景的区块链改造将快速推进，有望在未来段时间看到业务闭环出现。

五、 监管困境

（一）"无币区块链"的困境

近年来，一方面大力鼓励区块链产业的发展。但另一方面，监管机构禁止境内开设虚拟货币交易所和面向中国居民进行 ICO 的代币融资。两方面的合力，实质上是在推动"无币区块链"的发展，即监管机构鼓励企业在不发行代币（又称为通证）前提下，发展区块链技术和应用。

然而，"无币区块链"的内涵本身存在一定矛盾。关于代币（通证）与区块链关系，如研究者所述："从商业角度来看，通证为区块链添加激励机制，使互相陌生不能产生信任关系的参与者由于经济利益产生关联与协作，从而建立不同的商业生态。没有通证的区块链，很难调动起没有利益关系及彼此之间缺乏信任的大众参与到生态中来。通证在公有链相关项目中，是一种维持商业生态的必需品，可作为通行证、激励、权益证明、价值储存的媒介以及支付与清算的手段，而公有区块链是整个区块链的主流。禁止发行代币与产业发展存在矛盾。"

（二）虚拟货币法律定性的欠缺

以比特币为代表的虚拟货币属于近十年来的新生事物，包括中国在内的大部分国家，对虚拟货币法律定性存在欠缺或空白。根据中国人民银行等五部委在 2013 年发布的《关于防范比特币风险的通知》，比特币属于虚拟商品，个人可以合法持有和买卖。《民法总则》第 127 条以模糊方式作出网络虚拟财产应受法律保护的规定，确定"网络虚拟财产"概念及网络虚拟财产应受法律保护的原则。然而，《民法总则》没有明确规定如何保护网络虚拟财产，尚有进一步研究和立法的空间。当前针对比特币等虚拟货币，立法者亟须明确其法律地位，切实保护虚拟货币持有者的合法权益，进而统一司法上的认识和判定。美国有研究者认为，全球范围内出现大量虚拟货币盗窃事件,给持有者造成巨额损失。黑客在全球范围盗窃虚拟货币,严重侵害个人或机构的权益。在保护持有者权益时,存在区块链技术创新性、跨境追捕以及缺乏直接对应的法律等困境。

(三)机构监管体制面对区块链金融无所适从

现行金融体制长期适用"机构监管"体制,即同一类型金融机构由特定监管者监管,坚持分业监管原则。作为内生于金融市场机制的金融创新模式,区块链金融难以套用到民间借贷、公募或私募基金、资产证券化等既有的金融业务监管制度范畴中,这一模式多元化与定位不明的特点使得现有监管体制难以与其相匹配,结果就是或者出现监管碎片化,或者出现监管空白化,使得区块链金融模式难以得到有效规制,引发金融风险的危险也难以得到及时的控制。

(四)区块链的弱中介化给投资者保护带来难题

传统模式下,证券中介服务机构承担着识别风险、防范风险的职能,维护市场的有序运行,因此被称为资本市场的"看门人"。证券中介服务机构的职责包括但不限于:为发行人提供承销、保荐、财务顾问等服务,对发行人开展尽职调查、改制辅导等工作,帮助发行人建立公司治理制度,形成规范运作体系,督导发行人及时披露信息、揭示风险;为投资者提供经纪代理、投资顾问等服务,履行了解客户、投资者适当性管理、投资者教育与保护等义务;为交易各方提供证券登记保管、清算交收服务等。与传统模式不同,区块链提供了市场参与方直接对接的技术基础,帮助投融资双方、交易参与者跨过承销机构、经纪机构直接进行对接。这使传统的承销、经纪、登记、清算、交收等服务被弱化,甚至被部分替代。这会给市场带来以下问题:投资者面临的风险应该如何提醒揭示?投资者保护措施如何执行?对发行人还能否进行有效约束?原证券中介服务机构的勤勉尽责该如何落实?目前,没有权威机构或监管机构就此做出专门规定。如果简单地认为买者自负，是否会对投资者不利？如果仍然对证券中介服务机构科以义务，法律基础是否充分？市场组织、机构在利用区块链提供具体证券服务时，如果扮演了平台或基础设施的角色，根据收益与责任对等的一般思路，是否应承担相关义务？上述问题都有待结合具体案例进行梳理并加以解决。

六、监管区块链未来方向

（一）借鉴"监管沙盒"为证券市场区块链创新提供空间

张晓朴（2014）主张，对服务实体经济的新型金融业态，金融监管需要留有一定的试错空间。英国首创的"监管沙盒"制度（Regulatory Sandbox），为新兴金融业态提供了"监管实验区"，放松参与实验的创新产品和服务的监管约束（FCA，2015），契合容忍试错的精神。2016年7月，首批24家企业被纳入"监管沙盒"试验，其中既有汇丰银行这类传统的金融机构，也有BitX（主营区块链跨境支付）这类初创企业。英国"监管沙盒"制度主要包括：第一，对拟参与"监管沙盒"的企业进行筛选，条件包括企业是否促进金融业发展、产品和服务的创新性、能否促进消费者福利提升、企业是否有能力研发新产品并降低风险等。第二，根据拟推出的创新产品和服务选取适当的消费者，并要求参与企业设立消费者保护计划，包括适当的赔偿等。第三，在筛选条件合格的前提下，允许参与实验的企业向客户推出创新产品和服务，测试期一般为3—6个月。第四，测试期内，每周都必须向FCA报告测试情况、风险管理等事项，以便加强风险监管；否则测试将被终止。第五，测试完后，企业必须在4周内提交最终报告，FCA将对最终报告反馈书面意见，但并不代表FCA就允许测试的产品或服务无条件运行。FCA还将根据测试结果制定或完善监管政策，以促进新兴业务发展和防范金融风险。莫平（Maupin，2017）建议，G20国家应建立跨境的、多边的"监管沙盒"制度，共同促进区块链的应用。"监管沙盒"类似于我国的试点制度，不仅可为探索区块链应用提供空间，也利于将相应风险限制在一个可测可控的范围，兼顾了鼓励创新和稳定金融的双重目标。我国也可以借鉴"监管沙盒"制度，适当放宽准入标准，允许初创企业和金融机构探索区块链在证券市场的应用，而不必执行严格苛刻的监管要求，在风险可测可控的前提下积累经验。

（二）加强功能监管，健全区块链治理体系

功能监管是指不同金融产品只要具有相同的金融属性或者特征，就应纳入同类监管，以避免因主体、名称、形式等不同而规避监管。就金融监管而言，金融机构本身可能消失，其组织形式、组织构架、业务流程也可能随着外在环境、法规要求、技术进步等发生变化，但金融功能仍将保持不变，即金融功能比金融机构更加稳定。因此，金融监管应该着眼于功能监管，不应局限于金融机构。科技进步不会改变Fintech是金融中介的事实。证券区块链从事的是金融活动，仍未脱离金融范畴，因此，其对金融监管的一般规定都应该遵守和适用。总体上，证券法律规范制度较为完善，证券监管体系较为健全，关键是增强功能监管的认识，用好、用足现行法律赋予的监管举措，明确监管分工，加强监管协调，健全监管体系，提升监管合力，防范监管套利，避免出现监管真空。

第二节 区块链+监管=监管科技

一、监管科技

金融科技发展迅速，可能令监管部门极大受益：既可以利用区块链技术严格监管税收、限制违法犯罪活动，也能利用法律监管技

术对系统性风险和市场失灵进行弹性处理，分别发挥出技术与法律的优势，将执行力与灵活性更好地结合，通过两者的协同作用更好地发挥公共监管的影响力。但需要强调的是，无论将来区块链技术和监管科技如何发展，科技毕竟只是辅助法律规范运行和监管的工具，短期内仍然无法取代金融监管制度。金融规制和监管的最终落脚点仍然是防控风险、促进市场依法合规，区块链和监管新技术的应用一定要稳步推进，避免舍本逐末。

建立有效的市场监管，目的是促进金融市场的透明性、效率性、确定性和稳定性，让开放自由的市场正常繁荣地运作。区块链技术具有去中心化、信任度高、追溯性强、自治度高等特点。去中心化和自治度高意味着区块链作为一种可信任的价值网络，内置了强技术约束，包括共识机制、共享账簿、智能合约等，其中智能合约技术可以自动执行抵押、清算和偿还等，可以减少交易对手风险和系统风险，这是对原有监管机制中软约束的巨大改进。正是因为区块链的节点由所有利益相关方组成，其实质是让社会共同监管，代替了现在某一个中介机构作为担保。

二、区块链监管优势

区块链技术对法律制度的影响是基于区块链技术的核心特点——去中心化的。区块链系统是由大量节点共同组成的一个点对点网络，不存在中心化的硬件或管理机构，整个系统依靠的是网络上所有节点的共同运作，任意节点都具有完全相同的运作模式和权利义务。也正是在去中心化这一基础之上，区块链技术有着以下一些法律优势。

首先，区块链技术从根本上改变了法律中心化的权威建立方式。在传统的法律体系中，为防止合同当事方违约，在双方互不信任的情况下，法律和中立的第三方就会成为合同当事方的必然选择，因为法制的权威来自国家机器的中心权威，能够最大限度保障合同的履行和违约责任的追究。而区块链技术则试图打破这一格局，通过纯数学方法来建立非中心化的权威，通过技术背书而非中心化的法律模式来进行信用创造（即"算法式权威"）。交易中的互相信任在这一过程中转化为对整个系统的信任，转化为对整个区块链社区的信任。

其次，区块链技术使法律规则的执行效率大大提高。法律是由国家强制力保证实施的，但区块链中的交易则更多依靠系统和技术自动化完成。在区块链上，已经成立的交易会自动地、不可撤销地履行，人工无法干预，最大化合同的履行效率。同时，以智能合约形式出现的区块链交易，则能够自动保障法律规则的实现和合规自动化，且过程公开透明，大大提高了法律规则的执行效率和公平性。2013 年公开募资的以太坊项目，就是通过撰写编码合约程序，实现从订立到执行的全面自动化，将传统合同变成智能合约，消除了一部分传统合同的潜在纠纷。

再次，区块链记录理论上具有较高的证据证明力。从技术上看，一方面，获得区块链系统承认的数据会广播至所有节点，永久储存且无法更改（共识攻击除外），单个节点对数据库的修改在没有获得系统承认的情况下不具有效力（因为无法和其他节点的记录匹配），因此，区块链的数据可靠性很高；另一方面，区块链的分布式存储模式相当于全网灾备系统，单一节点的损害并不影响数据的完整还原。可见，作为证据使用，区块链的记录不仅难以篡改，同时也难以毁损，具有较高的证据证明力。

也正因如此，区块链技术被认为在权益证明领域的前景最为广阔，可用于债权乃至物权领域的证明。区块链的支持者认为，采用区块链技术的权利证明甚至可以用以对抗善意第三人。目前，股权证明是世界各国（地区）最先尝试的领域，例如纳斯达克交易所的

Linq 系统已经开始尝试在私募发行领域使用区块链技术，股东可以凭借区块链记录证明其权利的排他性。股权转让交易也在区块链上完成，不需要第三方的参与和见证。

三、监管科技的监管逻辑

密集的监管政策已使金融机构计算机系统的滞后问题更加严重，无法获取足够的数据并对数据进行快速的计算分析，以针对以上监管改革提出的新要求。而使用区块链技术以及监管科技解决方案，可以集多种监管要求于一身，能够避免此类重复，通过自动化的数据采集、报送、反馈，降低成本，提高效率，减少金融机构在合规工作上花费较大的人力成本。以反洗钱为例，随着区块链技术和金融科技领域的进步，监管科技可以利用新技术，对现有流程进行改造和优化，从而帮助监管机构更有效率地实现合规监管。人工智能将帮助银行开展对反洗钱或员工不当行为的检测，通过大数据筛查和机器学习，能够及时有效地发现甚至预测违法违规行为，同时，还能够辅助金融机构向监管部门报送数据，提高合规监管效率。

四、区块链＋监管应用

随着区块链技术不断在传统金融领域得到应用，越来越多的机构开始探索区块链技术与金融的深度融合。当前区块链技术在金融行业主要应用于以下四个细分领域。

一是信息安全行业。由于分布式账本的所有节点都拥有全部记录的备份，因此，在信息安全领域具有天然的优势。

二是票据业务领域。根据我国法律规定，票据的签发、取得和转让，应当对应真实的交易关系。区块链技术的支持者认为，区块链记录难以篡改，透明度较高，因此，采用区块链技术用于票据验证，能够有效防范传统票据市场一票多卖等问题，降低系统中心化带来的运营和操作风险，有效控制和防范信用风险和市场风险。

三是支付结算业务。消费和支付是出现频率最高的经济行为，也是区块链技术应用最早和最为成熟的领域。由于区块链的所有交易均通过互联网完成，因此，在跨境支付结算方面具有流程简单、确认快速的特点，能够提高支付结算效率，有助于促进跨境贸易的发展。

四是身份及账户认证。区块链基于加密算法技术，使账户地址的唯一指向性得到保证，在身份核对和验证，以及企业识别凭证等领域均具有一定的应用前景。

在金融场景，解决中小企业贷款融资难、银行风控难、部门监管难等问题；在民生场景，为人民群众提供更智能、更便捷、更优质的公共服务，提升城市管理的智能化精准化水平，保障生产要素在区块链内有序高效流动；在政务场景，实现政务数据跨部门、跨区域共同维护和利用，为人民群众带来更好的政务服务体验。随着联盟链的快速普及，区块链在三大场景中将发挥重要作用，服务实体经济的同时促进区块链技术研发的进步。

第五部分

区块链与经济社会融合发展路径

第十五章　区块链推动经济进步的路径

第一节　强化基础研究，提高原始创新能力

区块链作为一项推动"信息互联网"向"价值互联网"变迁的颠覆性技术，有望成为全球技术创新和模式创新的桥梁和纽带，代表着新兴智能技术对于传统社会组织和运作方式的一种颠覆性变革和挑战，是迈向具有"平等自由、共识共治、公开透明"鲜明特色的新产业形态的一次极有意义的尝试。我国区块链行业秩序日趋规范，社会认识明显提高，区块链技术与产业进入快速发展时期，但当前我国区块链技术尚不成熟，仍处于发展早期，区块链核心技术依然亟须突破。中国区块链企业主要吸纳国外开源社区的区块链研究成果，自主研发的区块链平台并不多，仅有国内少数企业自主研发出 CITA、Bubichain、BROP、BCOS、ChainSQL 等平台，多数企业基于比特币、以太坊、超级账本等国外开源区块链产品进行开发和完善。尽管 2018 年中国区块链专利数量位列世界第一，

但整体价值不高，大部分企业围绕加密数字货币、钱包、存证溯源等应用层开展研发工作，较少涉及区块链关键技术。实际上，区块链平台性能不足、安全不够、难以互联互通等问题对共识算法、密码学、跨链等关键技术突破提出了更高的要求，从目前区块链最新技术理念和解决方案来看，如POS共识算法、分片、零知识证明、DAG、侧链、闪电网络等技术方案，大多数是外国技术社区提出，国内技术社区进行跟随和模仿，极少属于中国自主原创或最早提出。由此看来，中国在基础区块链技术领域的研究力度还远远不够，为了推动我国区块链技术在更大规模的商业场景中落地，长期为我国社会和经济发展贡献力量，就要投入更多精力和资源研究区块链的基础技术架构，这样能够提高我国区块链技术的原始创新能力，才能保证我国区块链技术能够长期稳定进步，进一步促进区块链技术跟上实体经济发展的步伐，才能更好地与实体经济深度融合，更好地助力经济发展。具体而言，一是要集聚产学研用等多方资源，支持高校和科研院所建设区块链创新实验室和研究中心，密切跟踪国际区块链技术的发展前沿动向，建设基础性的区块链技术研发平台，加快推进非对称密码技术、共识算法、分布式计算与存储等核心技术的创新演进，降低区块链技术应用落地难度。二是支持开源区块链项目发展，引导企业加大对全球区块链共性基础技术资源的整合和利用，支持我国企业或组织主导全球区块链项目创新发展。三是加大资金投入力度，支持区块链、软件和信息技术服务、互联网企业和研究机构的联合创新，加强区块链核心技术研发攻关，推动区块链核心技术突破。

更加重视区块链基础研究、提高原始创新能力之后，我国能够在区块链这个新兴领域走在理论最前沿，提升国际话语权和规则制定权；能够进一步打通创新链、应用链、价值链；加快区块链和人工智能、大数据、物联网等前沿信息技术的深度融合；能够进一步发挥区块链在促进数据共享、优化业务流程、降低运营成本、提升协同效率、建设可信体系等方面的作用；推动区块链和实体经济深度融合，解决中小企业贷款融资难、银行风控难、部门监管难等问题，利用区块链技术探索数字经济模式创新；区块链技术能够扩展在教育、就业、养老、精准脱贫、医疗健康、商品防伪、食品安全、公益、社会救助等领域的应用；区块链底层技术服务能够和新型智慧城市建设进行更深入的结合，探索在信息基础设施、智慧交通、能源电力等领域的推广应用；区块链技术能够促进城市间在信息、资金、人才、征信等方面更大规模地互联互通；区块链数据共享模式能够实现政务数据跨部门、跨区域共同维护和利用，促进业务协同办理，为人民群众带来更好的政务服务体验。由此可见，更加重视区块链基础研究，提高区块链原始创新能力对我国经济社会发展的方方面面都具有重大的意义。

第二节 构建新型信任社会

区块链从 2009 年比特币诞生到今天，已经走过三个阶段，从最初的以比特币为代表的应用场景，到 2.0 的可编程金融，再到 3.0 面向整个社会智慧城市、数字经济的全面渗透。区块链的广泛深入应用，将对社会、政治、文化和法律等方面产生深远的影响。

区块链具有去中心化、难以篡改、集体维护、公开透明以及自动执行等特征。作为一种在不可信的竞争环境中低成本建立信任的新型计算范式和协作模式，区块链凭借其独有的信任建立机制，切中了传统行业的"痛点"，创造了一种全新的信任方式，正在改变诸多行业的应用场景和运行规则，是未来发展数字经济、构建新型信任体系不可或缺的技术。从技术角度上看，区块链是一套基于密码学的交易机制，它通过构建共识机制而保护交易数据，其特点是可追溯、不可逆、不可篡改。区块链不仅仅是通过数据信任降低了交易成本，更是通过去中心化的技术降低了每个参与者之间的信任成本，这使得基于"信用"的商业生态能够在网络中建立起来。作为一种全新的去中心化基础架构与分布式计算范式，区块链技术能够为自动化和智能化相关产业的发展奠定坚实的数据安全和信任基础，助力打造去中心化、安全可信和可便捷编程的智能产业新生态。20世纪90年代互联网兴起，在信息、关系、人员和资本流动的速度和广度上均超越了传统社会。如果说互联网加速实现了信息的分享与传播，那么网络空间的信任制造将是一个突破性创新，而源起于比特币底层技术的区块链即被普遍解读为"信任制造机"。区块链的价值主要是一种新的信任机制。区块链本质上是期望通过分布式的方法来建立可信的机制，企图通过这样一种机制的建立，从解决信任问题入手，从传统的人和人之间的信任模式转化为对机器的信任模式，重新建立社会信任关系。过去互联网包括现在，公安部的数据，在互联网上的犯罪数量超过了在实体社会里的犯罪数量，网上的不可信性：数据的不可信、身份的不可信、交易的不可信，已经成为整个未来网络要实现价值很大的瓶颈。区块链的技术出现就是要在这样一个互联网相对不可信、不信任或者弱信任的环境下，来建立一个信息对称情况下支撑的可信体系。其将改变商业模式与赛博空间安全，甚至是所有一切，从而形成更加富裕、更加平等、信息透明、高度自治的信任社会。

第三节 不忘初心：区块链发展过程中应当注意的几个问题

一、基础研究、技术突破与应用创新

从现实情况来看，我国在区块链领域拥有良好基础；国家对区块链的重视，为区块链技术发展与应用带来更大机遇。然而，中国目前在基础研究领域的相对滞后在客观上影响了区块链领域的原创

创新。站在这样一个新风口,不能搞空中楼阁,只去发展表象而不去搞基础技术研究,推动区块链技术和产业创新发展,既需要创新的思维,也离不开审慎的态度、务实的行动。当前,区块链作为一种全新的计算机和网络技术的融合应用模式,在性能、安全、隐私保护、治理、跨链互操作等方面的技术仍不成熟,现有的应用多数仍处于研究和发展阶段。未来一段时期内,区块链技术优化仍然是重要的课题。我国亟须进一步加大区块链基础技术研究力度,在区块链关键技术方面有所突破,进而推动区块链技术在更大规模的商业场景中落地。习近平指出,要推动协同攻关,加快推进核心技术突破,为区块链应用发展提供安全可控的技术支撑;要强化基础研究,提升原始创新能力,努力让我国在区块链这个新兴领域走在理论最前沿、占据创新制高点、取得产业新优势。只有以共识机制、智能合约、跨链技术等为代表的核心技术不断创新演进和优化,区块链的适用范围才能得到不断拓展。

二、国家政策与创新创业

2019年10月24日,自中央政治局对区块链技术发展现状和趋势进行第十八次集体学习起,区块链发展正式上升至国家高度。据不完全统计,从2016年到2019年10月份,国家围绕区块链技术、产业、应用及监管等发布超过24项区块链政策,并得到各级地方政府积极响应和号召,共发布超过47项区块链政策。国家层面,截至2019年上半年,各部委共出台45项区块链相关政策,主要以积极推动区块链与大数据、人工智能等信息技术的融合,鼓励供应链、金融等领域应用为主。地方层面,各地政府区块链政策主要以试探性支持产业发展和行业应用为主。关于区块链,习近平指出,要把区块链作为核心技术自主创新的重要突破口,加快推动区块链技术和产业创新发展。"突破口"的提法,这是前所未有的高度。

党中央、国务院和各级政府的重视，为区块链发展营造了良好的政策环境。在政策引导和应用驱动的双重作用下，我国区块链产业规模稳步增长，优秀企业和自主创新技术不断涌现。2020年，国家对区块链的重视程度进一步提升，我国区块链专项政策和监管制度将继续为促进产业发展发挥巨大作用，要把区块链作为核心技术自主创新重要突破口，区块链顶层设计及专项政策必将进一步完善，区块链技术和产业创新将进一步加快，我国区块链发展将全面进入快车道，区块链发展新局面将全面开启。在此情势下，优秀企业间竞争将越来越激烈：初创企业在联盟链的底层架构和解决方案领域的竞争将更加激烈，金融机构将在区块链金融产品领域展开较量，而区块链 BaaS 平台将成为互联网巨头的主战场。因此，各企业应当紧密结合国家政策导向进行创新，实现区块链技术和企业发展的双赢。

三、产业生态与科技强国

目前，我国区块链产业正处在高速发展阶段，创新创业者和资本不断涌入，企业数量急剧增加。据赛迪区块链研究院不完全统计，截至 2019 年上半年，我国从事区块链底层技术、应用产品、技术服务并具有实际投入产出的企业数量达 734 家。展望 2021 年，我国区块链产业规模有望突破 20 亿元，累计企业数量将突破 1 000 家大关。然而，多数区块链企业的创新活动缺少上下游企业、相关机构等配套组织的支持，更多的是单打独斗式的创新，缺乏良性的创新生态系统的支持。在此背景下，打造高效完备的创新型区块链生态系统，不仅有助于提高区块链企业的创新能力，加速区块链核心技术、关键技术、新产品和服务的开发与应用，而且有助于推动区块链与各行业深度融合，加快形成经济发展的新动能。

当前，我国区块链产业布局需进一步统筹，区块链产业发展呈现不平衡态势，各地区的活跃度差异较大，各产业间、各部门间的信息化水平亦不均衡。这种不平衡的发展态势对实现区块链的"共建、共有、共治、共享"理念形成制约，不利于区块链产业生态系统的协同发展。进一步推动完善区块链产业生态系统，首先，要全面统筹产业发展布局，从国家层面做好区块链发展的顶层设计和总体规划；其次，要全面整合技术创新资源，主要是集聚产学研用多方资源，密切关注国际技术前沿，打造区块链基础研究平台，降低区块链技术应用落地的难度，与此同时，积极鼓励发展开源式区块链项目，高效整合基础技术资源，提高协同创新能力；最后，要积极构建人才支撑体系，主要是加快构建产学研用一体化的人才培养模式，以高校、科研院所为主体，以企业需求为导向，以科技园区、实训基地为平台，加快培育区块链领域专业人才。

推动区块链产业生态的完善离不开技术创新，我国在推动区块链产业生态的完善的过程中不断加强区块链核心技术创新，有助于加快区块链和人工智能、大数据、物联网等前沿信息技术的深度融合，推动集成创新和融合应用，促进我国区块链的集成应用，在技术革新和新的产业变革中起着重要作用；区块链产业生态的发展能够进一步增加区块链落地场景，助推传统产业高质量发展，从而能够有力地支撑我国科技强国战略的实现。

第四节 未来市场俯瞰

一、创业层面

综观全球，区块链的去中心化特点所包含的安全和效率能够与行业需求紧密结合，而智能合约的发布能够降低区块链的应用开发门槛，因而应用层是区块链的创业机会的主要集中区域，也就是基于行业应用的"区块链＋"项目，而将这些创业机会进行细分后可将其分为底层技术和上层应用。

金融行业对信用契约的需求较多,同时存在大量的交易数据,所以成为最容易出现区块链创业机会并最早接纳区块链技术的行业。金融行业可以应用区块链技术的领域有很多,如一二级市场数字货币、加密货币上下游生态、跨行/跨境支付、清算、结算等。以跨境制度为代表,传统跨境支付面临着手续费过高、各国清算程序差异和中间环节过多等问题,由于分布式账本具有提高交易安全性和透明度的优势,不仅能够提升汇款效率,还能降低交易成本,实现效率、效益最大化作用。除了金融行业外,还有游戏、文化、娱乐、版权等行业由于与区块链技术的契合特性而使其能够更早接纳区块链技术。

区块链在生产和生活中的应用前景十分广泛,例如,在供应链领域中,区块链能够从生产端和运输端开始逐步追溯产品流通环节,同时降低供应链物流成本,提高效率;在金融领域中,区块链通过点对点交易省去了第三方中介环节,在增速提效的同时最大限度压缩成本,因而在证券交易所、信用证、股权登记、国际汇兑等金融领域具有巨大应用前景;在社会公益领域中,区块链技术可以使募款明细、资金流向、受捐方反馈等在链上予以公示,便于接受社会监督。由此看来,区块链技术的投资价值可见一斑,因而区块链创业前景十分光明。

二、人才层面

随着区块链的日趋火热,许多求职者被吸引进入区块链行业中,为区块链市场供应了大量的人才资源,但是尽管总体基数高,但是这其中满足市场需求的区块链人才却很缺乏,区块链人才市场整体呈现出了"虚假繁荣"的状态。这其中的最大矛盾和挑战就在于人才的短缺,特别是高端复合型人才的紧缺。为解决这一问题,政府和高校均展开了行动。

在政府层面，工业和信息化部人才交流中心牵头了区块链产业人才培育计划，通过发挥企业在市场中的主体作用，在宏观层面上把握好区块链人才的培养和服务工作，这一举措不仅能够助力企业的长远发展，且有利于全产业链的繁荣发展。

而为社会输送人才资源的高校也在区块链人才发展中起到了添砖加瓦的作用。目前清华大学、中央财经大学、浙江大学、复旦大学等国内十余所高校已陆续开设区块链相关课程。其中中央财经大学已于 2016 年 7 月与北京世纪互联宽带数据中心有限公司联合启动区块链项目，成立了国内高校中第一个基于区块链的联合实验室，并于同年 9 月开设区块链课程，编写教材《区块链技术与应用》。

依照当前的形势，社会各方都会用活用好人才这个第一资源，以产业需求为导向，打造一个面向政府、企业、院校的政产学研用融会贯通的创新人才体系。

三、媒体和研究层面

新闻信息的价值面密度较低且要求传播的高并发，因而区块链在媒体层面的大规模应用还需要有很长的路要走，但是区块链技术在媒体行业中具有很大的应用前景。首先是区块链技术让用户能够主导自己的数据资产，并能自行决定将数据授权给哪些应用，同时区块链技术能重塑媒体发展变革的激励约束机制，调动利益各方积极性。除此之外，区块链技术使政府数据和服务上链，能够进军智慧城市运营，成为政府现代化管理的工具和手段。

学术研究是区块链具有巨大潜力的领域。科学知识的本质要求公众进行监督和不断的挑战，区块链的核心是一个补办的分类账，在区块链模型中可以通过新的视角来检查我们的整个知识库，建立在最高的透明度和问责标准之上，几乎使研究的每一个方面都能在清晰的状态下进行，通过丰富开放的数据库、书面记录和人工智能的支持提高研究的可靠性。因此，这项技术可以实现真正的科学知识的崛起，也可以促进我们文化的进步。

  传统的组织需要中央节点来统筹整个组织的活动，一旦中央节点运行失效或是丢失则会使整个组织的运作瘫痪，所以传统组织需要"非市场形式"的统筹计划。而分布式自治组织中没有中央节点，所以并不能是"非市场形式"；系统也不是通过市场购买节点的服务，而是向提供服务的人提供一种类似于股份的数字货币。由于参与人和系统之间的合约是预先写好且不可被篡改的，后续交易过程中不会存在讨价还价等问题，分布式自治组织更多应该利用自动化机制，将更多的现实应用建立在去中心化可信机制上，这才是区块链的未来。